Quoc-Tuong Ngo

Technique de précodage MIMO basée la distance euclidienne minimale

Quoc-Tuong Ngo

Technique de précodage MIMO basée la distance euclidienne minimale

Avec les exemples MATLAB

Presses Académiques Francophones

Impressum / Mentions légales

Bibliografische Information der Deutschen Nationalbibliothek: Die Deutsche Nationalbibliothek verzeichnet diese Publikation in der Deutschen Nationalbibliografie; detaillierte bibliografische Daten sind im Internet über http://dnb.d-nb.de abrufbar. Alle in diesem Buch genannten Marken und Produktnamen unterliegen warenzeichen-, marken- oder patentrechtlichem Schutz bzw. sind Warenzeichen oder eingetragene Warenzeichen der jeweiligen Inhaber. Die Wiedergabe von Marken, Produktnamen, Gebrauchsnamen, Handelsnamen, Warenbezeichnungen u.s.w. in diesem Werk berechtigt auch ohne besondere Kennzeichnung nicht zu der Annahme, dass solche Namen im Sinne der Warenzeichen- und Markenschutzgesetzgebung als frei zu betrachten wären und daher von jedermann benutzt werden dürften.

Information bibliographique publiée par la Deutsche Nationalbibliothek: La Deutsche Nationalbibliothek inscrit cette publication à la Deutsche Nationalbibliografie; des données bibliographiques détaillées sont disponibles sur internet à l'adresse http://dnb.d-nb.de.
Toutes marques et noms de produits mentionnés dans ce livre demeurent sous la protection des marques, des marques déposées et des brevets, et sont des marques ou des marques déposées de leurs détenteurs respectifs. L'utilisation des marques, noms de produits, noms communs, noms commerciaux, descriptions de produits, etc, même sans qu'ils soient mentionnés de façon particulière dans ce livre ne signifie en aucune façon que ces noms peuvent être utilisés sans restriction à l'égard de la législation pour la protection des marques et des marques déposées et pourraient donc être utilisés par quiconque.

Coverbild / Photo de couverture: www.ingimage.com

Verlag / Editeur:
Presses Académiques Francophones
ist ein Imprint der / est une marque déposée de
OmniScriptum GmbH & Co. KG
Heinrich-Böcking-Str. 6-8, 66121 Saarbrücken, Deutschland / Allemagne
Email: info@presses-academiques.com

Herstellung: siehe letzte Seite /
Impression: voir la dernière page
ISBN: 978-3-8381-7174-6

TECHNIQUE DE PRÉCODAGE MIMO BASÉE LA DISTANCE EUCLIDIENNE MINIMALE

avec les exemples MATLAB®

Quoc-Tuong NGO

Pour ma femme et mon bébé

&

Pour mes professeurs et toute ma famille

Table des matières

Préface

Ce livre est le résultat de mes activités de recherche et d'enseignement dans le domaine de la communication sans fils, en particulier la technique de précodage. Il est principalement à l'intention des étudiants en électronique spécialité de télécommunication et traitement du signal. Cependant, il peut aussi être servi comme un livre de référence pour l'ingénieur de télécommunication. Le lecteur est attendu d'avoir une formation d'électronique et de se familiariser avec les connaissances telles que la probabilité, les systèmes de communication numérique, ou la théorie de l'estimation. L'auteur espère que ce livre contribuera à une meilleure compréhension des techniques de précodage ainsi qu'une motivation de ce domaine de recherche.

Je tiens, en premier lieu, à remercier professeur Oliver Sentieys, le directeur de Laboratoire CAIRN, qui m'a permis de travailler dans une équipe dynamique. Merci également mes professeur Pascal Scalart et Olivier Berder pour ses encouragements, ses visions toujours différentes, et ses remarques pertinentes qu'ils m'ont donné durant mon travail.

Je tiens également à remercier toutes les autres personnes du laboratoire CAIRN qui ont contribué à instaurer une bonne ambiance de travail voire hors travail.

Je ne pourrais pas ne pas remercier mes amis et toute ma famille de France et de Vietnam.

Mes remerciements s'adressent à tous les lecteurs pour leurs remarques, leurs commentaires, ainsi que leurs suggestions. Pour toute question ou renseignement, n'hésitez-pas à me contacter par quoctuong@gmail.com.

Enfin mes derniers remerciements s'adressent à ma femme qui m'a supporté avec tous mes défauts durant mon travail de ce livre. Merci pour sa compréhension, son aide et son amour.

Quoc-Tuong NGO

Introduction

Depuis plus de deux siècles, les communications numériques sans fil ont une croissance exponentielle, y compris dans les satellites, la télévision numérique et bien sûr les téléphones mobiles. Les ressources, en particulier la bande de transmission, sont de plus en plus saturé à cause de l'augmentation de le nombre d'usage, la quantité d'information transmise, et nouveaux services par exemple la transmission donnée et l'accès à Internet via les téléphones mobile.

Plusieurs techniques sont proposées pour répondre aux besoins des transmissions sans fils avec les débits de plus en plus importants. L'une de plus importante technique est basée sur l'utilisation de plusieurs antennes à l'émission et à la réception, dites multiple-input multiple-output (MIMO). Cette solution ont été développées par laboratoire Bell en 1997. Elle améliore fortement l'efficacité spectrale des transmissions ainsi que la capacité des canaux dans les environnements sujets à des trajets multiples en comparaison avec le système mono-antenne (SISO). Les avantages du système MIMO sont généralement assurées par tous les deux techniques MIMO en boucle-ouverte et en boucle-fermée. Les techniques en boucle ouverte, comme le code spatio-temporel (STC, Space Time Code) et le multiplexage spatial (SM), n'ont pas besoin de l'état de canal (CSI) à l'émission. En revanche, le technique dé précodage linéaire en boucle-fermée est utilisé si l'état de canal est disponible à l'émission. Le vecteur de données transmis, dans ce cas, est prémultiplié par une matrice de précodage pour lutter efficacement contre les interférences entre symboles et les évanouissements du signal.

L'état de canal à l'émission (CSIT) peut être obtenu grâce à voie retour, mais c'est vraiment difficile pour obtenir un CSIT parfait dans le système MIMO avec un changement rapide du canal. Par conséquent, les émetteurs dans ces systèmes MIMO n'ont pas de connaissance parfaite du canal. Dans ce cas, il faut utiliser la technique précodage de feedback limité, par exemple la quantification de canal ou livre de code (codebook). L'idée de cette technique est de prédéterminer les matrices précodages appartenant à l'un ensemble de matrices distinctes qui sont désignées dans le livre de code, et connus à la fois au récepteur et à l'émetteur. Divers livres de code sont proposées afin d'optimiser les différents critères du système, et le récepteur maintenant choisit la matrice précodage optimale basé l'état du canal actuel. Parce que le livre de code est également connu à l'émission, le récepteur n'a besoin retourner que l'index binaire de la matrice précodage, au lieu de matrice précodage originale. La technique du retour précodage est déjà utilisée dans la norme Wi-Max (802.16e) avec deux livres de code : un avec 8 codes entrés et l'autre avec 64 codes entrés. Ces livres de code correspondent respectivement à 3-bits et 6-bits de l'indice pour chaque matrice de précodage.

Lorsque l'état de canal est disponible à l'émission, les stratégies de répartition de la puissance peuvent être réalisées grâce à l'optimisation conjointe de précodeur linéaire (à l'émetteur) et le décodeur (à le récepteur) selon différents critères tels que maximisation de la capacité, maximisation du rapport signal sur bruit (SNR), minimisation l'erreur quadratique moyenne (MSE, Mean Square Error), minimisation le taux d'erreur binaire (TEB), ou maximisation de la valeur singulière minimale de la matrice de canal. Ces matrices précodage sont diagonales dans la transformation en canal virtuel et appartiennent à un ensemble important de techniques précodages linéaires, nommés précodeurs diagonaux. Un autre groupe de techniques précodages est évidemment la structure linéaire non-diagonale. L'un des précodeurs non-diagonaux le plus efficace est basé sur la maximisation de la distance euclidienne minimale (max-d_{min}) entre les symboles de la constellation reçue. Ce précodeur réalise une amélioration significative du taux d'erreur binaire en comparaison avec les précodeurs diagonaux. Néanmoins, la complexité du précodeur max-d_{min} est très compliquée parce qu'il a besoin une détection à maximum de vraisemblance (ML - Maximum Likelihood). Par ailleurs, c'est difficile de définir la forme exacte de la matrice précodage optimisé pour les grands systèmes MIMO et pour toutes les modulations. Dans ce livre, nous allons étudier les performances, et proposer des extensions du précodeur max-d_{min}.

Après cette introduction, ce livre est organisé comme :

Chapitre 1 :

Le premier chapitre introduit rapidement la chaîne de communication numérique. Ils seront ensuite étendus aux systèmes MIMO avec la capacité, le gain de diversité, la présentation du modèle équivalent en bande de base et les récepteurs couramment utilisés. Le code spatio-temporel est aussi décrit, et, enfin, la structure d'un système de précodage sera présentée.

Chapitre 2 :

La transformation en canal virtuel et le principe principal de certains précodeurs existants sont représentés dans ce chapitre. À la fin du chapitre, nous présentons un précodeur important basé sur la maximisation de la distance euclidienne minimale entre les symboles de la constellation reçue. Les performances en termes de distance minimale et le taux d'erreur binaire pour chaque précodeur sont également considérés dans ce chapitre.

Chapitre 3

Le précodeur max-d_{min} introduit dans le chapitre précédent est seulement disponible pour deux flux de symboles indépendants avec une modulation MAQ simple (BPSK ou QPSK). La raison c'est que l'expression de la distance d_{min} dépend du nombre de flux de symboles, les caractéristiques de canal et l'ordre de la modulation MAQ. Dans ce chapitre, nous présentons, d'abord, la solution optimale du précodeur max-d_{min} pour deux flux de symboles MAQ-16. L'algorithme est de choisir la meilleur matrice de précodage entre les cinq expressions différentes selon la valeur de l'angle du canal γ. Pour réduire la complexité du précodeur max-d_{min}, nous proposons une expression générale pour toutes les modulations MAQ rectangulaire. Pour deux flux de données, la matrice de précodage est obtenue par l'optimisation de la distance minimale sur les deux sous-canaux virtuels. Les expressions optimisés donc peuvent être réduits à une forme simple avec seulement deux expressions dépendants : le précodeur $\mathbf{F}_1$ n'alloue de puissance qu'au sous-canal virtuel le plus fort, et le précodeur $\mathbf{F}_2$ utilise les deux sous-canaux virtuels pour transmettre des signaux. Ces matrices précodages sont utilisé pour optimiser la distance d_{min} à faible et à fort valeur de l'angle du canal γ, respectivement.

Chapitre 4

Ce chapitre propose une solution heuristique permettant d'augmenter permettant d'augmenter le nombre de flux de données transmis. D'abord, une solution non-optimale, notée Equal-d_{min}(E-d_{min}), est obtenue en décomposant le canal virtuel en sous-canaux de deux voies et maximisant la distance d_{min} sur chaque sous-système. Malheureusement, ce précodeur n'est disponible pour qu'un nombre pair de flux de données. Pour cette raison, nous proposons dans la suite une solution optimale du précodeur max-d_{min} pour trois voies de données indépendantes. Grâce à cette dernière, nous pouvons obtenir une extension pour un nombre impair de flux de données par de découper le canal virtuel en des sous-systèmes de taille 2×2 ou 3×3.

Chapter 5

Le nombre de voisins a un impact important sur la performance du précodeur basé sur la maximisation de la distance minimale. Dans ce chapitre, nous proposons une nouvelle version du précodeur max-d_{min}. Cette solution permet non seulement d'optimiser la distance minimale, mais aussi de réduire le nombre de voisins qui fournissent cette distance. Afin de réduire le nombre de voisins, les angles de la rotation dans la nouvelle matrice précodage sont supposés être nuls. L'expression du nouveau précodeur, nommé Neighbor-d_{min}, est alors plus simple que celle du précodeur max-d_{min} original. Par ailleurs, les résultats de simulation confirment une légère amélioration du TEB obtenue par le nouveau précodeur en comparaison avec max-d_{min}.

Chapter 6

Nous présentons ici une forme simple du précodeur basé la distance euclidienne minimale. Une approximation de la distance minimale est proposée, et sa valeur maximale est obtenue en maximisant l'élément diagonal minimum d'une matrice SNR-like. La matrice de précodage est alors décomposée par le produit d'une matrice d'allocation de puissance et d'une matrice du changement de constellation. Pour optimiser la borne inférieur de la distance $d_{\min}$, la matrice du changement de constellation est choisie être une matrice de transformée de Fourier discrète (DFT). Le but revient de trouver la matrice d'allocation de puissance selon les caractéristiques du canal. Les expressions du nouveau précodeur sont alors plus simples avec seulement b variables correspondant aux b éléments diagonaux de la matrice d'allocation de puissance. Pour certain nombre de flux de données, nous allons présenter une forme générale du précodeur maximisant la distance minimale.

1

Introduction aux systèmes MIMO

La propagation du signal dans un canal de transmission sans fils et un phénomène compliqué qui dépend de plusieurs effets tels que la perturbation du signal, zones d'ombre, ou les multi-trajets. Pour combattre l'évanouissement à faible échelle causé par les multi-trajets, la solution la plus connue est d'introduire de la diversité. Le principe de la diversité est de transmettre plusieurs répliques de l'information en utilisant des différents intervalles de temps, différentes fréquences, différentes polarisations ou différentes antennes [1].

Dans différents solutions permettant d'obtenir la diversité, la diversité spatial qui utilise plusieurs antennes à l'émission et réception, augmente non seulement la robuste et la capacité du canal, mais fournit aussi une grande efficacité spectrale en comparaison avec une transmission SISO classique. Cette technique est donc appelée MIMO (multiple input multiple output) et se divise en trois catégories principales suivante : multiplexage spatial (SM), les codes spatio-temporel, et les techniques de précodage. Les codes spatio-temporel sont utilisés lorsqu'il n'y a pas de connaissance du canal à l'émission (CSIT). Au contraire, la technique de précodage exploite la CSIT et traite le signal avant la transmission.

L'objective de ce chapitre est d'introduire le concept d'un système MIMO. On va présenter, tout d'abord, le fonctionnement d'une chaîne de transmission numérique classique, ainsi que la propagation d'un canal de transmission sans fils. Les notions de diversité sont ensuite étudiées. Dans la partie suivante, les principes des systèmes multi-antennes MIMO avec ses caractéristiques de capacité et diversité seront introduits. Le code spatio-temporel est ensuite décrit, et, enfin, la structure d'un système de précodage sera présentée.

1.1 Chaîne de transmission numérique

Le but d'une chaîne de transmission numérique est de transmettre une information sous forme numérique d'une source à un ou plusieurs destinataires en utilisant un canal de transmission (voir Fig. 1.1).

À l'émission, un message se produit par une source. S'il est de type analogique, il

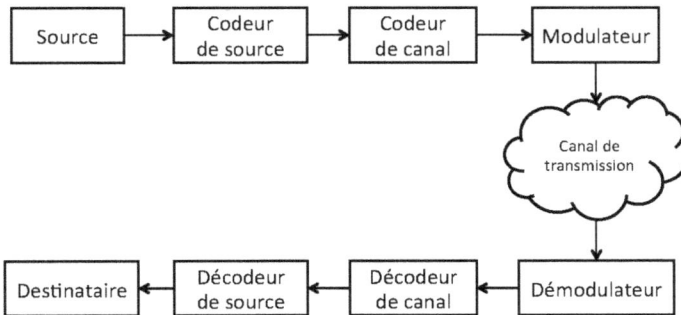

FIGURE 1.1 – Chaîne de transmission numérique

sera converti en une séquence d'éléments binaires 0 et 1 par une quantification et un codage binaire. Afin d'augmenter l'efficacité de la transmission et optimiser l'utilisation des ressources du système, un codeur de source compresse les données en supprimant les redondances du massage. Pour augmenter la fiabilité de la transmission, un codeur de canal est ensuite introduit, et la qualité de transmission est donc améliorée par des techniques basées sur des manipulations d'éléments binaires (le codage de Hamming [2], et les turbo codes [3], par exemple).

Le canal de transmission est le support physique utilisé pour transmettre une information de l'émetteur au récepteur, et il dépend du type d'application envisagée. Dans le cadre de notre travail, nous considérerons un canal de transmission sans fils, qui permet une propagation du signal et donc perturbe le signal d'origine.

À la réception, le démodulateur traite les formes d'onde en provenance du canal par des processus d'estimation et de quantification. Le signal est ensuite décodé selon les opérations inverses de celles employées à l'émission : c'est à dire un décodeur de canal et un décodeur de source. Ces opération, donc, permet le récepteur de retrouver le message binaire initiale.

1.1.1   Les modulation numériques

Il existe plusieurs modulations permettant de transmettre des informations numériques par exemple la modulation à déplacement d'amplitude (MDA), la modulation à déplacement de phase (MDP) ou la modulation à déplacement de fréquence (MDF). Dans le cadre de notre travail, nous utiliserons principalement la modulation d'amplitude en quadrature (MAQ) dans les transmissions étudiées. La figure 1.2 représente les constellations de modulation de type MAQ. Il faut noter que la distance entre les deux points le plus proches

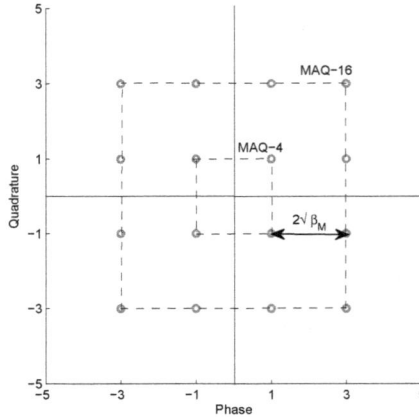

FIGURE 1.2 – Constellations reçues des modulations MAQ

est donné par $2\sqrt{\beta_M}$. Pour la modulation MAQ-M, la terme β_M est définie par

$$\beta_M = \frac{3}{2(M-1)} \tag{1.1}$$

1.1.2 Canal de transmission

Perte en espace libre

Cette atténuation de la puissance du signal perte correspond à une transmission en espace libre. Elle est, donc, appelée la perte en espace libre (FSPL, free-space path loss), et donné par l'expression

$$L = \left(\frac{\lambda}{4\pi d}\right)^2 = \left(\frac{c}{4\pi df}\right)^2, \tag{1.2}$$

où λ est la longueur d'onde de la fréquence porteuse, d est la distance entre l'émetteur et le récepteur, f est la fréquence du signal, et c est la vitesse de la lumière en vacuum. En réalité, cette atténuation du signal dépend de l'environnement de transmission (urbain ou rural), la hauteur des antennes et la fréquence de travail. Elle proportionne alors exponentiellement à la distance d

$$L = k\,d^{-n}, \tag{1.3}$$

où k est une constante, et l'exposant n varie, en générale, de 2 à 5. Cette relation est utilisée afin d'évaluer des systèmes macro-cellulaires. Pour des micro-cellules, les auteurs dans [4] présentent une autre expression de FSPL

$$L = d^{-n_1} \left(1 + \frac{d}{d_b} \right)^{-n_2},\tag{1.4}$$

où n_1, n_2 sont deux constantes différentes et d_b est un seuil de la distance. Le tableau ci-dessous montre les différentes valeurs de n_1, n_2, et d_b pour trois grandes villes

TABLE 1.1 – Coefficients de FSPL			
Ville	n_1	n_2	d_b
Londres	1.7 - 2.1	2 - 7	200 - 300
Melbourne	1.5 - 2.5	3 - 5	150
Orlando	1.3	3.5	90

Canal à évanouissement

Dans les transmissions sans-fil, la déviation de l'atténuation affectant un signal avec différences de propagation du milieu, est appelée l'évanouissement. Elle est principalement due aux environnements de propagation ou le phénomène d'ombre des obstacles. On peut distinguer un évanouissement lente ou rapide en utilisant le temps de cohérence du canal T_c, durant lequel les distorsions temporelles du canal est négligeable. Une lente se produit lorsque le temps de cohérence est forte relative à la contrainte de délai du canal, et laquelle rapide est à l'opposite. Autrement dit, un évanouissement est considérée lente si la période symbole T_s est inférieur au temps de cohérence du canal T_c, sinon elle est considérée comme rapide. Traditionnellement, le temps de cohérence T_c a même d'ordre de l'inverse de B_d

$$T_c \approx \frac{1}{B_d},\tag{1.5}$$

où B_d est l'étalement fréquentiel de l'effet Doppler.

L'effet Doppler

Lorsque l'émetteur et le récepteur sont en mouvement relatif, le signal reçu aura un décalage constant de fréquence. Ce phénomène est appelé l'effet Doppler et nommé d'après le physicien autrichien Christian Doppler. L'étalement fréquentiel B_d, la différence entre la fréquence reçue et la fréquence émise, est donné par

$$B_d = \Delta f = \frac{v}{\lambda},\tag{1.6}$$

où v est la vitesse relatif de la source par rapport au récepteur, et λ est la longueur d'onde du signal émis.

Les multi-trajets

Les multi-trajets est un phénomène qui s'observe lorsque le signal électromagnétique se propage par plusieurs chemins de l'émetteur au récepteur. La propagation du signal se produit par l'onde se sol, la réfraction ionosphérique, et la réflexion/réfraction des objets sur la terre comme les montagnes, immeubles, ou voitures, par exemple. La relation entre le signal émis et reçu est exprimée par

$$r(t) = \sum_{i=1}^{N} \alpha_i s(t - \tau_i) + \eta(t), \tag{1.7}$$

où $r(t)$ est le signal reçu, $s(t)$ est le signal émis, $\eta(t)$ est un bruit additif, N est le nombre de trajets, α_i et τ_i sont respectivement l'atténuation complexe et le retard du chaque trajet i. On définit l'étalement temporel T_m comme la différence entre le plus grand et le plus court de retards

$$T_m = \max_i(\tau_i) - \min_i(\tau_i). \tag{1.8}$$

Dans ce cas, la bande de cohérence B_c, qui correspond à gamme de fréquence dont l'atténuation du signal est considérée constante, peut être estimée par l'inverse de l'étalement temporel

$$B_c \approx \frac{1}{T_m}. \tag{1.9}$$

Un canal de transmission est, donc, dit non sélectif en fréquence tant que la bande passante du signal émis B_s est très inférieure au bande de cohérence B_c.

La loi distribution de l'atténuation du signal α varie en fonction de l'environnement de propagation. Si le modèle considère n'existe pas de trajet direct, le module de α suit une loi de Rayleigh, et sa phase est une variable aléatoire uniformément distribuée $[0; 2\pi)$. Les fonctions de densité de probabilité (PDF) de l'atténuation α sont définies par [5]

$$\begin{cases} p(\arg(\alpha)) = \frac{1}{2\pi} \; [0; 2\pi) \\ p(|\alpha|) = \frac{\alpha}{\Omega} e^{-\frac{\alpha^2}{2\Omega}} \end{cases} \tag{1.10}$$

où Ω est la variance de α. Le modèle Rayleigh est souvent utilisé dans les télécommunications sans fils. En revanche, si l'environnement a un trajet direct entre l'émetteur et le récepteur, le modèle de Rice est utilisé. Ce module suivra une loi de distribution ricienne [6]

$$\begin{cases} p(\arg(\alpha)) = \frac{1}{2\pi} \; [0; 2\pi) \\ p(|\alpha|) = \frac{2\alpha(K+1)}{\Omega} e^{-\left(K + \frac{(K-1)\alpha^2}{\Omega}\right)} I_0 \left(2\alpha\sqrt{\frac{K(K+1)}{\Omega}}\right) \end{cases} \tag{1.11}$$

où K est le facteur de Rice qui est liée au facteur de Nakagami-n, et $I_0(x)$ représente la fonction de Bessel modifiée d'ordre 0.

Simulation par Matlab

On présente, ici, la simulation d'un canal de transmission sans fils par Matlab. Dans le cas le plus simple, on suppose que le signal reçu est altéré par l'addition un bruit blanc gaussien

$$r(t) = s(t) + n(t) \qquad (1.12)$$

où $s(t)$ est signal transmis, et $n(t)$ est un bruit blanc additif gaussien. Pour simuler en Matlab, on utilise le fonction intégrée randn(n), qui génère des nombres aléatoires répartis selon une distribution normale de moyenne nulle et de variance unitaire. Si le signal consiste des composants in-phase et composants quadrature-phase, idata et qdata, en respectivement, les vecteurs output sont définies par

$$iout(t) = idata(t) + attn \times randn(t)$$
$$qout(t) = qdata(t) + attn \times randn(t)$$

où *attn* est amplitude de la puissance du bruit. Le programme ci-dessous ajoute des bruits blanc gaussien aux deux composants des vecteurs de données

```
function [iout,qout] = insert_awgn(idata,qdata,attn)
inoise = randn(1,length(idata)) * attn;        % in-phase
qnoise = randn(1,length(qdata)) * attn;        % quadrature
iout = idata + inoise;
qout = qdata + qnoise;
```

Plusieurs méthodes sont proposées pour simuler un canal des multi-trajets, par exemple le modèle de Clarke, le modèle de Jake ou le modèle de Young, etc. On considère ici le modèle de la loi de Rayleigh, et donc la méthode de Clarke sera utilisée. Notons $h(t)$ la réponse impulsionnelle du canal, on a

$$h(t) = h_i(t) + jh_q(t) \qquad (1.13)$$

où $h_i(t)$ et $h_q(t)$ sont composants in-phase et quadrature-phase, respectivement. La loi de Rayleigh avec M trajets peut être simulé par la somme des sinusoïdes suivants

$$h_I(nT_s) = \frac{1}{\sqrt{M}} \sum_{m=1}^{M} cos \left\{ 2\pi f_D cos \left[\frac{(2m-1)\pi+\theta}{4M} \right] .nT_s + \alpha_m \right\}$$
$$h_Q(nT_s) = \frac{1}{\sqrt{M}} \sum_{m=1}^{M} sin \left\{ 2\pi f_D cos \left[\frac{(2m-1)\pi+\theta}{4M} \right] .nT_s + \beta_m \right\} \qquad (1.14)$$
$$h(nT_s) = h_I(nT_s) + jh_Q(nT_s)$$

où θ, α_m, et β_m sont variables aléatoires uniformément distribuées $[0, 2\pi)$ pour tous valeurs de $n = \overline{1, N}$, f_D est l'étalement Doppler maximale en Hz, T_s est la période d'échantillonnage, et N est nombre d'échantillons. Le programme Matlab est donné en dessous.

```
function [h]=rayleighFading(M,N,fd,Ts)
% M = number of multipaths in the channel
% N = number of samples to generate
% fd = maximum Doppler frequency
% Ts = sampling period
hi = zeros(1,N);
hq = zeros(1,N);
nn = [1:N];
for m = 1:M
    theta = rand(1,N)*2*pi;
    alpha_m = rand(1,N)*2*pi;
    beta_m = rand(1,N)*2*pi;
    hi = hi + cos(2*pi*fd.*cos(((2*m-1)*pi+theta)/4/M).*nn*Ts + alpha_m) / sqrt(M);
    hq = hq + cos(2*pi*fd.*cos(((2*m-1)*pi+theta)/4/M).*nn*Ts + beta_m) / sqrt(M);
end
h = hi + 1j*hq;
```

La figure 1.3 compare le densité de probabilité des échantillons de Rayleigh généré par la méthode de Clarke avec le fonction de densité de probabilité en théorie présenté dans (1.10). Ici, on considère $M = 15, N = 10^5, fd = 100\,\text{Hz}, Ts = 0.0001$ second.

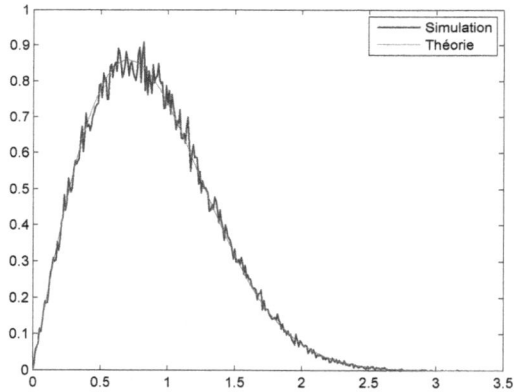

FIGURE 1.3 – Fonction de densité de probabilité de la loi Rayleigh.

1.1.3 Notion de diversité

Pour combattre l'évanouissement à faible échelle causé par les multi-trajets, une technique possible est d'introduire de la diversité. L'idée de cette technique est de transmettre plusieurs répliques de l'information sur différent trajets, et, ensuite, recombiner celles à la réception. Si un trajet atténue fortement le signal, les autres trajets qui n'altèrent pas les signaux permettent le récepteur de récupérer le signal exploitable.

En générale, la probabilité d'erreur peut être approximé par

$$\log_{10}(P_e) \overset{\downarrow}{\approx} -\log_{10}(\mathcal{G}) - \frac{o}{10}\text{RSB}_{\text{dB}} \quad \text{pour RSB} \gg 1 \tag{1.15}$$

où RSB_{dB} est le rapport signal sur bruit en décibels, $\mathcal{G}$ est le gain, et o est l'ordre de diversité.

Diversité temporelle

Cette technique est utilisée pour combattre l'évanouissement sélectif en temps. L'idée est d'émettre plusieurs fois le signal ou des versions redondantes de durée symbole T_s à des intervalles supérieur au temps de cohérence du canal T_c (voir Fig. 1.4). Le récepteur, donc, combinera ces versions du signal sans interférence pour estimer l'information.

Diversité fréquentielle

Cette technique s'adapte bien pour l'évanouissement sélectif en fréquence. Le principe revient à émettre le signal ou des versions redondantes sur plusieurs porteuses, dont les fréquences sont écartées d'au moins la bande de cohérence du canal (voir Fig. 1.4). La diversité fréquentielle peut être exploitée par l'utilisation d'une modulation multiporteuse conjointement avec un entrelacer et un codage correcteur d'erreur, l'étalement de spectre par séquence directe ou par sauts de fréquence [7].

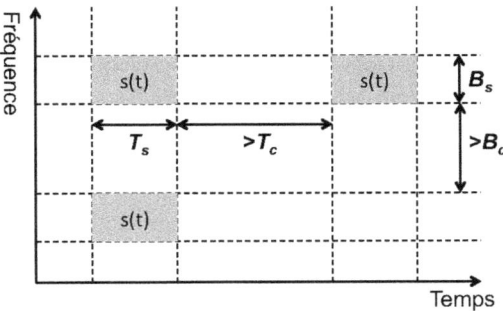

FIGURE 1.4 – Principe de diversité temporelle et diversité fréquentielle.

Diversité spatiale

Cette technique utilise plusieurs antennes pour émettre et/ou recevoir le signal ou des versions redondantes. Il faut noter que les antennes ne sont pas trop proches parce qu'il s'agit d'avoir des trajets à évanouissement indépendant. Une distance appelée distance de cohérence est déterminée pour assurer la diversité spatiale. Celle-ci dépend de la hauteur de l'antenne de la station de base, et la longueur d'onde. Elle diffère aussi entre l'antenne à l'émission et à la réception. Le système MIMO est une application très important qui crée une diversité spatiale.

Diversité d'antenne

Il y a deux solutions principales de la diversité d'antenne :
- La diversité angulaire utilise des antennes directionnelles pour obtenir une diversité. Le signal ou les répliques sont reçus par différents angles de l'antenne à la réception. Contrairement à la diversité spatiale, la diversité angulaire n'a pas besoin d'une distance de cohérence entre les deux antennes. Pour cette raison, la diversité angulaire est utilisée dans les petits dispositifs.
- Diversité de polarisation utilise des ondes polarisées différemment pour obtenir une diversité. Ici, le signal et des répliques redondantes sont émis en utilisant des ondes polarisées différemment. Comme la diversité angulaire, la diversité de polarisation ne nécessite pas la distance de cohérence entre les deux antennes, et donc bien adapte aux petits dispositifs.

1.2 Multiple-Input Multiple-Output

Les systèmes MIMO (multiple-input multiple-output) permettent d'introduire une diversité spatiale [8]. L'idée est d'utiliser plusieurs antennes à l'émission et à la réception. Cette idée a d'abord été développée par les laboratoires Bell en 1997 [9], et depuis a été de plus en plus utilisée dans le communication radio-mobile. Elle obtient des très hautes efficacités spectrales lutte efficacement contre les évanouissements du signal en comparaison avec les systèmes mono antennes [10]. Pour cette raison, MIMO devient une des parties les plus importantes des normes de communication sans fil telles que IEEE 802.11n (Wifi), 4G, 3GPP Long Term Evolution, WiMAX et HSPA +.

Techniques MIMO peuvent être divisés en trois catégories principales : multiplexage spatial, code de diversité, et précodage.

- Multiplexage spatial est une technique dont le signal est divisé en plusieurs flux de données indépendants et chaque flux est puis transmis par différentes antennes d'émission. Les signaux sont distingués par différentes signatures spatiales, et donc

une bonne séparation peut être assurée. Cette technique offre une amélioration significative de la capacité à fort rapport signal sur bruit (RSB), mais elle est malheureusement limitée par le nombre petit des émetteurs ou récepteurs [11]. La multiplexage
spatial peut être utilisé sans la connaissance du canal de transmission, et peut également être utilisé pour une transmission simultanée à plusieurs récepteurs.

– Code de diversité est utilisé lorsqu'il n'y a pas de connaissance du canal (CSI) à
l'émission. Ici, le signal émis utilise une technique appelée codes spatio-temporels
(Space-Time Code). Les codes spatio-temporels peuvent être divisés en deux fa-
milles : les codes spatio-temporels en blocs (Space-Time Block Code) et les codes
spatio-temporels en treillis (Space-Time Trellis Code).

– Technique de précodage traite le signal émis en utilisant le connaissance du canal
avant le transmission. À l'émission, le vecteur de données transmis est pré-multiplié
par une matrice de précodage qui dépend non seulement de l'état du canal de transmission mais aussi le critère de optimisation [12].

1.2.1   Modèle de système

Considérons un système MIMO avec n_T émetteurs et n_R récepteurs. On suppose que
la bande de fréquence de transmission est assez étroite pour que le canal soit non sélectif
en fréquence. Lorsque $n_T = 1$ et $n_R = 1$, le canal MIMO simplifie à un canal single-input
single-output (SISO). Le modèle de système MIMO est illustré dans la figure 1.5. À la
période t, le signal reçu peut s'écrire de manière discrète :

$$y_{t,j} = \sum_{i=1}^{n_T} h_{j,i} s_{t,i} + \eta_{t,j}, \tag{1.16}$$

où $h_{j,i}$ représentant le coefficient d'évanouissement entre le j^e récepteur et le i^e émetteur,
$s_{t,i}$ est le signal émis de l'antenne i, et $\eta_{t,j}$ est un échantillon du bruit qui perturbe le signal
au j^e récepteur. Le canal MIMO peut s'écrire sous la forme matricielle suivante :

$$\mathbf{y} = \mathbf{H}\mathbf{s} + \mathbf{n}, \tag{1.17}$$

où $\mathbf{y} = [y_{t,1}, y_{t,2}, ..., y_{t,n_R}]^T$ est le vecteur reçu, $\mathbf{s} = [s_{t,1}, s_{t,2}, ..., s_{t,n_T}]^T$ est le vecteur émis,
$\mathbf{H}$ est la matrice de canal, et $\mathbf{n}$ est le vecteur de bruit de taille $n_R \times 1$. La matrice de canal
$\mathbf{H}$ représente $n_R \times n_T$ trajets entre n_T émetteurs et n_R récepteurs

$$\mathbf{H} = \begin{pmatrix} h_{1,1} & \cdots & h_{1,n_T} \\ \vdots & \ddots & \vdots \\ h_{n_R,1} & \cdots & h_{n_R,n_T} \end{pmatrix} \tag{1.18}$$

Dans la suite, on suppose que le canal est sans mémoire, i.e., pour chaque bloc de symboles émis la matrice de canal $\mathbf{H}$ est tirée indépendamment et aléatoirement selon la loi qui s'adapte le mieux au type de transmission envisagé. On suppose aussi que les symboles $s_{t,i}$ sont indépendants et identiquement distribués et que le bruit $\eta_{t,j}$ et ces mêmes symboles sont parfaitement décorrélés.

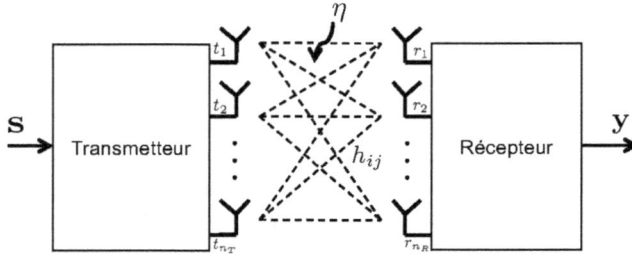

FIGURE 1.5 – Schéma d'un système MIMO avec n_T émetteurs et n_R récepteurs.

1.2.2 Capacité des canaux MIMO

Les auteurs dans [11] montre que les systèmes MIMO fournissent une amélioration significative de capacité en comparaison avec les systèmes mono antenne. La capacité d'un canal SISO est définie par [13]

$$C = \log_2 \left(1 + \mathrm{RSB}\right). \qquad (1.19)$$

Pour un canal MIMO avec n_T émetteurs, n_R récepteurs, et une puissance de $\frac{\mathrm{RSB}}{n_T}$ sur chaque émetteur, la capacité est donnée par [14]

$$C = E \left[\log_2 \left(\det(\mathbf{I}_{n_R} + \frac{\mathrm{RSB}}{n_T}\mathbf{HH}^*)\right)\right], \qquad (1.20)$$

où $E[x]$ représente une espérance de variable aléatoire x, $\mathbf{I}_{n_R}$ est la matrice identité de dimension n_R, et $\mathbf{H}^*$ est la matrice transposée conjuguée de $\mathbf{H}$. À fort RSB, l'espérance de la capacité de canal d'évanouissement Rayleigh peut être approximé par

$$\mathcal{C} \approx \min(n_T, n_R) \log_2 \left(\frac{\mathrm{RSB}}{n_T}\right). \qquad (1.21)$$

C'est évident que l'amélioration de la capacité du canal MIMO est équivalent à $\min(n_T, n_R)$ système SISO. La figure 1.6 illustre les capacités de systèmes en fonction de RSB avec un canal de Rayleigh pour différentes configurations matérielles.

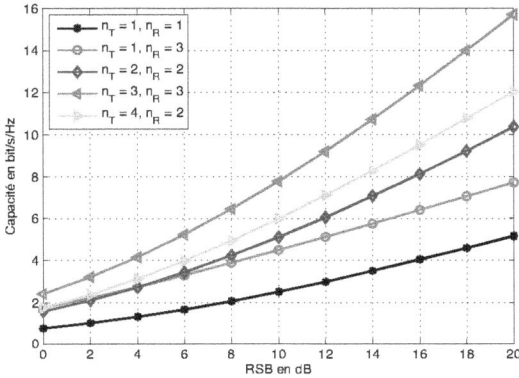

FIGURE 1.6 – Capacités de différents systèmes MIMO comparées à celle d'un SISO.

1.3   Les Codes Spatio-Temporels

Les codes spatio-temporels nécessitent seulement la connaissance du canal à la réception (Rx-CSI) et l'émetteur ne connaît pas l'état du canal. En général, les codes
spatio-temporels peuvent être divisés en deux catégories : les codes spatio-temporels en
treillis (Space-Time Trellis Codes) et les codes spatio-temporels en bloc (Space-Time Block
Codes). Le premier schéma de STBC a été proposé par Alamouti [15] avec une succession
d'émission sur deux périodes symbole et sur deux antennes. Les auteurs Tarokh et al.
[16, 17] ont généralisé les STBC orthogonaux pour une nombre arbitraire des antennes à
l'émission. Néanmoins, pour $n_T \geq 3$, il n'existe pas les codes STBC fouissant une diversité
complète. Pour cette raison, plusieurs designs de code sont proposé pour fournir non seulement une diversité complète mais aussi une rendement de débit complète, par exemple les
codes QOSTBC [18].

1.3.1   Le code d'Alamouti

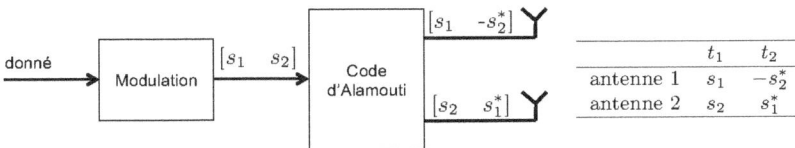

FIGURE 1.7 – Code d'Alamouti.

Le premier code proposé par Alamouti est basé sur une succession d'émission sur deux périodes symbole et sur deux antennes. Le schéma du code spatio-temporel d'Alamouti est illustrée dans la Fig 1.7. Dénotons s_1 et s_2 les deux symboles à transmettre, le code d'Alamouti est défini par

$$\mathbf{C_2} = \begin{pmatrix} s_1 & -s_2^* \\ s_2 & s_1^* \end{pmatrix} \tag{1.22}$$

C'est à dire, dans la première période, les symboles s_1 et s_2 sont transmis simultanément, et, dans la seconde période, les symboles $-s_2^*$ et s_1^* sont transmis par les deux antennes. Nous notons que ce code est orthogonal, i.e., la matrice $\mathbf{C_2}$ est orthogonale.

$$\mathbf{C_2}\mathbf{C_2}^* = \left(\|s_1\|^2 + \|s_2\|^2 \right) \mathbf{I_2}, \tag{1.23}$$

où $\mathbf{I_2}$ est une matrice identité de taille 2×2. Cette propriété assure que le récepteur peut détecter indépendamment les deux symboles s_1 and s_2 grâce à une simple opération. Les signaux reçus sur le récepteur j à deux périodes sont définis par

$$\begin{aligned} r_j^1 &= h_{j,1}.s_1 + h_{j,2}.s_2 + \eta_j^1 \\ r_j^2 &= -h_{j,1}.s_2^* + h_{j,2}.s_1^* + \eta_j^2 \end{aligned} \tag{1.24}$$

où n_j^1 et n_j^2 sont les bruits additifs gaussiens sur le récepteur j. Le récepteur, donc, estime les éléments de la matrice de canal et recombine les échantillons reçus. Il forme alors deux symboles d'estimation définis par

$$\begin{aligned} \tilde{s}_1 &= \sum_{j=1}^{n_R} \left\{ h_{j,1}^*.r_j^1 + h_{j,2}.(r_j^2)^* \right\} = \sum_{i=1}^{2} \sum_{j=1}^{n_R} \|h_{j,i}\|^2.s_1 + \sum_{j=1}^{n_R} \left\{ h_{j,1}^*.\eta_j^1 + h_{j,2}.(\eta_j^2)^* \right\} \\ \tilde{s}_2 &= \sum_{j=1}^{n_R} \left\{ h_{j,2}^*.r_j^1 - h_{j,1}.(r_j^2)^* \right\} = \sum_{i=1}^{2} \sum_{j=1}^{n_R} \|h_{j,i}\|^2.s_2 + \sum_{j=1}^{n_R} \left\{ h_{j,2}^*.\eta_j^1 - h_{j,1}.(\eta_j^2)^* \right\} \end{aligned} \tag{1.25}$$

Une détection à maximum vraisemblance (MV) peut être ensuite considérée pour trouver les plus proches symboles $\hat{s}_1$ et $\hat{s}_2$ des deux symboles d'estimation $\tilde{s}_1$ et $\tilde{s}_1$ dans l'ensemble de vecteurs émis

$$\begin{aligned} \hat{s}_1 &= \operatorname*{argmin}_{s_1 \in S} d^2(\tilde{s}_1, s_1) \\ \tilde{s}_2 &= \operatorname*{argmin}_{s_2 \in S} d^2(\tilde{s}_2, s_2) \end{aligned} \tag{1.26}$$

Nous considérons, par exemple, une système MIMO(2,2) utilisant le code d'Alamouti, et le programme Matlab est proposé dans la suite

```
nTx = 2;      % Number of transmitter = 2 (for Alamouti)
nRx = 2;      % Number of receiver
para = 2;     % Number of parallel channel (constant)
nd = 2;       % Number of information symbol for one loop
ml = 2;       % Modulation level
```

```
SNR = 5;        % Signal to noise ratio
k = 1;          % Order of the QAM modulation

% Data generation
seldata = rand(1,para*nd*ml)>0.5;
seldata = seldata.*2−1;

% 4^k−QAM modulation
[sTrans] = qam_mod(seldata,para,k);

% The channel of transmission
Ho = randn(nRx,nTx) + 1i*randn(nRx,nTx);    % Channel Gaussian
Ht = zeros(nRx,nTx);
for ii=1:nRx
    Ht(ii,1) = Ho(ii,2)';                   % Alamouti code
    Ht(ii,2) = −Ho(ii,1)';
end
H = [Ho;Ht];

% Noise AWGN
Es = 10^(SNR/10);
noise = (randn(2*nRx,nd)+1i*randn(2*nRx,nd)) / sqrt(Es) ;

% Signal received
sRec = H * sTrans + noise;

% Signal estimated
sEst = pinv(H) * sRec;
```

1.3.2   Les codes spatio-temporels en bloc

Le code d'Alamouti n'est adapté qu'aux systèmes possédant deux antennes à l'émission et les auteurs Tarokh et al. [16, 19] ont généralisé les STBC orthogonaux (OSTBC) pour une nombre arbitraire d'émetteurs. Le code généré est une matrice à deux dimensions de l'espace et du temps, et elle respect la condition d'orthogonalité

$$\mathbf{C}\mathbf{C}^* = \sum_{i=1}^{n} \|s_i\|^2 \mathbf{I}_{n_T}. \tag{1.27}$$

La i^e colonne de la matrice $\mathbf{C}$ correspond aux symboles transmis par le i^e antenne, tandis que la j^e ligne de $\mathbf{C}$ représente les symboles transmis au période symbole j. Il faut noter que chaque colonne de matrice $\mathbf{C}$ est orthogonale à l'autre. Autrement dit, les vecteurs transmis des deux antennes sont orthogonales. Si le code spatio-temporel en bloc considère n_s symboles à transmettre sur n_p périodes symboles, le rendement du débit se note

$$\mathcal{R} = \frac{n_s}{n_p}. \tag{1.28}$$

Par exemple, R = 1 pour le code d'Alamouti. Les codes suivants obtiennent les rendements du débit 1/2 et 3/4 avec trois antennes d'émission. Il faut noter que la OSTBC ne peut pas obtenir un taux de transmission est égale à un pour les signaux de transmission complexes. La force du code STBC est d'assurer un ordre de diversité maximal $n_T \times n_R$, mais le prix à payer est une baisse du débit avec un rendement $\mathcal{R} \leq 1$ correspondant à une efficacité spectrale de $\mathcal{R} \log_2 M$.

$$\mathbf{C}_{1/2} = \begin{pmatrix} s_1 & s_2 & s_3 \\ -s_2 & s_1 & -s_4 \\ -s_3 & s_4 & s_1 \\ -s_4 & -s_3 & s_2 \\ s_1^* & s_2^* & s_3^* \\ -s_2^* & s_1^* & -s_4^* \\ -s_3^* & s_4^* & s_1^* \\ -s_4^* & -s_3^* & s_2^* \end{pmatrix} \tag{1.29}$$

$$\mathbf{C}_{3/4} = \begin{pmatrix} s_1 & s_2 & \frac{s_3}{\sqrt{2}} \\ -s_2^* & s_1^* & \frac{s_3}{\sqrt{2}} \\ \frac{s_3}{\sqrt{2}} & \frac{s_3}{\sqrt{2}} & \frac{-s_1 - s_1^* + s_2 - s_2^*}{2} \\ \frac{s_3^*}{\sqrt{2}} & -\frac{s_3^*}{\sqrt{2}} & \frac{s_2 + s_2^* + s_1 - s_1^*}{2} \end{pmatrix} \tag{1.30}$$

1.3.3 Les codes STBC quasi-orthogonaux

Afin de surmonter le problème de la baisse du débit, les auteurs dans [18] ont proposé un code spatio-temporel en bloc appelé STBC quasi-orthogonal (QOSTBC) pour un nombre pair de symboles. Considérons un système avec $n_s = n_p = 4$, le QOSTBC pour quatre antennes d'émission est définie par

$$\mathbf{C}_{Jafar} = \begin{pmatrix} \mathbf{C_2}(s_1, s_2) & \mathbf{C_2}(s_3, s_4) \\ -\mathbf{C_2}(s_3, s_4)^* & \mathbf{C_2}(s_1, s_2)^* \end{pmatrix} = \begin{pmatrix} s_1 & s_2 & s_3 & s_4 \\ -s_2^* & s_1^* & -s_4^* & s_3^* \\ -s_3 & -s_4 & s_1 & s_2 \\ s_4^* & -s_3^* & -s_2^* & s_1^* \end{pmatrix} \tag{1.31}$$

où $\mathbf{C_2}(s_i, s_j)$ est le code d'Alamouti pour deux symboles s_i et s_j. Notons $\mathbf{v}_i$ comme le i^e colonne de matrice $\mathbf{C}_{Jafar}$, on obtient

$$< \mathbf{v}_1, \mathbf{v}_2 > = < \mathbf{v}_1, \mathbf{v}_3 > = < \mathbf{v}_2, \mathbf{v}_4 > = < \mathbf{v}_3, \mathbf{v}_4 > = 0 \tag{1.32}$$

où $< \mathbf{v}_i, \mathbf{v}_j >$ est le produit intérieur des vecteurs $\mathbf{v}_i$ et $\mathbf{v}_j$. Pour cette raison, deux paires de symboles transmis (s_1, s_4) et (s_2, s_3) peuvent être décodé indépendamment dans les récepteurs.

1.3.4   Les codes spatio-temporel en treillis

Les codes spatio-temporels en treillis ou Space-Time Trellis Code (STTC) ont été introduits par Tarokh et al. [18] et sont l'extension des codes en treillis classiques présenté dans [20]. L'avantage d'un code STTC est d'obtenir l'ordre de diversité maximal comme les OSTBC ainsi que d'améliorer le gain de codage. Son principe est de créer des relations entre les signaux à la fois dans l'espace (utilisation des n_t antennes) et dans le temps (paquets de symboles).

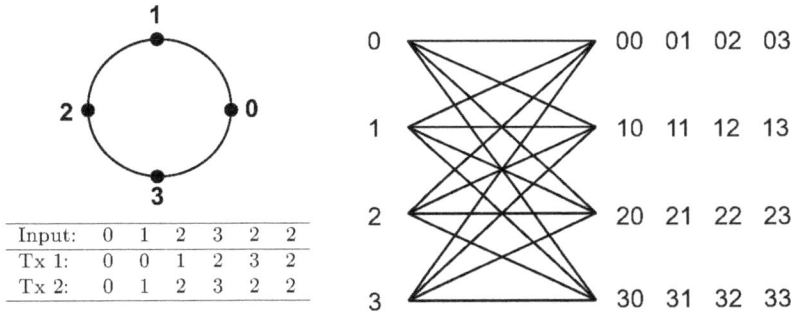

Input:	0	1	2	3	2	2
Tx 1:	0	0	1	2	3	2
Tx 2:	0	1	2	3	2	2

FIGURE 1.8 – Le code STTC utilisant la modulation 4-PSK avec deux antennes à l'émission.

Considérons, par exemple, un code spatio-temporel en treillis de débit maximal 2 bits/-canal avec deux antennes émettrices. Fig 1.8 montre les quatre états du code STTC utilisant une modulation 4-PSK. Le code STTC est représenté par un treillis et des paires de symboles qui sont transmis par les deux antennes pour toutes voies dans le treillis. Pour chaque voie, les indices des symboles sont utilisés pour présenter les symboles transmis (voir Fig. 1.8).

1.4   Technique de précodage

En utilisant la connaissance de l'état du canal à l'émission, la technique de précodage traite le signal émis avant la transmission. La figure 1.9 représente la structure d'un système de précodage. En général, il consiste un encodeur, un précodeur $\mathbf{F}$, et un décodeur. D'abord, les séquences des données passent par un bloc d'encodeur. Ici, des détecteur et correcteur d'erreurs sont introduit afin d'augmenter la fiabilité de la transmission. À la sortie de l'encodeur, les vecteurs de symboles sont traités par un précodeur dont la forme dépend de l'état du canal. À la réception, un récepteur sera considéré pour récupérer les symboles originaux.

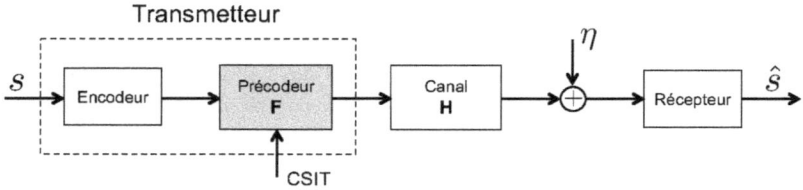

FIGURE 1.9 – Structure d'un système de précodage.

1.4.1 Structure d'un encodeur

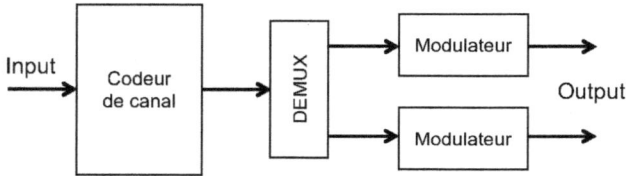

FIGURE 1.10 – Structure d'un encodeur multiplexage.

En général, un encodeur se compose un bloc de codeur de canal et un ou plusieurs blocs de modulateur. La structure d'un encodeur peut être classée en deux catégories : la structure multiplexage spatiale et la structure spatio-temporelle. Dans le cas de multiplexage spatial, les données sont divisées par plusieurs flux de donnée indépendants. Ces flux sont ensuite mappés en des vecteurs de symboles, et sont traitées directement par un précodeur, comme montré dans la figure 1.10. Puisque les flux sont indépendants avec les rapports signal sur bruit individuels, une adaptation de flux de donné peut être utilisé pour la transmission.

Dans le cas de la structure spatio temporelle, la séquence de donnés à la sortie du codeur de canal est mappée directement en vecteurs de symboles, et traité par un bloc de code spatio-temporel (voir la section 1.3). Ensuite, les vecteurs de symboles sont pré-multipliées par une matrice de précodage, voir la figure 1.11.

1.4.2 Structure d'un précodeur

Lorsque l'état du canal est disponible à l'émission, le précodeur peut optimiser différents critères tels que maximisation de la capacité [14], et maximisation de l'information

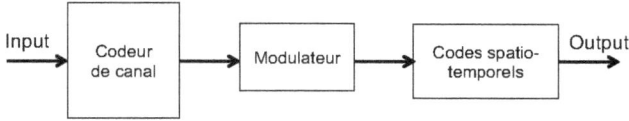

FIGURE 1.11 – Structure d'un encodeur spatio-temporel.

mutuelle [21], etc. La structure des précodeurs précédents est linéaire et basée sur la décomposition en valeurs singulières (SVD) suivant

$$\mathbf{F} = \mathbf{U\Sigma V}. \tag{1.33}$$

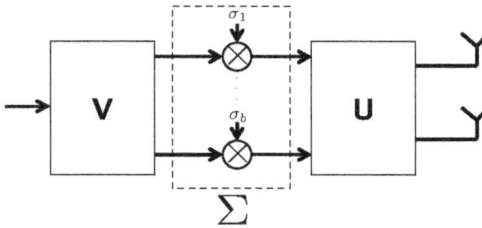

FIGURE 1.12 – Structure d'un précodeur linéaire.

Ici, un précodeur linéaire est considéré comme un produit de trois matrices. Il faut noter que la matrice singulière à gauche $\mathbf{U}$ contient tous les vecteurs propres de la matrice $\mathbf{FF}^*$, et chaque vecteur représente une direction de voie. La matrice $\mathbf{\Sigma}$ contrôle l'allocation de puissance dans chaque voie. Notons que les puissance correspondent aux valeurs singulières carrés de $\mathbf{\Sigma}^2$. Finalement, la matrice singulière à droite $\mathbf{V}$ concerne au changement d'échelle et à la rotation des symboles sur chaque voie. La structure de précodage linéaire est illustrée dans la figure 1.12, et la contrainte de puissance est déterminée par

$$\text{trace}(\mathbf{FF}^*) = E_s \tag{1.34}$$

où E_s est la puissance moyenne de transmission. Autrement dit, la somme des puissances sur toutes les voies est une constante. La puissance individuelle dans chaque voie dépend du critère de l'optimisation, du rapport signal sur bruit, et de l'état du canal.

1.4.3   Récepteur

Notons $\mathbf{s}$ les vecteurs de symboles à l'entrée du précodeur $\mathbf{F}$, le signal reçu est alors définie par

$$\mathbf{y} = \mathbf{HFs} + \eta, \tag{1.35}$$

où η est le vecteur de bruit additif gaussien. Le signal reçu est ensuite décodé et estimé afin de récupérer le signal original **s**. Il existe plusieurs méthodes de détection permettant de reconnaître les symboles transmis. On va présenter dans la suite trois méthodes : forçage à zéro (ZF), erreur quadratique moyenne minimale (EQMM), et maximum de vraisemblance (MV).

Forçage à zéro (ZF)

Ce récepteur est le plus simple et il propose une filtre inverse de la matrice **HF** pour supprimer toutes les interférences provenant des autres symboles. Quand la matrice n'est pas inversible, la pseudo-inverse Moore-Penrose peut être utilisée [22]. L'estimation des symboles émis est alors

$$\hat{\mathbf{s}} = (\mathbf{HF})^+ \mathbf{y} = \mathbf{s} + (\mathbf{HF})^+ \eta, \tag{1.36}$$

où $(\mathbf{HF})^+$ est la matrice pseudo-inverse de **HF**, et est définie par $(\mathbf{HF})^+ = (\mathbf{F}^*\mathbf{H}^*\mathbf{HF})^{-1}\mathbf{F}^*\mathbf{H}^*$. Cette solution reste cependant sensible au bruit car lorsque la matrice de canal **H** est mal conditionnée, le bruit sera favorisé.

Erreur Quadratique Moyenne Minimale (EQMM)

Contrairement au ZF, le but de récepteur est de minimiser l'erreur quadratique moyenne au bruit et aux interférences entre symboles. La solution proposée contient une matrice de pondération **W** qui est définie par

$$\min_{\mathbf{W}} E\{\|\hat{\mathbf{s}} - \mathbf{s}\|^2\} = \min_{\mathbf{W}} E\{\|(\mathbf{WHF} - \mathbf{I})\mathbf{s} + \mathbf{W}\eta\|^2\}, \tag{1.37}$$

Pour les signaux de moyenne nulle et de covariance unitaire, le récepteur EQMM optimale est donné par

$$\mathbf{W} = (\mathbf{F}^*\mathbf{H}^*\mathbf{HF} + \frac{n_T}{\text{RSB}}\mathbf{I})^{-1}\mathbf{F}^*\mathbf{H}^*, \tag{1.38}$$

où n_T est le nombre d'antennes à l'émission, et RSB est rapport signal sur bruit. En utilisant le critère EQMM, l'estimation du signal émis est définie par

$$\hat{\mathbf{s}} = \mathbf{W}\mathbf{y}. \tag{1.39}$$

Grâce à la prise en compte de la matrice **W**, le récepteur EQMM améliore les performances pour les faibles RSB. Cependant, le terme $\frac{n_T}{\text{RSB}}$ tend vers zéro à haut RSB, et les récepteurs EQMM et ZF deviennent équivalents.

Maximum de Vraisemblance (MV)

Le récepteur maximum de vraisemblance fouine une meilleure performance en termes de TEB en comparaison avec les deux récepteurs précédents. L'estimation des symboles est définie classiquement par :

$$\hat{s} = \underset{s}{\arg\min} \|y - HFs\|^2 \tag{1.40}$$

La mise en place de cette solution demande un test de tous vecteurs possible avant la décision. Par conséquence, elle est très gourmande en calculs dont l'augmentation est exponentielle avec le nombre d'antenne à l'émission (il y a M^{n_T} vecteurs possibles, où M est la taille de la constellation transmis). Un solution du problème de complexité qui exclut les candidats de symboles non fiables dans les flux de données est présenté dans [23]. Afin de réduire le coût calculatoire, l'algorithme de décodage par sphère permet aussi d'obtenir des performances semblables en diminuant la charge de calculs [24], [25].

Décodage par sphère

Le principe de décodage par sphère est basé sur la recherche avec une distance bornée de tous les points possibles dans une sphère centrée par le point reçu [26]. Cet algorithme est illustrée dans la figure 1.13, dont le vecteur du signal reçu et les codewords possibles sont représentées par un petit et grands cercles, respectivement. Il est évident que la complexité de décodage par sphère est inférieure à celle de maximum de vraisemblance qui fait une recherche complète de tous les codewords.

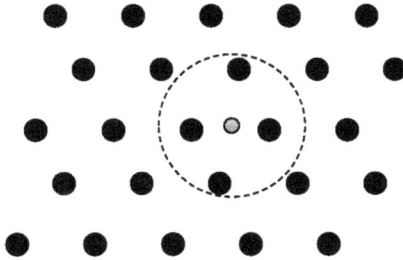

FIGURE 1.13 – Principe de décodage par sphère.

Il faut noter que la région de recherche de décodage par sphère dépend du rapport signal sur bruit, et sa complexité attendue est polynomiale [27, 28]. Afin de réduire la complexité de calcul, plusieurs algorithmes de décodage par sphère sont proposés, par exemple le décodage de complexité fixe [29], et le méthode de Pohst [30], etc.

1.5 Conclusion

L'objectif principal de ce chapitre est de présenter brièvement les systèmes MIMO et ses caractéristiques. Tout d'abord, nous avons présenté une chaîne de transmission numérique classique ainsi que la propagation d'un canal de transmission sans fils. Ensuite, une brève introduction de techniques MIMO est introduite. Ces techniques peuvent être divisées en trois catégories principales : multiplexage spatial, le codes spatio-temporels, et précodage. Les codes spatio-temporels nécessite seulement la connaissance du canal à la réception, tandis que la technique de précodage utilise la connaissance de l'état du canal à l'émission pour traite le signal avant la transmission. Puisque l'état du canal à l'émission fournit une grande amélioration des performances de système MIMO, la technique de précodage devient un sujet très pratique dans les recherches de télécommunications. Dans le reste de ce livre, nous allons étudier les performances et les extensions d'un précodeur important basé sur la maximisation de la distance euclidienne minimale.

2

Technique de précodeur linéaire

La connaissance de l'état du canal (CSI) est habituellement disponible au niveau du récepteur. En général, la CSI est obtenue soit à l'aide de symboles d'apprentissage avec un égaliseur aveugle en réception [31, 32]. Nous supposons, dans la suite, que l'estimation de canal fournit une connaissance de l'état du canal parfaite à la réception (CSIR). Au niveau de l'émetteur, la CSI est moins courante, mais elle peut être présentée à l'émission grâce à la voie de retour du récepteur à l'émetteur. Le récepteur transmet à l'émetteur son estimation du canal ou certains paramètres clés du canal. En utilisant la connaissance de l'état du canal à l'émission (CSIT), un précodeur linéaire se produit pour optimiser divers critères tels que maximisation du rapport signal sur bruit [33], minimisation de l'erreur quadratique moyenne (EQMM) [34], ou maximisation de la plus petite valeur propre de la matrice du canal [35]. Ces précodeurs sont tous basés sur la décomposition en valeurs singulières (SVD) qui décompose le canal de transmission MIMO aux plusieurs sous-canaux parallèles. L'émetteur transmet alors des flux de données indépendants sur les sous-canaux, et les précodeurs linéaires effectuent une allocation de puissances sur les sous-canaux. Autrement dit, les flux de données à l'émission sont pré-multipliés par une matrice de précodage diagonale. Donc, ces précodeurs appartiennent à un ensemble de plus important de précodage appelé précodeur diagonal.

Un autre groupe de précodage linéaire est bien sûr les précodeurs non-diagonaux. L'une de structures non-diagonales le plus importante est inventé indépendamment par Tomlinson [36] et Harashima [37]. En optimisant les fonctions Schur-convexes de l'erreur quadratique moyenne pour tous les sous-canaux, un autre précodeur non-diagonal est proposé dans [38]. Dans la suite, nous considérerons un critère très important de précodage non-diagonal : c'est la maximisation de la distance euclidienne minimale entre deux vecteurs reçus de donnés [39]. Nous allons montrer, dans ce chapitre, que le précodeur max-$d_{\min}$ fournit une amélioration significative de performances en comparaison avec les autres précodeurs. Certaines extensions du précodeur max-$d_{\min}$ seront aussi présentées dans les chapitres suivants.

2.1   Transformation en canal virtuel

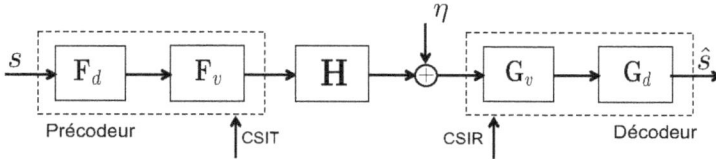

FIGURE 2.1 – Transformation virtuelle d'un système MIMO.

Considérons un système MIMO avec n_R antennes à la réception et n_T antennes à l'émission dans lequel on transmet b flux de données indépendants. On suppose qu'il existe un précodeur $\mathbf{F}$ à l'émetteur et un décodeur $\mathbf{G}$ au niveau du récepteur, l'équation du système peut s'écrire

$$\mathbf{y} = \mathbf{GHFs} + \mathbf{G}\eta, \tag{2.1}$$

où $\mathbf{H}$ est la matrice $n_R \times n_T$ du canal, $\mathbf{F}$ est la matrice $n_T \times b$ du précodeur, $\mathbf{G}$ est la matrice $b \times n_R$ du décodeur, $\mathbf{s}$ est le vecteur $b \times 1$ des symboles transmis, et η est le vecteur $n_R \times 1$ du bruit additif. Il faut noter que $b \leq \text{rank}(\mathbf{H}) \leq \min(n_T, n_R)$, donc n_T et n_R peut être supérieur à b. Dans la suite, nous supposons que

$$E[\mathbf{ss}^*] = \mathbf{I}_b, E[\mathbf{s}\eta^*] = 0 \text{ and } E[\eta\eta^*] = \mathbf{R}_\eta, \tag{2.2}$$

où $\mathbf{I}_b$ est une matrice identité de taille $b \times b$ et $\mathbf{R}_\eta$ est la matrice de corrélation du bruit. Nous définissions E_s la puissance moyenne émise, donc la matrice de précodage $\mathbf{F}$ doit respecter la contrainte de puissance

$$\text{trace}\{\mathbf{FF}^*\} = E_s. \tag{2.3}$$

Si la connaissance de l'état du canal (CSI) est disponible à la fois à l'émetteur et au récepteur, la matrice de canal peut être simplifiée et diagonalisée. Cette opération nécessite trois étapes et est appelée la transformation en canal virtuelle. L'approche de la transformation est illustrée par le synoptique de la figure 2.1. D'abord, les matrices de précodage et décodage sont décomposées en deux parties :

$$\mathbf{F} = \mathbf{F}_v \mathbf{F}_d \quad \text{et} \quad \mathbf{G} = \mathbf{G}_d \mathbf{G}_v \tag{2.4}$$

Nous notons que le couple $(\mathbf{F}_v, \mathbf{G}_v)$ est utilisé afin d'obtenir un canal virtuel diagonal $\mathbf{H}_v$ pendant que le couple $(\mathbf{F}_d, \mathbf{G}_d)$ optimise le critère de l'optimisation. La méthode pour obtenir une canal virtuel diagonal $\mathbf{H}_v$ est résumée dans le tableau 2.1, qui se traduit par

Étape	Méthode	$\mathbf{F}_i$	$\mathbf{G}_i$	$\mathbf{H}_{v_i}$	$\mathbf{R}_{v_i}$
Blanchiment du bruit	$\mathbf{R}_n = \mathbf{Q}\boldsymbol{\Lambda}\mathbf{Q}^*$	$\mathbf{F}_1 = \mathbf{I}_{n_T}$	$\mathbf{G}_1 = \boldsymbol{\Lambda}^{-\frac{1}{2}}\mathbf{Q}^*$	$\mathbf{H}_{v_1} = \mathbf{G}_1\mathbf{H}\mathbf{F}_1$	$\mathbf{R}_{v_1} = \mathbf{I}_{n_R}$
Diagonalisation du canal	$\mathbf{H}_{v_1} = \mathbf{A}\boldsymbol{\Sigma}\mathbf{B}^*$	$\mathbf{F}_2 = \mathbf{B}$	$\mathbf{G}_2 = \mathbf{A}^*$	$\mathbf{H}_{v_2} = \boldsymbol{\Sigma}$	$\mathbf{R}_{v_2} = \mathbf{I}_{n_R}$
Réduction de dimension		$\mathbf{F}_3 = \begin{pmatrix} \mathbf{I}_b \\ 0 \end{pmatrix}$	$\mathbf{G}_3 = (\mathbf{I}_b \quad 0)$	$\mathbf{H}_v = \boldsymbol{\Sigma}_b$	$\mathbf{R}_{n_\eta} = \mathbf{I}_b$

TABLE 2.1 – Trois étapes de la transformation virtuelle pour un système MIMO

des nouveaux décompositions des deux matrices $\mathbf{F}_v$ et $\mathbf{G}_v$

$$\mathbf{F}_v = \mathbf{F}_1\mathbf{F}_2\mathbf{F}_3 \qquad \text{et} \qquad \mathbf{G}_v = \mathbf{G}_3\mathbf{G}_2\mathbf{G}_1, \tag{2.5}$$

où $(\mathbf{F}_i, \mathbf{G}_i)$ réalise une opération particulière de la transformation virtuelle.

2.1.1 Blanchiment du bruit

Nous considérons la décomposition en valeurs propres de la matrice de corrélation du bruit

$$\mathbf{R}_\eta = E[\eta\eta^*] = \mathbf{Q}\boldsymbol{\Lambda}\mathbf{Q}^*, \tag{2.6}$$

où $\mathbf{Q}$ est une matrice unitaire et $\boldsymbol{\Lambda}$ est une matrice diagonale. Le but de cette étape est d'obtenir une matrice de corrélation $\mathbf{R}_{v_1} = E[\mathbf{G}_1\eta\eta^*\mathbf{G}_1^*] = \mathbf{G}_1\mathbf{Q}\boldsymbol{\Lambda}\mathbf{Q}^*\mathbf{G}_1^*$ égale à une matrice identité. La matrice $\mathbf{G}_1$ est alors définie par

$$\mathbf{G}_1 = \boldsymbol{\Lambda}^{-1/2}\mathbf{Q}^*. \tag{2.7}$$

Donc, le canal intermédiaire de cette étape est donné par

$$\mathbf{H}_{v_1} = \mathbf{G}_1\mathbf{H}\mathbf{F}_1, \tag{2.8}$$

où $\mathbf{F}_1$ est une matrice identité de taille n_T.

2.1.2 Diagonalisation du canal

Dans cette étape, la décomposition en valeurs singulières de la matrice intermédiaire $\mathbf{H}_{v_1}$ est utilisé pour pour diagonaliser les matrices du canal

$$\mathbf{H}_{v_1} = \mathbf{A}\boldsymbol{\Sigma}\mathbf{B}^*, \tag{2.9}$$

où $\mathbf{A}$ and $\mathbf{B}^*$ sont des matrices unitaires, et $\boldsymbol{\Sigma}$ est une matrice diagonale dont les éléments sont les racines carrées des valeurs propres de la matrice $\mathbf{H}_{v_1}\mathbf{H}_{v_1}^*$. Rappelons que ces valeurs

propres sont réelles et positives en l'ordre décroissant, et le nombre de valeurs propres non
nulles dépend du rang de la matrice $\mathbf{H}_{v_1}$

$$k = \text{rank}(\mathbf{H}_{v_1}) \leq \min(n_T, n_R). \tag{2.10}$$

La matrice diagonale Σ peut être alors exprimée en fonction des valeurs propres non
nulles

$$\Sigma = \begin{pmatrix} \Sigma_k & 0 \\ 0 & 0 \end{pmatrix} \tag{2.11}$$

avec la matrice diagonal Σ_k contient tous les valeurs propres non nulle. Afin de diagonaliser
la matrice de canal intermédiaire $\mathbf{H_{v_1}}$, la solution proposée est

$$\mathbf{F}_2 = \mathbf{B} \quad \text{et} \quad \mathbf{G}_2 = \mathbf{A}^*. \tag{2.12}$$

La seconde matrice de canal intermédiaire $\mathbf{H_{v_2}}$ est donc diagonale et définie par

$$\mathbf{H}_{v_2} = \mathbf{G}_2 \mathbf{H_{v_1}} \mathbf{F}_2 = \Sigma. \tag{2.13}$$

Il faut noter que la matrice de corrélation du bruit $\mathbf{R}_{v_2}$ reste égale à une matrice
identité

$$\mathbf{R}_{v_2} = \mathbf{G}_2 \mathbf{R}_{v_1} \mathbf{G}_2^* = \mathbf{G}_2 \mathbf{G}_2^* = \mathbf{I}_{n_R}, \tag{2.14}$$

puisque $\mathbf{G}_2$ est une matrice unitaire.

2.1.3 Réduction de dimension

La forme diagonale de la matrice $\mathbf{H_{v_2}}$ correspond aux gains de sous-canaux. Notons
que les éléments diagonaux $\mathbf{H_{v_2}}$ sont rangés par ordre décroissant, et le nombre de valeurs propres non nulles k correspond au nombre de sous canaux disponibles. Le but de
cette étape est d'obtenir la dimension correspondant au nombre de flux de données b. Les
matrices $\mathbf{F}_3$ and $\mathbf{G}_3$ sont alors définis par

$$\mathbf{F}_3 = \begin{pmatrix} \mathbf{I}_b \\ 0 \end{pmatrix} \quad \text{et} \quad \mathbf{G}_3 = (\mathbf{I}_b \quad 0). \tag{2.15}$$

Cette écriture est seulement disponible si $b \leq k$, donc nous considérerons que la matrice
canal est de rang plein et $b \leq k = \min(n_T, n_R)$. La matrice de canal virtuel est alors

$$\mathbf{H}_v = \mathbf{G}_3 \mathbf{H_{v_2}} \mathbf{F}_3 = \Sigma_b, \tag{2.16}$$

où Σ_b représente les b plus grandes valeurs singulières de $\mathbf{H}_{v_1}$. La matrice de corrélation du bruit est toujours l'identité de la taille b

$$\mathbf{R}_{\eta_v} = \mathbf{I}_b. \tag{2.17}$$

Le programme Matlab de la transformation en canal virtuel est présenté dans la suite

```
function [Fv,Gv,Hv]=vitual_transformation(H,R,nTx,nRx);
m = min(nTx,nRx);
% Step1: Noise whitening
[Q,A1,Qt] = svd(R);
Fi1 = eye(nTx);
Gi1 = inv(sqrt(A1))*Qt;
Hv1 = Gi1*H*Fi1;
Rv1 = eye(nRx);
% Step2: Channel diagonalization
[A2,Si2,B2] = svd(Hv1);
Fi2 = B2;
Gi2 = (A2)';
Hv2 = Si2;
Rv2 = eye(nRx);
% Step3: Dimensionality reduction
Fi3 = [eye(m);zeros(nTx-m,m)];
Gi3 = [eye(m) zeros(m,nRx-m)];
% Output
Fv = Fi1*Fi2*Fi3;
Gv = Gi3*Gi2*Gi1;
Hv = Gi3*Hv2*Fi3;
```

2.1.4 Représentation du canal virtuel

Après application de la transformation virtuelle, le signal reçu dans (2.1) devient

$$\mathbf{y} = \mathbf{G}_d \mathbf{H}_v \mathbf{F}_d \mathbf{s} + \mathbf{G}_d \eta_v, \tag{2.18}$$

où $\mathbf{H}_v = \mathbf{G}_v \mathbf{H} \mathbf{F}_v$ est la matrice du canal virtuel de taille $b \times b$, $\eta_v = \mathbf{G}_v \eta$ est le vecteur $b \times 1$ du bruit virtuel. Nous notons que la matrice de canal virtuel $\mathbf{H}_v$ est diagonale et est définie par

$$\mathbf{H}_v = \text{diag}(\sigma_1, ..., \sigma_b), \tag{2.19}$$

où σ_i représentent les gains de chaque sous-canal et sont rangés par ordre décroissant. Puisque la matrice de précodage virtuelle $\mathbf{F}_v$ est orthogonale (i.e. $\mathbf{F}_v^* \mathbf{F}_v = \mathbf{I}$), la contrainte de puissance est alors donnée par

$$\text{trace}\{\mathbf{F}\mathbf{F}^*\} = \text{trace}\{\mathbf{F}_d \mathbf{F}_d^*\} = E_s. \tag{2.20}$$

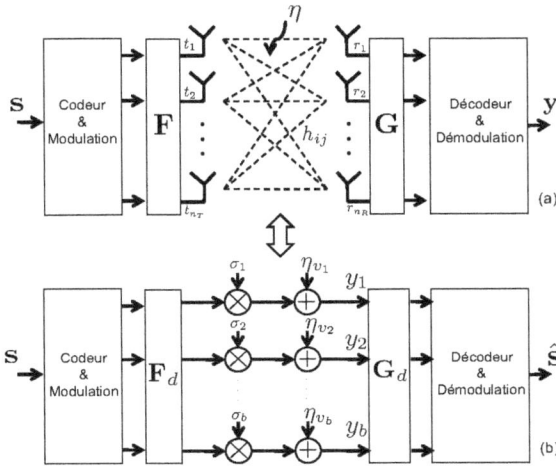

FIGURE 2.2 – Modèle d'un système de précodage linéaire : modèle de base (a), modèle de transformation virtuelle (b).

Les modèle de base et modèle de transformation virtuelle d'un système MIMO sont présentés par la figure 2.2. Les données sont d'abord codées et modulés, et ensuite passés dans un précodeur linéaire. En utilisant la transformation virtuel, la matrice de canal réel $\mathbf{H}$ transforme à la matrice virtuelle diagonale $\mathbf{H}_v$, et les vecteurs de symboles sont alors transmis sur des voies parallèles et indépendantes. Le but d'optimisation devient de trouver le coupe $(\mathbf{F}_d, \mathbf{G}_d)$ optimisant des critères. Si le récepteur est basé sur le maximum de vraisemblance (MV), le décodeur $\mathbf{G}_d$ n'influe pas sur la décision et est représenté par une matrice identité de taille b. La matrice de précodage $\mathbf{F}_d$ est utilisé pour optimiser divers critères tels que la maximisation de la capacité [14], la maximisation de rapport signal sur bruit [33], la minimisation de l'erreur quadratique moyenne [34], et la maximisation de la valeur singulière minimale [35]. Si le précodeurs est diagonal dans les solutions précis, i.e. $\mathbf{F}_d = \mathrm{diag}(f_1, f_2, ..., f_b)$, le problème revient à trouver la répartition de la puissance grâce aux éléments diagonales de la matrice $\mathbf{F}_d$.

Dans la suite, on va présenter quelques précodeurs traditionnels ainsi qu'un précodeur spécifique basé sur la maximisation de la distance euclidienne minimale entre deux vecteurs reçus.

2.2 Les précodeurs existantes

Les matrices de précodage linéaire peuvent être classées en deux catégories : forme diagonale et forme non-diagonale. Un précodeur est diagonal si et seulement si le coupe

$(\mathbf{F}_d, \mathbf{G}_d)$ dans (2.18) sont à la fois diagonaux. Rappelons que $\mathbf{G}_d$ n'influe pas sur la décision et est représenté par une matrice identité lorsque un détection à maximum de vraisemblance est considéré à la réception. Le principe général du précodeur diagonal est illustré dans la figure 2.3. Ici, le problème revient à trouver la répartition de la puissance sur chaque sous-canal virtuel.

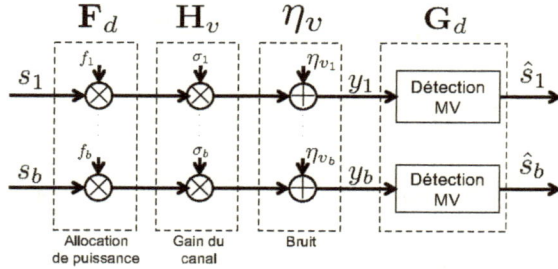

FIGURE 2.3 – Schéma équivalent des précodeurs diagonaux utilisant une détection à maximum de vraisemblance.

2.2.1 Précodeur beamforming ou max-SNR

Ce précodeur maximiser le rapport signal sur bruit (SNR : signal-to-noise ratio en anglais) à la réception. Ici, la solution optimale n'utilise que la voie la plus forte correspondant au RSB σ_1^2 [40, 41]. Ce précodeur concentre toute la puissance émise dans la direction la plus favorable représentée par la plus forte valeur singulière [33]. L'expression du signal reçu dans le domaine virtuelle est alors

$$\mathbf{y} = \sqrt{E_s}\sigma_1 \mathbf{s} + \eta, \qquad (2.21)$$

où $\mathbf{s}$ est le vecteur de symboles transmis, η est le vecteur de bruits additifs virtuels. On voit que la structure du précodeur beamforming est relativement simple. Cependant, un seul flux de symboles est transmis dans la voie la plus forte, donc, le débit de données est limité par la modulation choisie.

2.2.2 Précodeur Water-Filling (WF)

Le but de ce précodeur est la maximisation de la capacité du système MIMO. En utilisant (1.20), la capacité d'un canal virtuel peut être simplifiée par

$$C = \sum_{i=1}^{b} \log_2(1 + f_i^2\sigma_i^2), \quad \text{avec} \quad \sum_{i=1}^{b} f_i^2 = E_s. \qquad (2.22)$$

La solution optimale est alors donnée par

$$f_i^2 = \begin{cases} \Psi_{\text{WF}} - \frac{1}{\sigma_i^2} & \text{si } \Psi_{\text{WF}} > \frac{1}{\sigma_i^2} \\ 0 & \text{autres} \end{cases} \quad \text{avec} \quad i = 1, ..., b \tag{2.23}$$

où le seuil Ψ_{WF} dépend de la puissance émise et est défini par

$$\Psi_{\text{WF}} = \frac{E_s + \gamma_{\text{WF}}}{b_{\text{WF}}} \quad \text{avec} \quad \gamma_{\text{WF}} = \sum_{i=1}^{b_{\text{WF}}} \frac{1}{\sigma_i^2} \tag{2.24}$$

où b_{WF} est le nombre de voies utilisées par le précodeur Water-Filling. L'algorithme de trouver le nombre des voies virtuelles activés b_{WF} est illustré dans la figure 2.4.

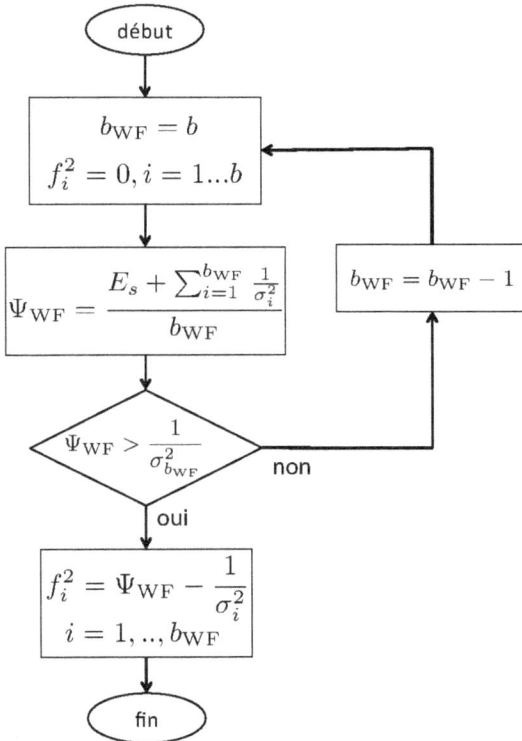

FIGURE 2.4 – Algorithme du précodeur Water-Filling.

```
function [Fd]=pre_waterfilling(Hv,SNR)
Es = 10^(SNR/10);
```

```
s = diag(Hv);
bw = length(s);
f = zeros(1,bw);
sumS = sum(1./(s.^2));
PSI = (Es+sumS)/bw;
while PSI<=1/s(bw)^2
    bw = bw-1;
    sumS = 0;
    for ii=1:bw
        sumS = sumS+1/s(ii)^2;
    end
    PSI = (Es+sumS)/bw;
end
for ii=1:bw
    f(ii) = sqrt(PSI-1/s(ii)^2);
end
Fd = diag(f);
```

2.2.3 Précodeur Erreur Quadratique Moyenne Minimale (EQMM)

Ce précodeur se propose de minimiser l'erreur quadratique moyenne, et le critère de l'optimisation est défini par

$$\min_{\mathbf{F}_d, \mathbf{G}_d} E[\|y - s\|^2] = \min_{\mathbf{F}_d, \mathbf{G}_d} \sum_{i=1}^{b} E\left[\|g_i \sigma_i f_i s_i + g_i \eta_{v_i} - s_i\|^2\right], \tag{2.25}$$

où la matrice de décodage $\mathbf{G}_d = \text{diag}(g_1, g_2, ..., g_b)$. La contrainte de puissance est donc

$$\sum_{i=1}^{b} f_i^2 = E_s. \tag{2.26}$$

De façon similaire au précodeur WF, la solution optimale du précodeur EQMM est donnée par

$$f_i^2 = \begin{cases} \frac{1}{\sigma_i}\left(\Psi_{\text{EQMM}} - \frac{1}{\sigma_i}\right) & \text{si } \Psi_{\text{EQMM}} > \frac{1}{\sigma_i} \\ 0 & \text{autres} \end{cases} \quad \text{avec } i = 1, ..., b \tag{2.27}$$

où b_{EQMM} est le nombre de voies utilisés tel que $\Psi_{\text{MSE}} > 1/\sigma_i$, pour $i = 1, ..., b$. Le seuil Ψ_{EQMM} est défini par

$$\Psi_{\text{EQMM}} = \frac{E_s + \gamma_{\text{EQMM}}}{\displaystyle\sum_{i=1}^{b_{\text{EQMM}}} \frac{1}{\sigma_i}} \quad \text{avec} \quad \gamma_{\text{EQMM}} = \sum_{i=1}^{b_{\text{EQMM}}} \frac{1}{\sigma_i^2}. \tag{2.28}$$

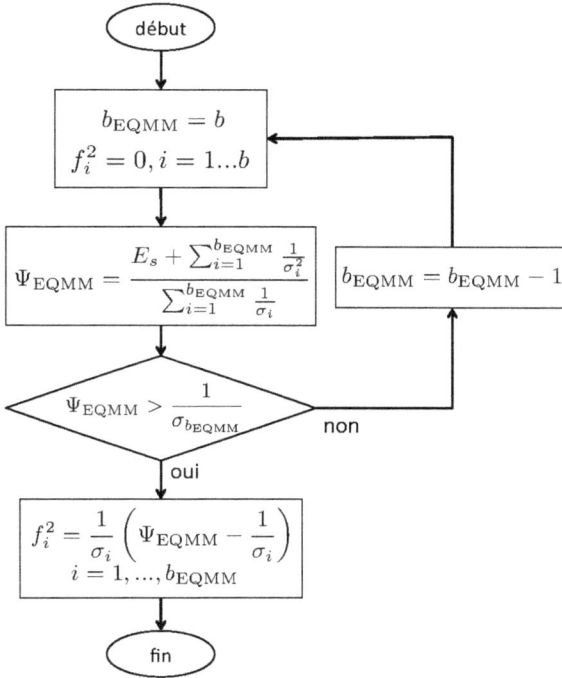

FIGURE 2.5 – Algorithme du précodeur EQMM.

Comme le cas du Water-Filling, ce précodeur peut supprimer des voies mais le critère de suppression est différent (voir la figure 2.5). Les deux précodeurs suppriment quelques sous-canaux et transmettent les signaux sur les restes. Dans la suite, on va présenter des précodeurs avec un nombre de voies constant quel que soit du canal.

```
function [Fd]=pre_eqmm(Hv,SNR)
Es = 10^(SNR/10);
sigma = diag(Hv);
bw = length(sigma);
f = zeros(1,bw);
sum1 = 0;
sum2 = 0;
for ii=1:bw
    sum1 = sum1+1/sigma(ii)^2;
    sum2 = sum2+1/sigma(ii);
end
PSI = (Es+sum1)/sum2;
```

```
while PSI<=1/sigma(bw)
    bw = bw-1;
    sum1 = 0;
    sum2 = 0;
    for ii=1:bw
        sum1 = sum1+1/sigma(ii)^2;
        sum2 = sum2+1/sigma(ii);
    end
    PSI = (Es+sum1)/sum2;
end
for ii=1:bw
    f(ii) = sqrt(PSI/sigma(ii)-1/sigma(ii)^2);
end
Fd = diag(f);
```

2.2.4 Précodeur Qualité de service (QdS)

Le principe de ce précodeur est d'assurer les rapports de signaux reçus dans tous les voies virtuelles [34]. Par exemple, un flux de données représente la vidéo pendent que l'autre transmet la musique. Le débit du flux de vidéo est évidemment supérieure à lequel de la musique. Par conséquent, la première voie nécessite d'un rapport signal sur bruit mieux que la seconde. Ainsi, les RSB de chaque voie sont donnés par

$$f_i^2 \sigma_i^2 = \omega_i f_b^2 \sigma_b^2 \quad \text{avec } i = 1, ..., b \tag{2.29}$$

où ω_i représente le rapport du signal sur bruit de la voie i par rapport à la voie b. Les gains des sous-canaux sont ordonnés et le premier voie correspond au le RSB le plus important, i.e. $\omega_1 \geq \omega_2 \geq ... \geq \omega_b = 1$. Les coefficients du précodeur QdS sont alors définis par :

$$f_i^2 = w_i \frac{E_s}{\sigma_i^2 \sum_{k=1}^{b} \frac{w_k}{\sigma_k^2}} \tag{2.30}$$

Contrairement aux précodeurs WF et EQMM, ce précodeur utilise toujours le même nombre de voie pour assurer le rapport signal sur bruit.

2.2.5 Précodeur Erreur Égale (EE)

Ce précodeur est un cas particulier du précédent précodeur QdS dont les rapports de signaux sur bruits sont tous égaux. Les coefficients du précodeur sont alors

$$f_i^2 = \frac{E_s}{\sigma_i^2 \sum_{k=1}^{b} \frac{1}{\sigma_k^2}} \tag{2.31}$$

Il faut noter que ce précodeur fournit le même RSB pour toutes les voies :

$$f_i^2 \sigma_i^2 = \frac{E_s}{\displaystyle\sum_{k=1}^{b} \frac{1}{\sigma_k^2}} = \text{const} \tag{2.32}$$

Tout comme le QdS, le taux d'erreur moyen de chaque voie est identique, et le nombre de voies utilisées est constant. Il faut noter que ce précodeur maximise la valeur propre minimale $\lambda_{\min}(\text{SNR}(\mathbf{F}, \mathbf{G}))$, donc il est également la solution maximisant une borne inférieure de la distance minimale, et appelé alors le précodeur max-$\lambda_{\min}$ [35].

```
function [Fd]=pre_ee(Hv,SNR)
Es = 10^(SNR/10);
s = diag(Hv);
sumS = sum(1./(s.^2));
for ii=1:length(s)
    f(ii) = sqrt(Es/sumS/s(ii)^2);
end
Fd = diag(f);
```

2.2.6 Précodeur taux d'erreur binaire minimal (TEBM)

Le but de ce précodeur est de minimiser le critère du taux d'erreur binaire (TEB) [42]. Pour d'un système MIMO utilisant la constellation QAM-M avec un bruit additif blanc gaussien, la probabilité d'erreur de la voie i est définie par [43]

$$P_{e,i} = \alpha_M \text{erfc} \left(\sqrt{\beta_M f_i^2 \sigma_i^2} \right), \tag{2.33}$$

où $\alpha_M = \frac{2}{\log_2 M} \left(1 - \frac{1}{\sqrt{M}} \right)$, et $\beta_M = \frac{3}{2(M-1)}$. En utilisant le multiplicateur de Lagrange μ, le critère de l'optimisation est donné par

$$\mathcal{L} = \frac{\alpha_M}{b} \sum_{i=1}^{b} \text{erfc} \left(\sqrt{\beta_M f_i^2 \sigma_i^2} \right) + \mu \left(\sum_{i=1}^{b} f_i^2 - E_s \right). \tag{2.34}$$

L'annulation des $\frac{\partial \mathcal{L}}{\partial f_i}$ donne les valeurs de f_i suivantes

$$f_i^2 = \frac{1}{2\beta_M \sigma_i^2} W_0 \left(\frac{2\sigma_i^4 \alpha_M^2 \beta_M^2}{\mu^2 \pi b^2} \right). \tag{2.35}$$

où W_0 représente la fonction de Lambert d'index 0 [44]. La fonction de Lambert $W_0(x)$ est croissante et positive avec $W_0(x) = 0$. Pour cette raison, la valeur de μ est unique et déterminé selon la contrainte de puissance $\sum_{i=1}^{b} f_i^2 = E_s$.

Nous pouvons simplifier la recherche numérique du paramètre μ en utilisant l'approximation de la fonction de Lambert d'indice 0

$$W_0(x) \approx \log(x) - \log(\log(x)) \qquad \text{pour} \qquad x \gg 1 \qquad (2.36)$$

Dans ce cas, le précodeur est noté TEB minimal approché (TEBMA) et est défini par

$$f_i^2 = E_s \frac{a_i(1 - \sum_k A_k) + A_i \sum_k a_k}{\sum_k a_k}, \qquad (2.37)$$

où $a_i = \frac{1}{\beta_M \sigma_i^2}$, $b_i = \frac{2\sigma_i^4 \alpha_M^2 \beta_M^2}{\pi b^2}$, et $A_i = a_i (\log(b_i) - \log(\log(b_i)))$. Il faut noter que cette approximation n'est plus valable pour les faibles RSB, puisque la valeur de $\log(b_i)$ peut être négatif et le terme A_i donc n'est pas défini.

```
function [Fd]=pre_TEBMA(Hv,SNR,M)
Es = 10^(SNR/10);
s = diag(Hv)* sqrt(Es);
bb = length(s);
aM = 2/log2(M)*(1-1/sqrt(M));
bM = 3/2/(M-1);
for ii=1:length(s)
    a(ii) = 1/bM/s(ii)^2;
    b(ii) = 2*s(ii)^4*aM^2*bM^2/pi/bb^2;
    AW(ii) = a(ii)*(log(b(ii))-log(log(b(ii))));
end
sumAW = sum(AW);
sum_a = sum(a);
for ii=1:length(s)
    f(ii) = abs( sqrt(Es * (a(ii)*(1-sumAW) + AW(ii)*sum_a) / sum_a) );
end
Fd = diag(f);
```

2.2.7 Précodeur X- et Y-codes

Afin d'améliorer l'ordre de diversité, les auteurs dans [45] ont proposé les X et Y-codes pour les couples des sous-canaux virtuels avec divers ordres de diversité. Les bits d'information sont d'abord transformés aux vecteurs de symbole $\mathbf{u} = (u_1, ..., u_b)^T \in \mathbb{C}_b$, et codés en les symboles $\mathbf{z} = (z_1, ..., z_b)^T \in \mathbb{C}_b$ utilisant une matrice de précodage $\mathbf{F}_c$ de taille $b \times b$

$$\mathbf{z} = \mathbf{F}_c \mathbf{u} + \mathbf{u}_0 \qquad (2.38)$$

où $\mathbf{u}_0 \in \mathbb{C}_b$ est un vecteur de déplacement utilisé pour réduire la puissance moyenne émise. En utilisant la transformation en canal virtuel, le signal reçu est définie par [46]

$$y = \mathbf{H}_v \mathbf{F}_c \mathbf{u} + \mathbf{n} \qquad (2.39)$$

où $\mathbf{F}_c$ est caractérisé par une liste des couples de matrice $\mathbf{A}_k \triangleq \{a_{k,i,j}\}, i,j \in [1,2]$ de taille 2×2. Chaque matrice $\mathbf{A}_k$ est un sous-matrice du précodeur $\mathbf{F}_c \triangleq \{f_{i,j}\}$, c'est à dire

$$\begin{cases} f_{i_k,i_k} = a_{k,1,1} & f_{i_k,j_k} = a_{k,1,2} \\ f_{j_k,i_k} = a_{k,2,1} & f_{j_k,j_k} = a_{k,2,2} \end{cases} \tag{2.40}$$

Dan le cas de $b = 6$, par exemple, la structure de X-Code est donnée par

$$\mathbf{F}_c = \begin{pmatrix} a_{1,1,1} & & & & a_{1,1,2} & \\ & a_{2,1,1} & & & & a_{2,1,2} \\ & & a_{1,1,1} & a_{1,1,2} & & \\ & & a_{1,1,1} & a_{1,1,2} & & \\ & a_{2,1,1} & & & & a_{2,1,2} \\ a_{1,1,1} & & & & a_{1,1,2} & \end{pmatrix} \tag{2.41}$$

et celle de Y-Code est définie par

$$\mathbf{F}_c = \begin{pmatrix} a_{1,1,1} & & & & a_{1,1,2} & \\ & a_{2,1,1} & & & & a_{2,1,2} \\ & & a_{1,1,1} & a_{1,1,2} & & \\ & & a_{1,1,1} & & & \\ & a_{2,1,1} & & & & \\ a_{1,1,1} & & & & & \end{pmatrix} \tag{2.42}$$

Définissons $\mathbf{u}_k \triangleq [u_{i_k}, u_{j_k}]^T$, la contrainte de puissance moyenne émis revient l'allocation de puissance sur $b/2$ coules de sous-canaux

$$\mathbb{E}\left[\|\mathbf{A}_k \mathbf{u}_k + \mathbf{u}_k^0\|^2\right] = \frac{2E_s}{b}, \quad k = 1, 2, \ldots, b/2. \tag{2.43}$$

Pour X-codes, les matrices $\mathbf{A}_k$ sont réelles orthogonales et sont paramétrées par l'angle de sous-canal

$$\mathbf{A}_k = \begin{pmatrix} \cos\theta_k & \sin\theta_k \\ -\sin\theta_k & \cos\theta_k \end{pmatrix} \tag{2.44}$$

Pour Y-codes, les matrices $\mathbf{A}_k$ ont la forme suivante

$$\mathbf{A}_k = \begin{pmatrix} a_k & 2a_k \\ 2b_k & 0 \end{pmatrix} \tag{2.45}$$

Les valeur optimisées des précodeur X et Y-Code sont respectivement détaillée dans [46]. Par ailleurs, les auteurs ont aussi démontré que ces précodeurs obtiennent une diversité complète et une faible complexité en utilisant les couples des sous-canaux virtuels.

2.2.8 Précodeur Tomlinson-Harashima

Nous considérons ici une autre précodeur appelé Tomlinson-Harashima (THP) dont la structure n'est plus diagonale. Le principe du précodeur est présenté dans la figure 2.6. Ici, le signal reçu $\mathbf{y}$ est définie par

$$\mathbf{y} = \mathbf{HFs} + \eta, \tag{2.46}$$

où $\mathbf{s}$ est le vecteur de symbole transmis, $\mathbf{H}$ est la matrice de canal de taille $n_T \times n_R$, $\mathbf{F}$ est la matrice de précodage, et η est le vecteur du bruit additif gaussien. À la réception, un égaliseur à retour de décision (DFE : Decision Feedback Equalizer) est considéré. Cet égaliseur consiste un filtre direct $\mathbf{G}$ et un filtre récursif $\mathbf{B}$. Le filtre $\mathbf{G}$ blanchit le bruit et garantit la causalité, pendant $\mathbf{B}$ annule les interférences en utilisant les symboles détectés.

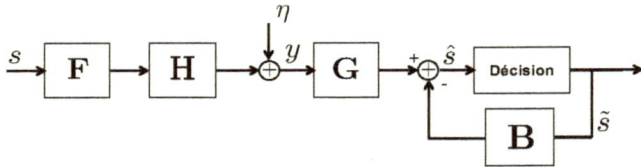

FIGURE 2.6 – Principe du précodeur linéaire avec une matrice DFE.

Nous notons $\tilde{\mathbf{s}}$ le vecteur de symbole à la sortie de décision. Dans ce cas, l'entrée $\hat{\mathbf{s}}$ du bloc de décision est alors donnée par $\hat{\mathbf{s}} = \mathbf{GHFs} - \mathbf{B}\tilde{\mathbf{s}} + \mathbf{G}\eta$. En supposant que la décision est correct, c.à.d. $\tilde{\mathbf{s}} = \mathbf{s}$, on obtient

$$\hat{\mathbf{s}} = (\mathbf{GHF} - \mathbf{B})\mathbf{s} + \mathbf{G}\eta. \tag{2.47}$$

C'est évident que le signal peut être séparé en utilisant la matrice récursif $\mathbf{B} = \mathbf{GHF} - \mathbf{I}$. Cette décision DFE correspond à la contrainte zero-forcing (ZF) [47, 48]. Une solution optimale du récepteur est présenté dans [49]. Il est montré que la décomposition triangulaire généralisée (GTD) donne une classe de solutions optimales, ainsi que la décomposition géométrique moyenne (GMD) est une autre solution optimale.

Un autre récepteur du précodeur DFE est basé sur la minimisation de l'erreur quadratique moyenne (EQMM) [50, 51]. Définissions l'erreur du signal $\mathbf{e} = \mathbf{s} - \hat{\mathbf{s}}$, le critère de l'erreur quadratique moyenne est alors

$$E\{\mathbf{ee}^*\} = \mathbf{CC}^* - \mathbf{CF}^*\mathbf{H}^*\mathbf{G}^* - \mathbf{GHFC}^* + \mathbf{GHFF}^*\mathbf{H}^*\mathbf{G}^* + \mathbf{GR}_\eta\mathbf{G}^*, \tag{2.48}$$

où $\mathbf{C} = \mathbf{I} + \mathbf{B}$ est une matrice triangulaire inférieure, et $\mathbf{R}_\eta$ est la matrice de covariance du bruit gaussien η. Le but revient de retrouver **G**, **C**, et **F** selon divers critères et sous la contrainte de puissance. Les auteurs dans [52] proposent deux classes des critères de l'optimisation exprimant par les fonctions de Schur-convexes ou Schur-concaves de l'erreur quadratique moyenne, et fournissent aussi des solutions optimales pour les deux classes.

```
function [F,G,B] = pre_DFE(H,M,SNR)
% A framework for designing nimo systems with decision feedback
% equalization or tomlinson-harashima precoding.
Es=10^(SNR/10);

% Calculate matrix Hvp
[U,S,V] = svd(H);
K = rank(H);

% Choose vector r [c]
dgS = diag(S);
r = dgS;
r(M+1:K) = sort(dgS(M+1:K));
[Q, R, P] = gtd(U, S, V, r);

% Matrix precoder
F = sqrt(Es) * P;

% Matrix decoder
G = 1/sqrt(Es) * Q';

% Feedback matrix
B = G*H*F - eye(M);
```

2.3   Précodeur maximisant la distance euclidienne minimale

Ce précodeur a une structure non-diagonale et est basé sur la maximisation de la distance euclidienne minimale (max-$d_{\min}$) de la constellation de réception. Il fournit une amélioration significative en termes de taux d'erreur binaire en comparaison avec les autres précodeurs, en particulier si une détection MV est considérée à la réception [53]. Cependant, la solution optimale du précodeur max-$d_{\min}$ est vraiment difficile à cause de deux raisons. Premièrement, l'espace de la solution est trop grande et proportionne à l'une fonction exponentielle de nombre de flux de données b. Deuxièmement, l'expression exacte du précodeur dépend de plusieurs paramètres tels que la modulation utilisée à l'émission ou la caractéristique du canal de transmission. Pour cette raison, la solution optimale est valide pour un petit nombre de flux de données et pour certains modulations [39].

Nous présentons dans la suite une solution simple du précodeur max-$d_{\min}$ pour deux flux de données ($b = 2$) avec la modulation QPSK. Ensuite, ses performances seront comparées avec divers précodeurs traditionnels.

2.3.1 La distance euclidienne minimale

La distance euclidienne minimale entre deux symboles au niveau du récepteur est notée $d_{\min}$ et est définie par

$$d_{\min}^2 = \min_{\mathbf{s}_k, \mathbf{s}_l \in S, \mathbf{s}_k \neq \mathbf{s}_l} \|\mathbf{H}_v \mathbf{F}_d(\mathbf{s}_k - \mathbf{s}_l)\|^2, \qquad (2.49)$$

où $\mathbf{s}_k$ et $\mathbf{s}_l$ sont deux vecteurs des signaux émis, et S est l'ensemble de tous vecteurs de symbole émis. Définissions le vecteur différence $\breve{\mathbf{x}}$ comme $\breve{\mathbf{x}} = \mathbf{s}_k - \mathbf{s}_l$, avec $\mathbf{s}_k \neq \mathbf{s}_l$. Puisque certains vecteurs différence sont colinéaires, le domaine d'étude peut se réduire à l'ensemble $\breve{X}$ des vecteurs différence. La valeur de $d_{\min}$ est alors définie par

$$d_{\min}^2 = \min_{\breve{\mathbf{x}} \in \breve{X}} \|\mathbf{H}_v \mathbf{F}_d \breve{\mathbf{x}}\|^2. \qquad (2.50)$$

Le critère de $d_{\min}$ est particulièrement important pour un récepteur de maximum de vraisemblance MV puisque la probabilité d'erreur dépend de la distance minimale entre des vecteurs à la réception [54], [55]. L'optimisation du précodeur max-$d_{\min}$ est alors donnée par :

$$\mathbf{F}_{d_{min}} = \arg\max_{\mathbf{F}_d} d_{\min}, \qquad (2.51)$$

selon la contrainte de puissance trace$\{\mathbf{F}_d \mathbf{F}_d^*\} = E_s$.

2.3.2 Forme paramétrée pour le canal virtuel 2-D

La forme virtuelle du canal est obtenue par un changement de coordonnées cartésiennes en coordonnées polaires. Les deux nouvelles variables sont données par :

$$\begin{cases} \sigma_1 = \rho \cos\gamma \\ \sigma_2 = \rho \sin\gamma \end{cases} \Leftrightarrow \begin{cases} \rho = \sqrt{\sigma_1^2 + \sigma_2^2} \\ \gamma = \arctan\frac{\sigma_1}{\sigma_2} \end{cases} \qquad (2.52)$$

où ρ et γ représentent respectivement le gain et l'angle du canal virtuelle. La forme de canal est alors définie par

$$\mathbf{H}_v = \begin{pmatrix} \sigma_1 & 0 \\ 0 & \sigma_2 \end{pmatrix} = \rho \begin{pmatrix} \cos\gamma & 0 \\ 0 & \sin\gamma \end{pmatrix} \qquad (2.53)$$

Notons que $\sigma_1 \geq \sigma_2 > 0$, donc on a $0 < \gamma \leq \pi/4$. D'autre part, la variable ρ fait apparaître comme un facteur d'échelle de la distance minimale et n'influe pas à l'optimisation (2.51). La forme du précodeur ne dépend alors que de l'unique variable γ permettant une simplification notable dans la solution.

En utilisant une décomposition en valeurs singulières (SVD), les auteurs dans [39] démontrent que la forme du précodeur max-$d_{\min}$ peut être simplifiée par

$$\mathbf{F}_d = \sqrt{E_s} \begin{pmatrix} \cos \psi & 0 \\ 0 & \sin \psi \end{pmatrix} \begin{pmatrix} \cos \theta & \sin \theta \\ -\sin \theta & \cos \theta \end{pmatrix} \begin{pmatrix} 1 & 0 \\ 0 & e^{i\varphi} \end{pmatrix}, \tag{2.54}$$

où ψ contrôle l'allocation de puissance sur les sous-canaux virtuels, θ et φ correspondent respectivement au changement d'échelle et la rotation des constellation reçues. Si θ et φ sont nulles, la matrice de précodage $\mathbf{F}_d$ est diagonale et revient au cas de la répartition de puissance.

2.3.3 Solution optimale pour la modulation QPSK

Pour le cas de la modulation QPSK, les symboles émis appartiennent à l'ensemble

$$S = \left\{ \frac{1}{\sqrt{2}}(1+i), \frac{1}{\sqrt{2}}(1-i), \frac{1}{\sqrt{2}}(-1+i), \frac{1}{\sqrt{2}}(-1-i) \right\}. \tag{2.55}$$

C'est montré dans [39] que la solution relativement simple avec deux formes de précodeur suivant

– si $0 \leq \gamma \leq \gamma_0$

$$\mathbf{F}_d = \mathbf{F}_{r_1} = \sqrt{E_s} \begin{pmatrix} \sqrt{\frac{3+\sqrt{3}}{6}} & \sqrt{\frac{3-\sqrt{3}}{6}} e^{i\frac{\pi}{12}} \\ 0 & 0 \end{pmatrix} \tag{2.56}$$

– si $\gamma_0 \leq \gamma \leq \pi/4$

$$\mathbf{F}_d = \mathbf{F}_{octa} = \sqrt{\frac{E_s}{2}} \begin{pmatrix} \cos \psi & 0 \\ 0 & \sin \psi \end{pmatrix} \begin{pmatrix} 1 & e^{i\frac{\pi}{4}} \\ -1 & e^{i\frac{\pi}{4}} \end{pmatrix} \tag{2.57}$$

où $\begin{cases} \psi = \arctan \frac{\sqrt{2}-1}{\tan \gamma} \\ \gamma_0 = \arctan \sqrt{\frac{3\sqrt{3}-2\sqrt{6}+2\sqrt{2}-3}{3\sqrt{3}-2\sqrt{6}+1}} \approx 17.28^0 \end{cases}$

Le précodeur max-$d_{\min}$ prend la forme $\mathbf{F}_{r_1}$ pour des valeurs de γ inférieures au seuil $\gamma_0 \approx 17.28^0$, c.à.d, la première voie est plus forte que la seconde. Pour cette raison, ce précodeur $\mathbf{F}_{r_1}$ mélange les deux symboles et de les transmettre uniquement sur la meilleure voie. Dans le cas des valeurs γ plus importantes ($\gamma \geq \gamma_0$), les deux voies ont des RSB plus proches, et le précodeur émet alors les symboles sur deux voies. La distance $d_{\min}$ obtenue par deux précodeurs est donnée par

$$d_{\min} = \begin{cases} \sqrt{E_s}\rho\sqrt{1 - \frac{1}{\sqrt{3}}} \cos \gamma & \text{if } 0 < \gamma \leq \gamma_0 \\ \sqrt{E_s}\rho\sqrt{\frac{(4-2\sqrt{2})\cos^2 \gamma \sin^2 \gamma}{1+(2-2\sqrt{2})\cos^2 \gamma}} & \text{if } \gamma_0 < \gamma \leq \pi/4 \end{cases} \tag{2.58}$$

La constellation reçue

La constellation obtenue à la réception par le précodeur $\mathbf{F}_{r_1}$ est présente sur la figure 2.7. Elle ressemble à une rotation de la constellation reçue par la modulation MAQ-16. Cette rotation fournit une amélioration en termes de $d_{\min}$ par rapport au précodeur beamforming utilisant une modulation MAQ-16. Il faut noter que ce précodeur concentre la puissance uniquement sur la première voie, donc aucune constellation ne peut être vue sur la deuxième.

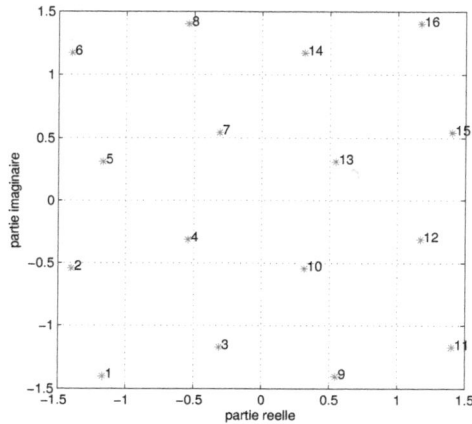

FIGURE 2.7 – Constellation reçue sur la première voie du précodeur $\mathbf{F}_{r_1}$.

Dans le cas du précodeur $\mathbf{F}_{octa}$, il y a deux constellations sur chaque voie (figure 2.8(a) et figure 2.8(b)) dont les formes ressemblent à deux octogones concentriques. Nous observons que les deux symboles étant proches sur une constellation sont éloignés sur la seconde (par exemple, deux points 3 et 10 dans les deux constellations).

La complexité de la détection MV

Le précodeur max-$d_{\min}$ optimise la distance minimale entre deux couples de symboles en utilisant une détection à maximum de vraisemblance (MV) à la réception. Contrairement au cas du précodeur diagonal, l'optimisation de $d_{\min}$ conduit à mélanger les symboles sur les deux voies, et détruire alors la diagonalisation du canal virtuel. Le nombre de test MV pour précodeur max-$d_{\min}$ est M^2 par rapport à $2M$ dans les cas des précodeurs diagonaux.

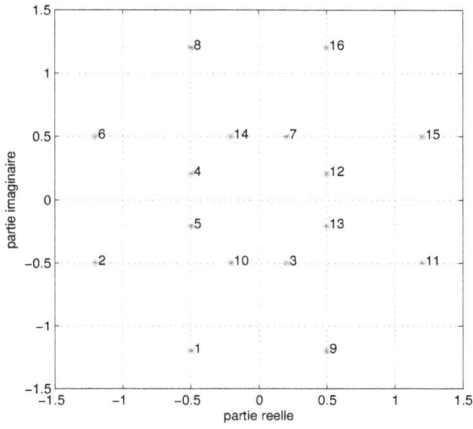

(a) Dans la première voie

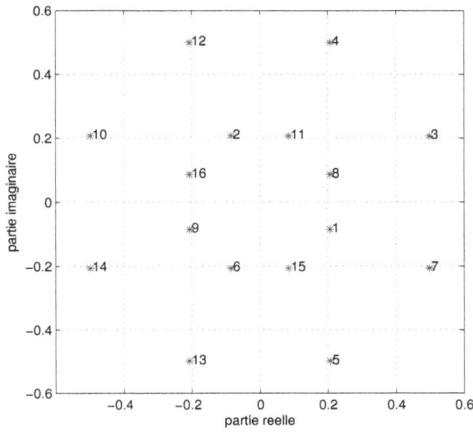

(b) Dans la seconde voie

FIGURE 2.8 – Constellation obtenue à la réception du précodeur $\mathbf{F}_{octa}$.

2.4 Comparaison des précodeurs linéaires

2.4.1 Comparaison de la distance euclidienne minimale

D'abord, nous indiquons l'amélioration du précodeur max-$d_{\min}$ en termes de distance euclidienne minimale. La figure 2.9 représente la distance normalisée pour chaque précodeurs dans le cas de QPSK. Lorsque le RSB sur la deuxième voie devient trop faible, les précodeurs EQMM et Waterfilling (5dB) produisent une distance minimale nulle. Pour éviter ce phénomène, la puissance moyenne E_s (donc le RSB) peut être choisie suffisante grande. La meilleure solution en distances minimales est bien sûr obtenue par le précodeur max-$d_{\min}$. À faible l'angle du canal γ, on observe que le gain de la distance minimale par rapport au précodeur beamforming est constante. Pour $\gamma \geq 17.28^0$, la performance du précodeur max-$\lambda_{\min}$ est meilleur que celles de EQMM et Waterfilling, puisque le précodeur max-$\lambda_{\min}$ maximise une borne inférieure de la distance minimale [35].

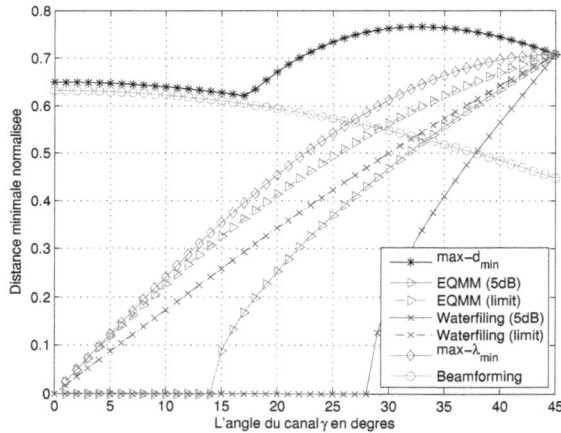

FIGURE 2.9 – Distance minimale normalisée pour la modulation QPSK.

Le rapport différence de $d_{\min}$ est défini par

$$\mathcal{R}_{d_{\min}} = \frac{d_{\min}(\text{précodeur})}{d_{\min}(\max -d_{\min})} \tag{2.59}$$

Ce rapport correspond au gain de la distance minimale en comparent avec la solution max-$d_{\min}$. Puisque le précodeur max-$d_{\min}$ est la solution optimale en terme de $d_{\min}$, on a $\mathcal{R}_{d_{\min}} \leq 1$. Les rapports $d_{\min}$pour les précodeurs beamforming, EQMM, et max-$\lambda_{\min}$sont illustrés dans la figure 2.10. Dans celle-là, les densités de probabilités de l'angle γ sont aussi représentées pour les systèmes MIMO (2,2), (4,2) et (6,2).

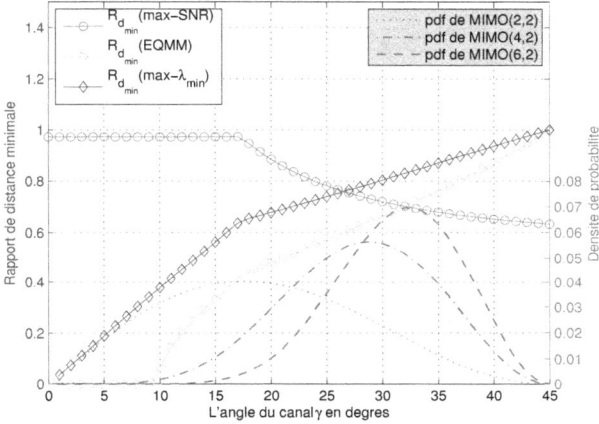

FIGURE 2.10 – Comparaison de la distance euclidienne minimale.

Si l'angle du canal γ est inférieur au seuil γ_0, les distances minimales des précodeurs beamforming et max-$d_{\min}$ sont très proche : $\mathcal{R}_{d_{\min}} \simeq 0.97$. De l'autre côté, le rapport $\mathcal{R}_{d_{\min}}$ des précodeurs max-$\lambda_{\min}$ et EQMM sont nuls pour $\gamma = 0$, et augmente lorsque l'angle du canal γ_0 est croissant. Pour $\gamma \geq \gamma_0$, le précodeur max-$d_{\min}$ augmente sa distance contrairement au précodeur beamforming et alors le rapport $\mathcal{R}_{d_{\min}}$ de beamforming diminue. De leurs côtés les autres précodeurs diagonaux deviennent plus importants lorsque la valeur de l'angle augmente : les rapports deviennent supérieurs à celui de beamforming et se rapprochent de 1 avec l'angle du canal proche $\pi/4$.

C'est évidence que l'amélioration de la performance en termes de $d_{\min}$ est fournie par deux matrices précodages $\mathbf{F}_{r_1}$ et $\mathbf{F}_{octa}$. Cependant, la distribution des deux précodeurs dépend des caractéristiques du canal et le nombre d'antennes utilisées à l'émission et à la réception. On observe dans la figure 2.10 que le moins dispersif les canaux virtuels (plus antennes sont utilisées, par exemple), le moins nous utilisons le précodeur $\mathbf{F}_{r_1}$, et donc l'amélioration de $d_{\min}$ est plus importante.

2.4.2   Performance du taux d'erreur binaire

La configuration des simulations est la suivante : un système MIMO avec $n_T = 3$ antennes à l'émission et $n_R = 2$ antennes à la réception, dans lequel on veut transmettre $b = 2$ voies de symboles indépendants. Les coefficients de la matrice de canal $\mathbf{H}$ sont

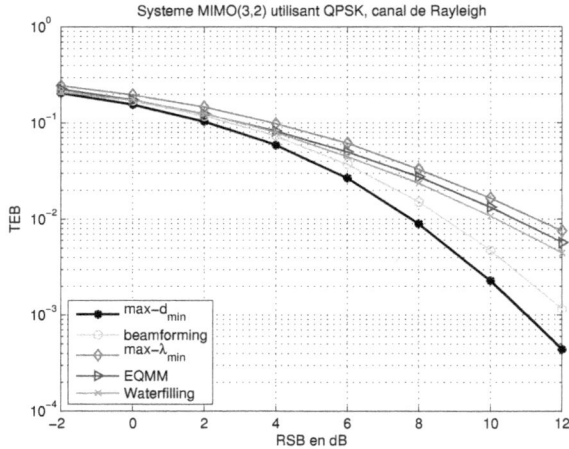

FIGURE 2.11 – Performance de TEB pour la modulation QPSK.

i.i.d., tirés aléatoirement suivant une loi gaussienne centrée de variance unitaire. La figure 2.11 illustre la performance du taux d'erreur binaire pour la modulation QPSK avec un récepteur MV. On observe que la meilleure performance est obtenue par le précodeur max-d_{min}. Ce précodeur donne un gain d'environ 1dB, en comparaison avec le précodeur beamforming, pour un TEB de 10^{-3}. Il faut noter que ce résultat dépende fortement de la modulation utilisée et de la dimension du vecteur de données, puisque ces deux paramètres déterminent le nombre de points et leurs répartitions sur les constellations reçues.

2.5   Conclusion

Grâce à des voies retour, l'état du canal (CSI) est disponible à l'émission, et le technique précodage linéaire permet d'améliorer significativement les performances du système MIMO en optimisant divers critère tels que maximisation du rapport signal sur bruit, minimisation de l'erreur quadratique moyenne ou maximisation de la valeur singulière minimale du canal de transmission. Ces précodeurs sont diagonaux et sont basés sur la décomposition en valeurs singulières (SVD). Nous avons introduit, dans la première section, une transformation en canal virtuel qui découple un canal MIMO dans plusieurs flux de données indépendants et parallèles. Ensuite, nous avons présenté divers précodeurs diagonaux tels que beamforming, Waterfilling, EQMM, QoS, et EE. Les précodeurs Tomlinson-Harashima (THP), X et Y-codes sont également montrés dans ce chapitre. Ces précodeurs appartiennent à un autre ensemble des précodeurs linéaires : les formes non-diagonales. Dans ce livre, nous considérons un précodeur spécifique qui maximise la distance euclidienne minimale dans la constellation reçue au récepteur. Nous avons présenté, dans ce chapitre, une solution simple du précodeur max-$d_{\min}$ pour deux flux de données indépendants avec la modulation QPSK. Les résultats des simulations montrent que le précodeur max-$d_{\min}$ fournit une grande amélioration des performances en termes de BER par rapport aux autres précodeurs traditionnels.

3

Précodeur max-$d_{\min}$ pour les modulations MAQ d'ordre supérieur

Divers critères peuvent être utilisés pour la conception d'une matrice de précodage. L'un des ceux-ci qui minimise la borne supérieure de la probabilité d'erreur PEP (pairwise error probability) en utilisant les codes spatio-temporels STBC sur les canaux multitrajet à évanouissement Rice est proposé dans [56]. Comme présenté dans le chapitre 2, le précodeur non-diagonal max-$d_{\min}$ obtient une amélioration significative des performances en terme de taux d'erreur binaire (TEB) en comparaison avec les autres précodeurs. Malheureusement, la solution max-$d_{\min}$ est seulement disponible pour deux flux de symboles indépendants avec une modulation MAQ simple (BPSK ou QPSK). La raison c'est que l'expression de la distance $d_{\min}$ dépend du nombre de flux de symboles, les caractéristiques de canal et l'ordre de la modulation MAQ.

Dans ce chapitre, nous présentons, d'abord, la solution optimale du précodeur max-$d_{\min}$ pour deux flux de symboles MAQ-16. L'algorithme est de choisir la meilleur matrice de précodage entre les cinq expressions différentes selon la valeur de l'angle du canal γ. Pour réduire la complexité du précodeur max-$d_{\min}$, nous proposons une expression générale pour toutes les modulations MAQ rectangulaire. Pour deux flux de données, la matrice de précodage est obtenue par l'optimisation de la distance minimale sur les deux sous-canaux virtuels. Les expressions optimisés donc peuvent être réduits à une forme simple avec seulement deux expressions dépendants : le précodeur $\mathbf{F}_1$ n'alloue de puissance qu'au sous-canal virtuel le plus fort, et le précodeur $\mathbf{F}_2$ utilise les deux sous-canaux virtuels pour transmettre des signaux. Ces matrices précodages sont utilisé pour optimiser la distance $d_{\min}$ à faible et à fort valeur de l'angle du canal γ, respectivement. L'expression de $\mathbf{F}_1$ dépend de l'ordre de la modulation MAQ, bien que celle de $\mathbf{F}_2$ ne change pas pour toutes les modulations MAQ rectangulaire.

Rappelons que si l'état du canal est disponible à l'émission, un système MIMO avec n_T antennes à l'émission, n_R antennes à la réception, et b voies indépendantes de symboles dans le canal de multi-trajets à évanouissement peut être modélisé comme

$$\mathbf{y} = \mathbf{H}_v \mathbf{F}_d \mathbf{s} + \eta_v, \tag{3.1}$$

où $\mathbf{H}_v = \mathbf{G}_v \mathbf{H} \mathbf{F}_v$ est la matrice de canal virtuelle de taille $b \times b$, $\eta_v = \mathbf{G}_v \nu$ est le bruit blanc additif gaussien de taille $b \times 1$.

Comme présenté dans le chapitre 2, la matrice de canal virtuelle pour deux flux indépendants de symboles peut s'écrire

$$\mathbf{H}_v = \begin{pmatrix} \sigma_1 & 0 \\ 0 & \sigma_2 \end{pmatrix} = \rho \begin{pmatrix} \cos\gamma & 0 \\ 0 & \sin\gamma \end{pmatrix}, \tag{3.2}$$

où $\rho = \sqrt{\sigma_1^2 + \sigma_2^2}$ est le gain, et $\gamma = \arctan\frac{\sigma_2}{\sigma_1}$ est l'angle du canal ($0 \leq \gamma \leq \pi/4$). À cause des symétries de la modulation MAQ rectangulaire, la matrice de précodage $\mathbf{F}_d$ peut être représentée par

$$\mathbf{F}_d = \sqrt{E_s} \begin{pmatrix} \cos\psi & 0 \\ 0 & \sin\psi \end{pmatrix} \begin{pmatrix} \cos\theta & \sin\theta \\ -\sin\theta & \cos\theta \end{pmatrix} \begin{pmatrix} 1 & 0 \\ 0 & e^{i\varphi} \end{pmatrix}, \tag{3.3}$$

avec $0 \leq \psi, \varphi \leq \pi/2$ et $0 \leq \theta \leq \pi/4$. Le paramètre ψ contrôle l'allocation de puissance sur les sous-canaux virtuels, θ et φ correspondent respectivement au changement d'échelle et la rotation des constellations reçues.

3.1   Expression optimale pour la modulation MAQ-16

Dans le cas d'une modulation MAQ-16, les symboles appartiennent à l'ensemble

$$S_{MAQ-16} = \left\{ \frac{1}{\sqrt{10}}(\pm 1 \pm i), \frac{1}{\sqrt{10}}(\pm 1 \pm 3i), \frac{1}{\sqrt{10}}(\pm 3 \pm i), \frac{1}{\sqrt{10}}(\pm 3 \pm 3i) \right\}. \tag{3.4}$$

En maximisant la distance euclidienne minimale, une recherche numérique sur ψ, θ et φ montre qu'il y a cinq expressions différentes selon la valeur de l'angle du canal virtuel γ. Si γ est inférieur à un seuil γ_0, le précodeur utilise seulement le sous-canal le plus fort, comme dans la stratégie de max-SNR, et sera notée $\mathbf{F}_{r1}$. Au contraire, si $\gamma_i < \gamma \leq \gamma_{i+1}$, les précodeurs forme une constellation de 256 points sur les deux sous-canaux virtuels, et ils seront notés $\mathbf{F}_{T_i}$, $i = 1\dots 4$, respectivement.

3.1.1 L'expression du précodeur max-$d_{\min}$

Précodeur $\mathbf{F}_{r_1}$

Pour tout canal virtuel dont l'angle $\gamma \leq \gamma_0$, la recherche numérique de $d_{\min}$ conduit que l'angle $\psi = 0$, c'est à dire un seul sous-canal virtuel le plus fort est utilisé (i.e. le première sous-canal, puisque $\sigma_1 \geq \sigma_2$). La constellation reçue dans ce sous-canal est indiqué sur la figure 3.1 (pour $\psi = 0$, θ et φ arbitraire). On observe qu'il existe 256 points correspondant aux 256 symboles reçus.

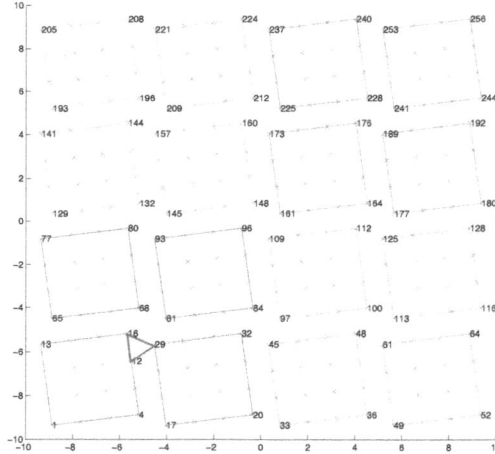

FIGURE 3.1 – La constellation reçue dans le premier sous-canal pour $\psi = 0$.

Il faut noter que la distance $d_{\min}$ sera optimisée si les voisins les plus proches ont la même distance. On voit, dans la figure 3.1, la solution optimale est obtenue lorsque $d_{12,16} = d_{16,29} = d_{29,12}$. Autrement dit, les distances euclidiennes fournies par trois vecteurs suivants sont égales

$$\breve{x}_1 = \frac{1}{\sqrt{10}} \begin{pmatrix} 0 \\ 2 \end{pmatrix} \quad , \quad \breve{x}_2 = \frac{1}{\sqrt{10}} \begin{pmatrix} 2 \\ -6 \end{pmatrix} \quad \text{et} \quad \breve{x}_3 = \frac{1}{\sqrt{10}} \begin{pmatrix} 2 \\ -6 + 2i \end{pmatrix}. \tag{3.5}$$

Ces distances conduisent à un système des équations trigonométriques :

$$
\begin{cases}
d_{\breve{x}_1}^2 = \frac{\cos^2 \gamma}{10} \times (4 - 4\cos^2 \theta) \\
d_{\breve{x}_2}^2 = \frac{\cos^2 \gamma}{10} \times (-32\cos^2 \theta - 24\cos \theta . \sin \theta . \cos \varphi + 36) \\
d_{\breve{x}_3}^2 = \frac{\cos^2 \gamma}{10} \times (-8\cos \theta . \sin \theta . \sin \varphi - 36\cos^2 \theta + 40 - 24\cos \theta . \sin \theta . \cos \varphi)
\end{cases}
\tag{3.6}
$$

dont la résolution est

$$
\begin{cases}
\varphi = \arctan \frac{1}{6+\sqrt{3}} \approx 7.3693^o \\
\theta = \arctan(2\sin \varphi) \approx 14.3877^o
\end{cases}
\tag{3.7}
$$

La constellation reçue, donc, ressemble à une constellation de 256-MAQ en tournant de 7.3693^o. Cette solution est proche de la stratégie max-SNR , mais est légèrement meilleur en termes de la distance $d_{\min}$. On observe que l'optimisation de $d_{\min}$ est toujours obtenu par le vecteur différence $\frac{1}{\sqrt{10}}(0\ 2)^T$. Par conséquent, la distance minimale obtenue par le précodeur $\mathbf{F}_{r1}$ est définie par

$$
d_{\mathbf{F}_{r_1}}^2 = E_s \rho^2 \frac{2}{5(11 + 3\sqrt{3})} \cos^2 \gamma.
\tag{3.8}
$$

Précodeur $\mathbf{F}_{T_1}$

La recherche numérique montre que, pour tout $\gamma_0 < \gamma \leq \gamma_1$, les angles θ et φ optimal sont fixes. Par ailleurs, l'angle ψ qui contrôle l'allocation de puissance sur les deux sous-canaux virtuels, dépend de l'angle du canal γ. On retrouve que la distance euclidienne minimale de $\mathbf{F}_{T_1}$ est obtenue avec $\theta = 45^0$ et $\varphi = 45^0$. Donc, le précodeur max-$d_{\min}$ peut être exprimée en fonction de ψ

$$
\mathbf{F}_{T_1} = \frac{\sqrt{E_s}}{2} \begin{pmatrix} \cos \psi & 0 \\ 0 & \sin \psi \end{pmatrix} \begin{pmatrix} \sqrt{2} & 1+i \\ -\sqrt{2} & 1+i \end{pmatrix}.
\tag{3.9}
$$

Lorsque l'ange γ change de 0^0 à 45^0, la valeur de ψ qui maximise la distance minimale est obtenu par les deux vecteurs différence

$$
\breve{x}_{a_1} = \frac{1}{\sqrt{10}} \begin{pmatrix} 2 \\ -2+2i \end{pmatrix} \quad \text{et} \quad \breve{x}_{b_1} = \frac{1}{\sqrt{10}} \begin{pmatrix} 4+4i \\ -6 \end{pmatrix}.
\tag{3.10}
$$

Si l'on note $d_{\breve{a}_1}$ et $d_{\breve{b}_1}$ les distances normalisées pour chacun des vecteurs différences $\breve{x}_{a_1}$ and $\breve{x}_{b_1}$, le précodeur optimale est obtenu lorsque ces distances sont égales

$$
\begin{cases}
d_{\breve{a}_1}^2 = 6 + 4\sqrt{2} + 12\cos^2 \gamma \cos^2 \psi - 6\cos^2 \psi - 6\cos^2 \gamma - 4\sqrt{2}\cos^2 \psi - 4\sqrt{2}\cos^2 \gamma \\
d_{\breve{b}_1}^2 = 34 + 24\sqrt{2} - 68\cos^2 \gamma \cos^2 \psi - 34\cos^2 \psi - 34\cos^2 \gamma - 24\sqrt{2}\cos^2 \psi - 24\sqrt{2}\cos^2 \gamma
\end{cases}
$$

En considérant $d_{\breve{a}_1} = d_{\breve{b}_1}$, on obtient ψ en fonction de γ

$$\psi = \arctan \frac{5\sqrt{2} - 7}{\tan \gamma}. \tag{3.11}$$

La distance minimale fournie par $\mathbf{F}_{T_1}$ est

$$d_{T_1}^2 = E_s \rho^2 \frac{20 - 14\sqrt{2}}{5} \frac{\sin^2 \gamma}{\tan^2 \gamma + (5\sqrt{2} - 7)^2}. \tag{3.12}$$

Précodeur $\mathbf{F}_{T_2}$

Pour tout l'angle du canal virtuel γ tel que $\gamma_1 < \gamma \leq \gamma_2$, on obtient que les angles θ et φ sont fixés, et ψ dépend de γ. Par ailleurs, la recherche numérique montre que la distance $d_{\min}$ est obtenue avec $\theta = 45^0$. En effet, le précodeur $\mathbf{F}_{T_2}$ est définie en fonction de φ et ψ

$$\mathbf{F}_{T_2} = \sqrt{E_s}/\sqrt{2} \begin{pmatrix} \cos \psi & \cos \psi (\cos \varphi + i \sin \varphi) \\ -\sin \psi & \sin \psi (\cos \varphi + i \sin \varphi) \end{pmatrix}. \tag{3.13}$$

Lorsque l'angle du canal γ change, la distance minimale se trouve avec les trois vecteurs différences suivant

$$\breve{x}_{a_2} = \frac{1}{\sqrt{10}} \begin{pmatrix} 2 \\ -2 \end{pmatrix}, \quad \breve{x}_{b_2} = \frac{1}{\sqrt{10}} \begin{pmatrix} 2 + 2i \\ -2 \end{pmatrix}, \quad \text{and} \quad \breve{x}_{c_2} = \frac{1}{\sqrt{10}} \begin{pmatrix} 2 + 4i \\ -4 - 2i \end{pmatrix}.$$

Notons $d_{\breve{a}_2}$, $d_{\breve{b}_2}$ et $d_{\breve{c}_2}$ les distances euclidiennes correspondant à $\breve{x}_{a_2}$,$\breve{x}_{b_2}$ et $\breve{x}_{c_2}$, respectivement, le précodeur optimisé sera obtenu pour $d_{\breve{a}_2} = d_{\breve{b}_2} = d_{\breve{c}_2}$

$$\begin{cases} d_{\breve{a}_3}^2 = 1/10 \times \left(8 \cos^2 \gamma \cos^2 \psi + (1 - \cos^2 \gamma - \cos^2 \psi) \times (4 + 4 \cos \varphi)\right) \\ d_{\breve{b}_3}^2 = 1/10 \times \left(12 \cos^2 \gamma \cos^2 \psi + (1 - \cos^2 \gamma - \cos^2 \psi) \times (6 + 4 \cos \varphi + 4 \sin \varphi)\right) \\ d_{\breve{c}_3}^2 = 1/10 \times \left(40 \cos^2 \gamma \cos^2 \psi + (1 - \cos^2 \gamma - \cos^2 \psi) \times (20 + 16 \cos \varphi + 12 \sin \varphi)\right) \end{cases}$$

En résolvant les équations $d_{\breve{a}_2} = d_{\breve{b}_2} = d_{\breve{c}_2}$, on obtient

$$\begin{cases} \varphi = \arctan \frac{3}{5} \\ \psi = \arccos \frac{\alpha - \alpha \cdot \cos^2 \gamma}{\alpha - 2 \cos^2 \gamma} \end{cases} \tag{3.14}$$

où $\alpha = 1 + \frac{6}{\sqrt{34}}$. La distance $d_{\min}$ fournie par $\mathbf{F}_{T_2}$ est alors

$$d_{T_2}^2 = \frac{E_s \rho^2}{10} \frac{8}{6 + \sqrt{34}} \cos^2 \gamma \frac{\alpha - \alpha \cos^2 \gamma}{\alpha - 2 \cos^2 \gamma}. \tag{3.15}$$

Précodeur $\mathbf{F}_{T_3}$

Pour $\gamma_2 < \gamma \leq \gamma_3$, la recherche numérique montre que la distance minimale est fournie par quatre vecteurs différence

$$\breve{x}_{a_3} = \frac{1}{\sqrt{10}} \begin{pmatrix} 0 \\ 2 \end{pmatrix}, \; \breve{x}_{b_3} = \frac{1}{\sqrt{10}} \begin{pmatrix} 2 \\ -2 \end{pmatrix}, \; \breve{x}_{c_3} = \frac{1}{\sqrt{10}} \begin{pmatrix} 2 \\ -2+2i \end{pmatrix}, \; \text{and} \; \breve{x}_{d_3} = \frac{1}{\sqrt{10}} \begin{pmatrix} 2 \\ -4 \end{pmatrix}.$$

Les distances euclidiennes normalisées sont

$$\begin{cases} d_{\breve{a}_3}^2 = 1/10 \times [4N_T \cos^2\theta + 4\cos^2\gamma\cos^2\psi] \\ d_{\breve{b}_3}^2 = 1/10 \times [4N_T(1+\sin2\theta\cos\varphi) + 8\cos^2\gamma\cos^2\psi] \\ d_{\breve{c}_3}^2 = 1/10 \times [4N_T(1+2\sin2\theta\cos\varphi+3\cos^2\theta) + 20\cos^2\gamma\cos^2\psi] \\ d_{\breve{d}_3}^2 = 1/10 \times [4N_T(1+\sin2\theta\cos\varphi+\cos^2\theta+\sin2\theta\sin\varphi) + 12\cos^2\gamma\cos^2\psi] \end{cases} \tag{3.16}$$

où $N_T = 1 - \cos^2\psi - \cos^2\gamma$. En considérant $d_{\breve{a}_3} = d_{\breve{b}_3} = d_{\breve{c}_3} = d_{\breve{d}_3}$, on obtient

$$\begin{cases} \varphi = \arctan\frac{1}{3} \\ \theta = \frac{1}{2}\arctan\frac{\sqrt{10}}{2} \\ \psi = \arctan\frac{\sqrt{10/\sqrt{14}-1}}{\tan\gamma\sqrt{10/\sqrt{14}+1}} \end{cases} \tag{3.17}$$

En substituant les valeurs de l'angle φ, θ et ψ à l'expression de précodeur max-$d_{\min}$, on obtient

$$d_{T_3}^2 = E_s\rho^2 \frac{2N_T\cos^2\theta + 2\cos^2\psi\cos^2\gamma}{5}. \tag{3.18}$$

Précodeur $\mathbf{F}_{T_4}$

Comme dans le cas du précodeur $\mathbf{F}_{T_1}$, la distance minimale de cette précodeur est obtenue avec $\theta = 45^0$, $\varphi = 45^0$, et ψ dépend de l'angle du canal γ.

$$\mathbf{F}_{T_4} = \frac{\sqrt{E_s}}{2} \begin{pmatrix} \cos\psi & 0 \\ 0 & \sin\psi \end{pmatrix} \begin{pmatrix} \sqrt{2} & 1+i \\ -\sqrt{2} & 1+i \end{pmatrix}. \tag{3.19}$$

La figure 3.2 illustre la distance euclidienne pour chacun des vecteurs différences en fonction de ψ dans le canal spécifique varie de γ_3 à 45^0 (i.e. on choisit $\gamma = 30^o$). On observe que la valeur de ψ qui maximise la distance $d_{\min}$ se trouve à l'intersection des deux courbes, ce qui correspond à deux vecteurs différence

$$\breve{x}_{a_4} = \frac{1}{\sqrt{10}} \begin{pmatrix} 0 \\ 2 \end{pmatrix}, \; \breve{x}_{b_4} = \frac{1}{\sqrt{10}} \begin{pmatrix} 2 \\ -2+2i \end{pmatrix}.$$

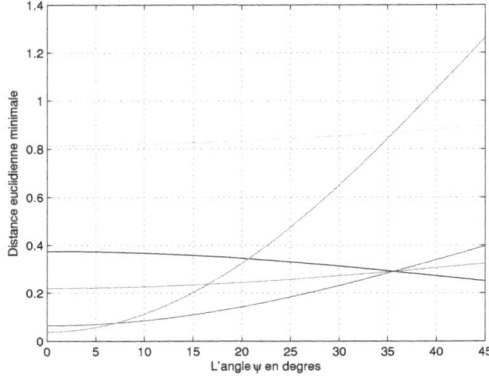

FIGURE 3.2 – Les distances euclidiennes fournies par quelque vecteurs différences par rapport à ψ avec $\varphi = 45^o$, $\theta = 45^o$, et l'angle du canal $\gamma = 30^o$.

Notons $d_{\breve{a}_4}$ et $d_{\breve{b}_4}$ les distances euclidiennes correspondant aux vecteurs $\breve{x}_{a_4}$ et $\breve{x}_{b_4}$, respectivement, on a

$$\begin{cases} d_{\breve{a}_4}^2 = 1/10 \times \left((6 + 4\sqrt{2})N_T + 12\cos^2\gamma\cos^2\psi \right) \\ d_{\breve{b}_4}^2 = 1/10 \times \left(2N_T + 4\cos^2\gamma\cos^2\psi \right) \end{cases} \tag{3.20}$$

où $N_T = 1 - \cos^2\psi - \cos^2\gamma$. En considérant $d_{\breve{a}_4} = d_{\breve{b}_4}$, on obtient la valeur de ψ en fonction de γ

$$\psi = \arctan\frac{\sqrt{2} - 1}{\tan\gamma}. \tag{3.21}$$

Le précodeur $\mathbf{F}_{T_4}$ est donc définie en remplaçant ψ à l'équation (3.19). Ce qui donne la distance minimale

$$d_{T_4}^2 = \frac{E_s\rho^2}{10}\left(2\sin^2\gamma + \frac{4\sin^2\gamma - 2\tan^2\gamma}{\tan^2\gamma + 3 - 2\sqrt{2}} \right). \tag{3.22}$$

3.1.2 La constellation reçue par le précodeur max-$d_{\min}$

La figure 3.3 indique la constellation reçu fournie par le précodeur $\mathbf{F}_{r1}$. Un seul le premier récepteur virtuel est considéré car le second n'est pas utilisé. On observe que la constellation ressemble une modulation MAQ-256 en tournant la constellation de 7.37^o. La distance minimale fournie par ce précodeur est donc proche de celle de la conception max-SNR en utilisant modulation MAQ-256, mais il possède une faible amélioration de $d_{\min}$.

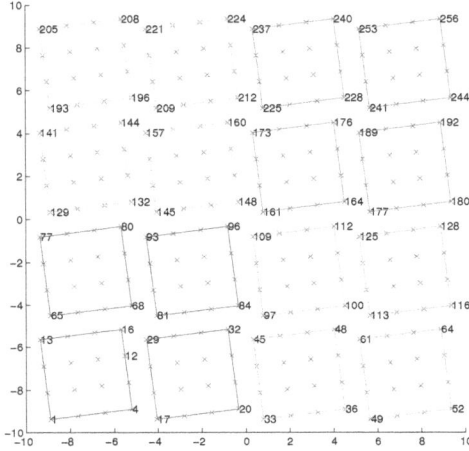

FIGURE 3.3 – La constellation obtenue par le précodeur $\mathbf{F}_{r_1}$

D'autre part, les constellations reçues du précodeurs $\mathbf{F}_{T_i}$ ($i = 1 \ldots 4$), sont disponibles sur les deux sous-canaux. La figure 3.4 illustre la constellation obtenue par $\mathbf{F}_{T_4}$. Notons que si deux points sont proches sur un récepteur, ils sont éloignés sur l'autre récepteur.

3.1.3   Évolution de la distance euclidienne minimale

La figure 3.5 représente les distances $d_{\min}$ fournies par les précodeurs $\mathbf{F}_{r_1}$ et $\mathbf{F}_{T_i}$ ($i = 1 \ldots 4$). Les distances optimales dépendent seulement de l'angle du canal γ. Pour choisir entre $\mathbf{F}_{r_1}$ et $\mathbf{F}_{T_i}$ et déterminer les seuils correspondants, il faut trouver des valeurs des angles telles que ces distances sont égales.

Par exemple, l'égalité des distances $d_{r_1} = d_{T_1}$ permet d'obtenir le seuil γ_0. Les distances correspondantes sont définies par

$$\begin{cases} d_{r_1}^2 = E_s \rho^2 \dfrac{2}{5(11+3\sqrt{3})} \cos^2 \gamma \\ d_{T_1}^2 = E_s \rho^2 \dfrac{20-14\sqrt{2}}{5} \dfrac{\sin^2 \gamma}{\tan^2 \gamma + (5\sqrt{2}-7)^2} \end{cases} \tag{3.23}$$

En considérant $d_{r1} = d_{T_1}$, on obtient

$$\gamma_0 = \arctan \sqrt{\frac{M_0}{1-M_0}(5\sqrt{2}-7)^2} \approx 5.128^0, \tag{3.24}$$

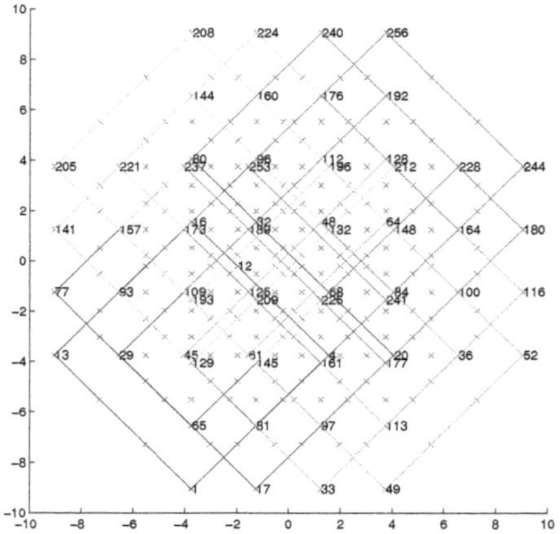

(a) le premier sous-canal virtuel

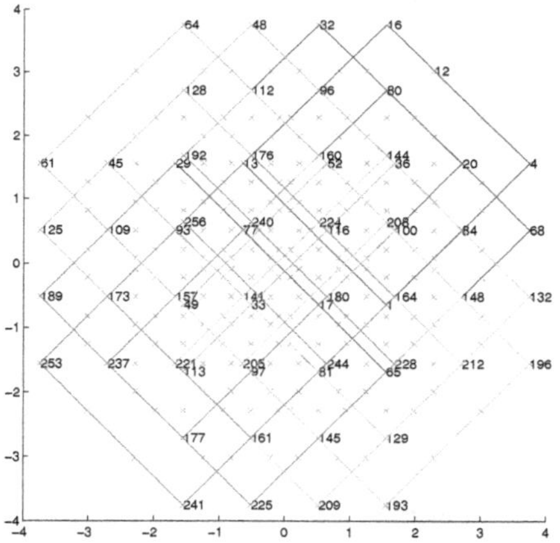

(b) le deuxième sous-canal virtuel

FIGURE 3.4 – La constellation reçue pour le précodeur $\mathbf{F}_{T_4}$

où $M_0 = \frac{1}{(10-7\sqrt{2})(11+3\sqrt{3})}$. Les autres seuils γ_i sont obtenues en utilisant le façon similaire

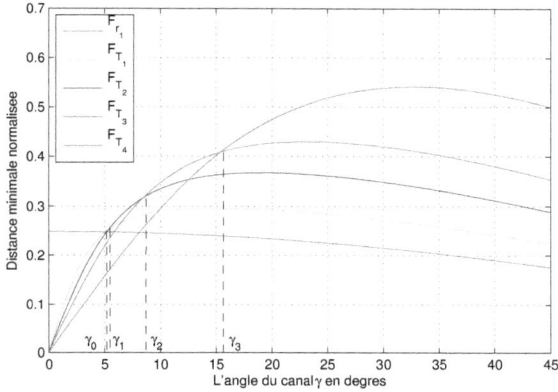

FIGURE 3.5 – Évolution de la distance $d_{\min}$ en fonction de γ pour la modulation MAQ-16

$$\begin{cases} \gamma_1 \approx 5.26^o \\ \gamma_2 \approx 8.40^o \\ \gamma_3 \approx 15.38^o \end{cases} \tag{3.25}$$

```
function Fd = pre_maxdmin_2D_16qam(Hv,SNR)
Es = 10^(SNR/10);
gamma = atan(Hv(2,2)/Hv(1,1)) * 180 / pi; % in degrees
if gamma < 5.128
    % Precoder Fr1
    psi=0;
    phi=atan(1/(6+3^(1/2)));
    theta=atan(2*sin(phi));
else if gamma < 5.26
    % Precoder Ft1
    phi=radian(45);
    theta=radian(45);
    psi=atan((5*sqrt(2)-7)/tan(gamma));
else if gamma < 8.40
    % Precoder Ft2
    theta=radian(45);
    phi=atan(3/5);
    alpha=1+6/sqrt(34);
    if abs(sqrt((alpha-alpha*cos(gamma)^2)/(alpha-2*cos(gamma)^2)))<1
        psi=acos(sqrt((alpha-alpha*cos(gamma)^2)/(alpha-2*cos(gamma)^2)));
    else
        psi=0;
```

```
    end
else if gamma < 15.38
    % Precoder Ft3
    phi=atan(1/3);
    theta=atan(3/2/cos(phi))/2;
    alpha=4*sin(theta)^2+8*sin(theta)*cos(theta)*cos(phi);
    psi=atan(sqrt(1-4/alpha)/tan(gamma));
else
    % Precoder Ft4
    phi=radian(45);
    theta=radian(45);
    psi=atan((sqrt(2)-1)/tan(gamma));
end
% Form of maxdmin precoder
SS = [cos(psi) 0; 0 sin(psi)];
Bt = [cos(theta) sin(theta); -sin(theta) cos(theta)];
Bp = [1 0; 0 (cos(phi)+i*sin(phi))];
% Precoding matrix
Fd = sqrt(Es)* SS * Bt * Bp;
```

3.1.4 Performances du précodeur max-$d_{\min}$ pour la modulation MAQ-16

La figure 3.6 compare la distance euclidienne minimale fournie par le précodeur max-$d_{\min}$ avec celles des précodeurs diagonaux dans le cas d'une modulation MAQ-16. La courbe noire représente la borne supérieure du précodeur max-$d_{\min}$ en fonction de la valeur de γ. Cette borne est obtenue par la sélection de la forme du précodeur entre $\mathbf{F}_{r_1}$ et $\mathbf{F}_{T_i}$ ($i = 1 \ldots 4$).

Pour $\gamma \leq \gamma_0$, les performances de max-$d_{\min}$ et beamforming sont très proches avec une petite différence. La faible amélioration du précodeur max-$d_{\min}$ est obtenue grâce à la rotation de 7.36^0 dans la constellation MAQ-256. Les distance minimale de les deux précodeurs ne sont pas nulle lorsque la valeur de l'angle du canal γ est faible. Lorsque γ augmente, la solution max-$\lambda_{\min}$ est mieux que EQMM, WF, QoS 3dB, et WF en termes de $d_{\min}$, mais elle est nettement plus faible que le précodeur max-$d_{\min}$

Grâce à l'amélioration en $d_{\min}$, on s'attend une augmentation significative en termes de TEB en le comparant avec les précodeurs diagonaux. La figure 3.7 représente la performance du TEB en fonction de SNR pour le système MIMO utilisant MAQ-16. Pour système MIMO(2,2), on observe que le précodeur proposé obtient un gain de 3dB en comparaison avec le beamforming pour TEB = 10^{-2}. Cette amélioration confirme l'intérêt du précodeur max-$d_{\min}$ lorsqu'un récepteur ML est utilisé. Ce gain sera encore plus fort si le nombre d'antennes augmente. Pour le système MIMO(4,2), le précodeur max-$d_{\min}$ possède un gain d'environ 6 dB par rapport à la beamforming en TEB = 10^{-3}.

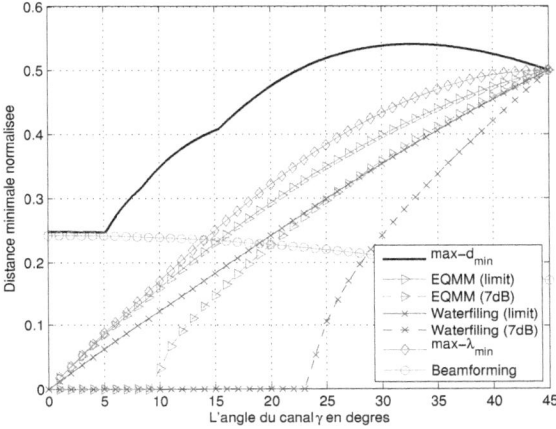

FIGURE 3.6 – Comparaison en termes de la distance euclidienne minimale.

3.2   Expression général du précodeur max-d_{min} pour les modulations MAQ

Comme présenté dans l'introduction, la solution max-d_{min} est seulement disponible pour deux flux de symboles indépendants avec une modulation MAQ simple (BPSK ou QPSK). La raison c'est que l'expression de la distance d_{min} dépend du nombre de flux de symboles, les caractéristiques du canal et l'ordre de la modulation MAQ. Les auteurs ont présenté, dans [57], un conception du précodeur max-d_{min} qui permet de transmettre des symboles en plus de voies, et d'augmenter l'ordre de la modulation à MAQ-16 et MAQ-64. Malheureusement, cette technique de précodage adapte seulement aux canaux MIMO quasi-stationnaires dont la solution sous-optimale est proposée en considérant des matrices sous la forme bloc-Toeplitz.

On présentera dans la suite une stratégie non seulement de réduire la complexité du précodeur max-d_{min} mais aussi de fournir une amélioration significative de la distance minimale par rapport aux précodeurs existants. Cette solution est valable pour toutes les modulations de MAQ rectangulaires. Pour une transmission avec deux flux de symboles, le canal de transmission est diagonalisé à l'aide une transformation virtuelle et la matrice de précodage est obtenue par l'optimisation de la distance minimale sur les deux sous-canaux virtuels. Ensuite, les expressions du précodeur max-d_{min} peuvent être simplifiés par deux formes simples : le précodeur $\mathbf{F}_1$ n'alloue de puissance qu'au le sous-canal virtuel le plus fort, et le précodeur $\mathbf{F}_2$ utilise deux sous-canaux virtuels pour transmettre des symboles.

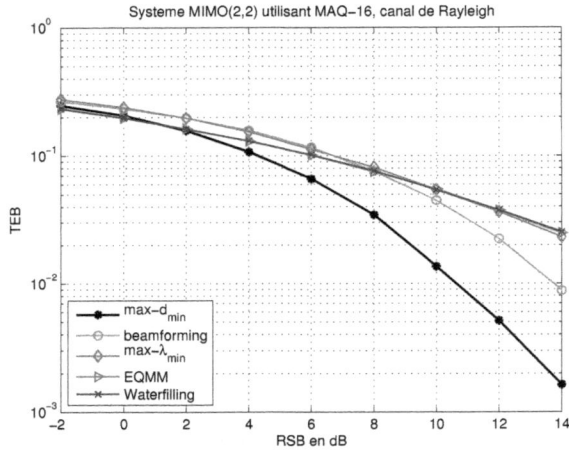

(a) Performance du TEB pour le système MIMO(2,2)

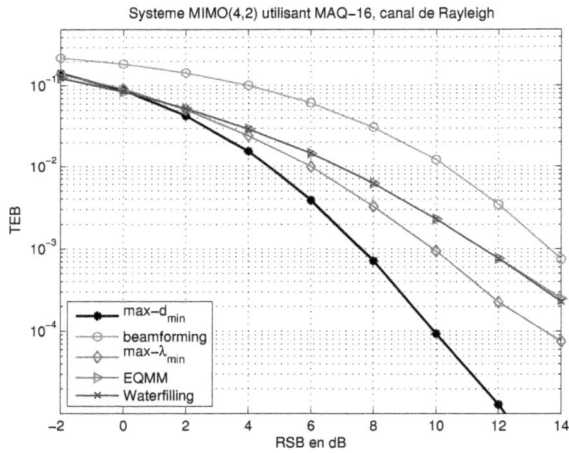

(b) Performance du TEB pour le système MIMO(4,2)

FIGURE 3.7 – Comparaison la performance en terme du TEB pour la modulation MAQ-16.

Ces matrices de précodage sont utilisées pour optimiser la distance $d_{\min}$ selon la valeur de l'angle du canal virtuel.

Pour une modulation MAQ-4^k rectangulaire, les symboles transmis sont définies dans l'ensemble

$$S = \frac{1}{\sqrt{M}} \{ a + b\,i \; ; \; a - b\,i \; ; \; -a + b\,i \; ; \; -a - b\,i \} \tag{3.26}$$

où $M = \frac{2}{3}(4^k - 1)$ et $a, b \in (1, 3, \dots, 2^k - 1)$.

3.2.1 Précodeur $\mathbf{F}_1$

Dans le cas le précodeur max-$d_{\min}$ n'utilise que le premier sous-canal virtuel, c'est à dire les angles $\psi = 0$. La matrice de précodage dans (3.3) est, donc, simplifiée comme

$$\mathbf{F}_1 = \sqrt{E_s} \begin{pmatrix} \cos\theta \sin\theta \, e^{i\varphi} \\ 0 \qquad 0 \end{pmatrix}. \tag{3.27}$$

La figure 3.8 représente la constellation reçue fourni le précodeur $\mathbf{F}_1$ sur le premier sous-canal virtuel. On observe que cette constellation peut être divisée entre quatre régions avec quatre points dans le coin surnommés A, B, C, et D. les angles θ et φ dans (3.27) correspondent respectivement au changement d'échelle et à la rotation des constellations respectivement. La distance $d_{\min}$ est obtenue lorsque les voisins les plus proches ont la même distance. Autrement dit, le triangle (C, D, E) qui est créé par les trois symboles de transmission $(\frac{1-i}{\sqrt{M}}, \frac{-N+Ni}{\sqrt{M}})^T$, $(\frac{-1-i}{\sqrt{M}}, \frac{N+Ni}{\sqrt{M}})^T$, et $(\frac{-1-i}{\sqrt{M}}, \frac{N+(N-2)i}{\sqrt{M}})^T$, où $N = 2^k - 1$, est équilatéral. Les vecteurs différences correspondantes sont définies par

$$\breve{x}_1 = \frac{2}{\sqrt{M}} \begin{pmatrix} 0 \\ i \end{pmatrix}, \breve{x}_2 = \frac{2}{\sqrt{M}} \begin{pmatrix} 1 \\ -N \end{pmatrix}, \breve{x}_3 = \frac{2}{\sqrt{M}} \begin{pmatrix} 1 \\ -N+i \end{pmatrix}.$$

Les distances normalisées $\left(\text{i.e. } d^2 / (E_s \rho^2 \frac{4}{M}) \right)$, sont alors

$$\begin{cases} \bar{d}_{\breve{x}_1}^2 = \cos^2\gamma \sin^2\theta \\ \bar{d}_{\breve{x}_2}^2 = \cos^2\gamma [\cos^2\theta - 2\cos\theta.\sin\theta.N\cos\varphi + N^2\sin^2\theta] \\ \bar{d}_{\breve{x}_3}^2 = \cos^2\gamma [\cos^2\theta - 2\cos\theta.\sin\theta.(N\cos\varphi + \sin\varphi) + (N^2+1)\sin^2\theta] \end{cases}$$

En considérant $\bar{d}_{\breve{x}_1}^2 = \bar{d}_{\breve{x}_2}^2 = \bar{d}_{\breve{x}_3}^2$, on obtient

$$\begin{cases} \varphi_{F_1} = \arctan \frac{1}{2N+\sqrt{3}} \\ \theta_{F_1} = \arctan(2\sin\varphi_{F_1}). \end{cases} \tag{3.28}$$

La distance euclidienne minimale obtenue par le précodeur $\mathbf{F}_1$ est alors

$$d_{F_1}^2 = E_s \rho^2 \frac{4}{M} \frac{\cos^2\gamma}{N^2 + \sqrt{3}N + 2}. \tag{3.29}$$

Pour le précodeur beamforming avec le même débit, i.e. $M' = \frac{2}{3}(4^{2k} - 1)$, la distance

$d_{\min}$ est définie par

$$d^2_{F_{beam}} = E_s \rho^2 \frac{4}{M'} \cos^2 \gamma = E_s \rho^2 \frac{4}{M} \frac{\cos^2 \gamma}{N^2 + 2N + 2}. \tag{3.30}$$

On peut observer que le précodeur $\mathbf{F}_1$ possède une faible amélioration en termes de $d_{\min}$ par rapport à la conception de beamforming. La distance normalisée du nouveau précodeur est tracée dans la figure 3.10 et ses performances seront discutés dans la section 3.3.

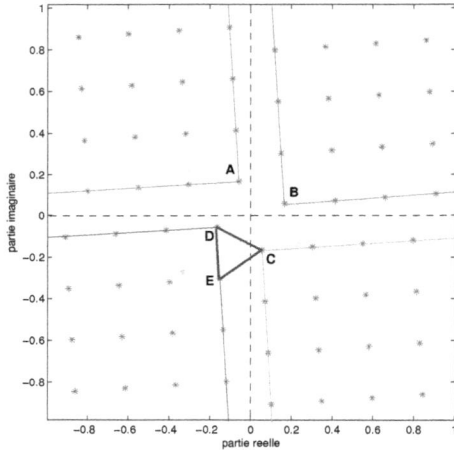

FIGURE 3.8 – La constellation reçue du précodeur $\mathbf{F}_1$.

3.2.2　Précodeur $\mathbf{F}_2$

Nous avons présenté, dans la section précédente, la solution max-$d_{\min}$ optimal pour la modulation MAQ-16. Il y a plusieurs expressions, et chaque expression est valable dans l'intervalle différent de l'angle du canal γ. Considérons la dernière expression, c'est à dire le précodeur$\mathbf{F}_{T_4}$. L'expression optimisé est obtenu avec $\theta = \pi/4$, $\varphi = \pi/4$, et ψ dépend de l'angle du canal γ. Ce précodeur sera noté dans la suite $\mathbf{F}_2$, et s'écrit

$$\mathbf{F}_2 = \frac{\sqrt{E_s}}{2} \begin{pmatrix} \cos\psi & 0 \\ 0 & \sin\psi \end{pmatrix} \begin{pmatrix} \sqrt{2} & 1+i \\ -\sqrt{2} & 1+i \end{pmatrix}. \tag{3.31}$$

La recherche numérique donne que la distance $d_{\min}$ du précodeur $\mathbf{F}_2$ est toujours obtenue par les deux vecteurs différences

$$\breve{x}_4 = \frac{2}{\sqrt{M}} \begin{pmatrix} 1 \\ 0 \end{pmatrix}, \breve{x}_5 = \frac{2}{\sqrt{M}} \begin{pmatrix} 1 \\ -1+i \end{pmatrix}.$$

Les distances normalisées sont définies par

$$\begin{cases} \bar{d}_{\breve{x}_4}^2 = \frac{1}{2}\cos^2\gamma\cos^2\psi + \frac{1}{2}\sin^2\gamma\sin^2\psi \\ \bar{d}_{\breve{x}_5}^2 = \frac{2-\sqrt{2}}{2}\cos^2\gamma\cos^2\psi + \frac{2+\sqrt{2}}{2}\sin^2\gamma\sin^2\psi \end{cases}$$

En considérant $\bar{d}_{\breve{x}_4}^2 = \bar{d}_{\breve{x}_5}^2$, on obtient

$$\psi_{F_2} = \arctan\frac{\sqrt{2}-1}{\tan\gamma} . \tag{3.32}$$

La forme du précodeur $\mathbf{F}_2$ est simple, et il est à noter que la matrice $\mathbf{F}_2$ dans (3.31) utilise tous les deux voies pour transmettre des signaux. La distance minimale obtenu par $\mathbf{F}_2$ est donc

$$d_{F_2}^2 = E_s\rho^2 \frac{4}{M} \frac{(2-\sqrt{2})\cos^2\gamma\sin^2\gamma}{1+(2-2\sqrt{2})\cos^2\gamma} . \tag{3.33}$$

Tout d'abord, on va démontrer que le précodeur $\mathbf{F}_2$ optimise la distance $d_{\min}$ lorsque il n'y a pas de dispersion entre les deux sous-canaux virtuels. En effet, la distance euclidienne minimale fournie par $\mathbf{F}_2$ à l'angle du canal $\gamma = \pi/4$ est définie par

$$d_{\pi/4}^2 = E_s\rho^2 \frac{4}{M} \frac{1}{4} = E_s\rho^2/M . \tag{3.34}$$

Proposition 3.2.1 *Lorsque l'angle du canal* $\gamma = \pi/4$, *la valeur maximale de* $d_{\min}$ *est donnée par* $\sqrt{E_s\rho^2/M}$, *et obtenue si et seulement si* $\psi = \pi/4$ *ou* $\theta = \pi/4$.

Proof : voir l'annexe A.

La distance normalisée $d_{\min}/\sqrt{4E_s\rho^2/M}$ du précodeur $\mathbf{F}_2$ est indiqué dans la figure 3.10. On peut observer que la valeur maximale de d_{F_2} se trouve à l'angle du canal $\gamma = \gamma_{\max} \simeq 32.7^o$. La valeur exacte de $\gamma_{\max}$ peut être déterminée comme suivante

$$\frac{\partial}{\partial\gamma}d_{F_2}^2 = 0, \quad \text{et} \quad \frac{\partial^2}{\partial\gamma^2}d_{F_2}^2 < 0. \tag{3.35}$$

En résolvant l'équation de la dérivée première et vérifiant la condition de la deuxième dérivée, on obtient

$$\cos^2\gamma_{\max} = \frac{1}{\sqrt{2}}, \text{ or } \gamma_{\max} = \arccos\frac{1}{\sqrt[4]{2}} . \tag{3.36}$$

La distance euclidienne minimale à $\gamma_{\max}$ est alors

$$d^2_{F_2|\gamma=\gamma_{\max}} = E_s \rho^2 \frac{4}{M} \sin^2 \gamma_{\max} = E_s \rho^2 \frac{4}{M} \frac{\sqrt{2}-1}{\sqrt{2}} \,. \tag{3.37}$$

Proposition 3.2.2 *Pour tout l'angle du canal* $\gamma \geq \gamma_{\max}$, *la distance* $d_{\min}$ *obtenu par le matrice de précodage* $\mathbf{F}_d$ *ne peut pas dépasser la valeur de* d_{F_2} *dans (3.33).*

Proof : voir l'annexe B.

Suite la proposition 3.2.2, on peut donc conclure que la distance $d_{\min}$ optimal, pour tout l'angle du canal $\gamma \geq \gamma_{\max}$, est seulement fournie par le précodeur $\mathbf{F}_2$. Par ailleurs, la distance définie dans (3.37) est la valeur maximale qu'un précodeur linéaire peut obtenir (voir l'annexe C). Ces propriétés réaffirment que la matrice de précodage $\mathbf{F}_2$ est bien adapté de l'optimisation de la distance $d_{\min}$ sur les deux sous-canaux virtuels, notamment lorsque les RSB des canaux sont petites dispersif.

La constellation reçue du précodeur $\mathbf{F}_2$ est représentée dans la figure 3.9. On peut observer que les symboles reçus dans les deux sous-canaux virtuels s'arrangent sur des cercles concentriques. L'arrangement des vecteurs reçus sur les deux sous-canaux est bien similaire. Il faut noter que les deux vecteurs reçus, qui sont proches sur ce sous-canal, sont éloignés sur l'autre.

3.2.3 Le seuil du canal γ_0

La figure 3.10 représente la distance normalisée $d_{\min}$ obtenue par deux nouveaux précodeurs $\mathbf{F}_1$ et $\mathbf{F}_2$. On voit que la distance optimal ne dépend que de l'angle du canal γ. Par ailleurs, le précodeur $\mathbf{F}_1$ est disponible à faible γ, et le précodeur $\mathbf{F}_2$, au contraire, est utilisé pour la grande valeur de l'angle du canal γ.

Pour une modulation MAQ-4^k, en considérant $d^2_{F_1} = d^2_{F_2}$ dans (3.29) et (3.33), on obtient la valeur du seuil γ tel que

$$\tan^2 \gamma_0 = \frac{\sqrt{2}-1}{\sqrt{2}N^2 + \sqrt{6}N + \sqrt{2}-1} \tag{3.38}$$

où $N = 2^k - 1$. Lorsque $\gamma < \gamma_0$, le précodeur $\mathbf{F}_1$ est utilisé, donc le signal est transmis seulement sur le sous-canal le plus fort. Au contraire, lorsque $\gamma \geq \gamma_0$, le précodeur $\mathbf{F}_2$ est choisi, et les deux sous-canaux virtuels sont utilisés pour transmettre le signal. Il est évident que le plus grande l'ordre de la modulation (N augmente), le moins on utilise le précodeur $\mathbf{F}_1$, autrement dit, la valeur de γ_0 diminue (par exemple : $\gamma_0 \simeq 17.28^o$ pour QPSK, $\gamma_0 \simeq 8.09^o$ pour MAQ-16, et $\gamma_0 \simeq 3.95^o$ pour MAQ-64).

La forme générale du précodeur max-$d_{\min}$ est présentée dans le programme Matlab ci-dessous

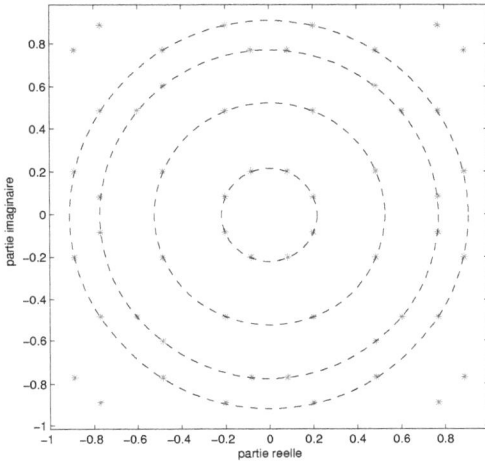

(a) Le premier sous-canal virtuelle

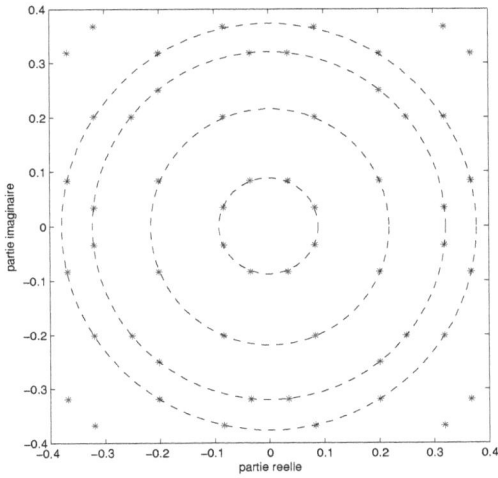

(b) Le deuxième sous-canal virtuelle

FIGURE 3.9 – La constellation du précodeur $\mathbf{F}_2$.

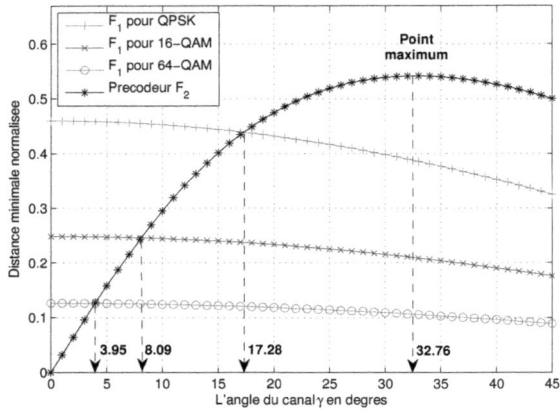

FIGURE 3.10 – Distances minimales en fonction de l'angle γ du canal.

```
function [Fd]=pre_maxdmin_2D_gen(Hv,SNR,N)
% For 4^k-QAM modulation: N = 2^k-1
gamma=atan(Hv(2,2)/Hv(1,1));
Es=10^(SNR/10);
% Threshold gamma0 = 17.2845
if gamma <= atan(sqrt((sqrt(2)-1)/(sqrt(2)*N^2 + sqrt(2) + sqrt(6)*N - 1)))
    psi = 0;
    phi = atan(1/(2*N+sqrt(3)));
    theta = atan(2*sin(phi));
else
    theta = pi/4;
    phi = pi/4;
    psi = atan((sqrt(2)-1)/tan(gamma));
end
% Form of maxdmin precoder
SS = [cos(psi) 0; 0 sin(psi)];
Bt = [cos(theta) sin(theta); -sin(theta) cos(theta)];
Bp = [1 0; 0 (cos(phi)+i*sin(phi))];
% Precoding matrix
Fd = sqrt(Es)* SS * Bt * Bp;
```

3.3   Performances des précodeurs avec une modulation MAQ d'ordre supérieur

3.3.1   Comparaison de la distance euclidienne minimale

Tout d'abord, on indique l'amélioration du nouveau précodeur en termes de distance euclidienne minimale. Pour un précodeurs diagonal, la distance euclidienne minimale entre deux vecteurs transmis $\mathbf{s}$ et $\mathbf{r}$ peut être simplifiée par

$$
\begin{aligned}
d_{\min}^2 &= \min_{\mathbf{s},\mathbf{r}\in S, \mathbf{s}\neq\mathbf{r}} \|\mathbf{H}_v\mathbf{F}_d(\mathbf{s}-\mathbf{r})\|^2 \\
&= \min_{\mathbf{s},\mathbf{r}\in S, \mathbf{s}\neq\mathbf{r}} E_s \sum_i^b \lambda_i f_i^2 |s_i - r_i|^2
\end{aligned}
\tag{3.39}
$$

où $\mathbf{s} = [s_1, s_2, .., s_b]^T$, $\mathbf{r} = [r_1, r_2, .., r_b]^T$, $\mathbf{F}_d = \mathrm{diag}(f_1, .., f_b)$, et $\lambda_1 \geq \lambda_2 \geq ... \geq \lambda_b$ sont les valeurs propres de $\mathbf{HH}^*$. Il est évident que la distance euclidienne minimale est obtenue lorsque les vecteurs $\mathbf{s}$ et $\mathbf{r}$ sont différentes d'un seul symbole. La distance euclidienne minimale du précodeur diagonal est alors définie par

$$
\begin{aligned}
d_{\min}^2 &= E_s \min_{\mathbf{s},\mathbf{r}\in S, \mathbf{s}\neq\mathbf{r}} \min_{i=1..b} \lambda_i f_i^2 |s_i - r_i|^2 \\
&= E_s \min_{i=1..b} \lambda_i f_i^2 \min_{\mathbf{s},\mathbf{r}\in S, \mathbf{s}\neq\mathbf{r}} |s_i - r_i|^2 \\
&= 4\beta_M E_s \min_{i=1..b} \lambda_i f_i^2
\end{aligned}
\tag{3.40}
$$

où $4\beta_M = 4/M = 6/(4^k - 1)$ est la distance euclidienne minimale au carré dans la constellation d'une modulation MAQ-4^k rectangulaire.

Précodeur	La distance minimale $d_{\min}^2$
Beamforming	$E_s\rho^2 \dfrac{4}{M} \dfrac{\cos^2\gamma}{N^2 + 2N + 2}$ (voir Eq. (3.30))
max-$\lambda_{\min}$	$E_s\rho^2 \dfrac{4}{M} \cos^2\gamma \sin^2\gamma$
EQMM	$E_s\rho^2 \dfrac{4}{M} \dfrac{\sin^2\gamma}{1 + \tan\gamma}$
Water-filling	$E_s\rho^2 \dfrac{2}{M} \sin^2\gamma$
max-$d_{\min}$	$\begin{cases} E_s\rho^2 \dfrac{4}{M} \dfrac{\cos^2\gamma}{N^2 + \sqrt{3}N + 2} & \text{if } \gamma \leq \gamma_0 \\ E_s\rho^2 \dfrac{4}{M} \dfrac{(2-\sqrt{2})\cos^2\gamma\sin^2\gamma}{1 + (2-2\sqrt{2})\cos^2\gamma} & \text{other} \end{cases}$

TABLE 3.1 – Comparaison de la distance euclidienne minimale.

Grâce à l'équation (3.40), la distance minimale correspondant à chaque précodeur diagonal peuvent être déterminée. Le tableau 3.1 indique la distance $d_{\min}$ obtenu par des précodeurs diagonaux en comparaison avec notre précodeur max-$d_{\max}$. Les distances normalisées $d_{\min}/\sqrt{4E_s\rho^2/M}$ pour chaque précodeur dans le cas d'une modulation MAQ-64 sont représentées dans la figure 3.11. Pour les précodeurs diagonaux (tels que WaterFiling [14], MMSE [34], et max-$\lambda_{\min}$ [35]), la puissance émise E_s est choisie suffisamment grande afin de s'allouer sur les deux sous-canaux virtuels. On peut observe que la distance $d_{\min}$ de WF, MMSE et max-$\lambda_{\min}$ est nulle lorsque $\gamma = 0$ puis augmente pour atteindre un maximum pour $\gamma = \pi/4$. Contrairement à eux, la distance minimale du précodeur beamforming ne s'annule jamais et est décroissante lorsque γ augmente. Si $\gamma \leq \gamma_0$, le précodeur max-$d_{\min}$ donne une légère amélioration de $d_{\min}$ par rapport à beamforming. Cette amélioration est constante pour toute la valeur de l'angle γ et se diminue selon l'ordre de la modulation MAQ. Pour γ est supérieur au seuil γ_0, la performance du précodeur max-$\lambda_{\min}$ est meilleur que celle de beamforming, Waterfilling et EQMM, mais elle est nettement plus faible que celle du précodeur max-$d_{\min}$.

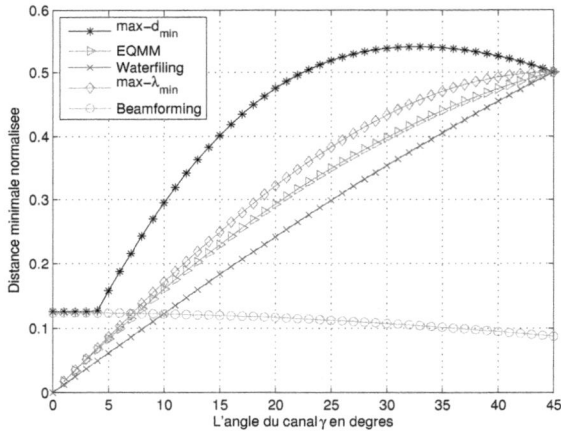

FIGURE 3.11 – La distance euclidienne minimale normalisée pour MAQ-64.

3.3.2 L'ordre de diversité du précodeur max-$d_{\min}$

On montre, dans cette section, que le nouveau précodeur obtient l'ordre de diversité $n_T \times n_R$ pour la modulation MAQ-4^k. Pour le canal de Rayleigh, on considère une approximation de la probabilité d'erreur associée à la distance minimale $d_{\min}$ multiplié par le nombre de voisins à cette distance [58].

$$P_e \approx \frac{N_{d_{\min}}}{2} \text{ erfc} \left(\sqrt{\frac{d_{\min}^2}{4N_0}} \right), \tag{3.41}$$

où $N_{d_{\min}}$ est le nombre moyen des voisins les plus proches de chaque vecteur de symbole, et N_0 est la variance du bruit blanc gaussien ν.

Les expressions de $d_{\min}$ obtenus par $\mathbf{F}_1$ et $\mathbf{F}_2$ donnent une borne supérieure et une borne inférieure qui ne dépendent que de la valeur du λ_1. Tout d'abord, on réalise que la distance minimale du précodeur max-$d_{\min}$ est inférieure à celle de $\mathbf{F}_1$. En considérant l'inégalité suivante, on peut trouver la borne supérieure de la distance minimale

$$\frac{(2 - \sqrt{2}) \cos^2 \gamma \sin^2 \gamma}{1 + (2 - 2\sqrt{2}) \cos^2 \gamma} \leq \frac{\cos^2 \gamma}{2}. \tag{3.42}$$

Par conséquent, la distance minimale obtenue par le précodeur max-$d_{\min}$ satisfait à la condition ci-dessous

$$E_s \rho^2 \frac{4}{M} \frac{\cos^2 \gamma}{N^2 + \sqrt{3}N + 2} \leq d_{\min}^2 \leq E_s \rho^2 \frac{2}{M} \cos^2 \gamma, \tag{3.43}$$

et pour $\lambda_1 = \rho^2 \cos^2 \gamma$, on a

$$E_s \xi_1 \lambda_1 \leq d_{\min}^2 (\text{max-}d_{\min}) \leq E_s \xi_2 \lambda_1, \tag{3.44}$$

où $\xi_1 = \frac{4}{M(N^2 + \sqrt{3}N + 2)}$, et $\xi_2 = \frac{2}{M}$. En utilisant, alors, la condition de la plus grande valeur propre en fonction de $\|\mathbf{H}\|^2$ [59]

$$\frac{\|\mathbf{H}\|^2}{m} \leq \lambda_1 \leq \|\mathbf{H}\|^2 \tag{3.45}$$

où $m = \min(n_T, n_R)$, on obtient

$$\frac{E_s \xi_1 \|\mathbf{H}\|^2}{m} \leq d_{\min}^2 (\text{max-}d_{\min}) \leq E_s \xi_2 \|\mathbf{H}\|^2 \tag{3.46}$$

La probabilité d'erreur dans (3.41) est donc

$$\frac{N_{d_{\min}}}{2} \operatorname{erfc} \left(\frac{E_s \xi_2 \|\mathbf{H}\|^2}{4N_0} \right) \leq P_e \leq \frac{N_{d_{\min}}}{2} \operatorname{erfc} \left(\frac{E_s \xi_1 \|\mathbf{H}\|^2}{4mN_0} \right)$$

Il faut noter que $\operatorname{erfc}(x) \simeq e^{-x^2}$ pour tout $x \gg 1$, donc l'inégalité précédente peut être réécrite par

$$\frac{N_{d_{\min}}}{2} e^{-\frac{E_s \xi_2 \|\mathbf{H}\|^2}{4N_0}} \leq P_e \leq \frac{N_{d_{\min}}}{2} e^{-\frac{E_s \xi_1 \|\mathbf{H}\|^2}{4mN_0}}$$

La probabilité d'erreur moyenne, donc, peut être déterminée en utilisant la caractéristique de Rayleigh du canal de transmission $\mathbf{H}$, i.e : $E[e^{-x\|\mathbf{H}\|^2}] = (1+x)^{-n_T n_R}$. Les bornes supérieure et inférieure sont alors

$$\frac{N_{d_{\min}}}{2}\left(\frac{\text{SNR}.\xi_2}{4}\right)^{-n_T\,n_R} \leq \bar{P}_e \leq \frac{N_{d_{\min}}}{2}\left(\frac{\text{SNR}.\xi_1}{4mN_0}\right)^{-n_T\,n_R}$$

Il est évident que la probabilité d'erreur est bornée par deux termes en fonction exponentielle de $\text{SNR}^{-n_T\,n_R}$. Par conséquent, le précodeur proposé possède une ordre de diversité complète, c'est à dire $n_T\,n_R$.

3.3.3 Distribution de l'angle du canal pour le précodeur max-$d_{\min}$

Lorsque l'angle du canal varie, le précodeur max-$d_{\min}$ utilise $\mathbf{F}_1$ ou $\mathbf{F}_2$ afin d'optimiser la distance minimal. Par conséquent, l'amélioration de $d_{\min}$ dépend de l'angle du canal γ. Les auteurs dans [60] donnent la loi conjointe des distributions des deux valeurs propres non nulles pour la matrice $\mathbf{W} = \mathbf{H}\mathbf{H}^*$

$$f_{\lambda_1,\lambda_2}^{(2)}(\lambda_1,\lambda_2) = \frac{1}{n_s!(n_s+1)!}(\lambda_1\lambda_2)^{n_s}e^{-(\lambda_1+\lambda_2)}(\lambda_1-\lambda_2)^2$$

où $n_s = |n_T - n_R|$. En appliquant le changement de variables sur les distributions des valeurs propres $\lambda_1 = \rho^2\cos^2\gamma$ et $\lambda_2 = \rho^2\sin^2\gamma$, la distribution conjointe du gain ρ et de l'angle du canal γ est définie par

$$f_{\rho,\gamma}^{(2)}(\rho,\gamma) = f_{\lambda_1,\lambda_2}^{(2)}(\rho^2\cos^2\gamma, \rho^2\sin^2\gamma)|\mathbf{J}| \tag{3.47}$$

avec le déterminant du Jacobien pour la transformation est donné par

$$|\mathbf{J}| = 4\rho^3\sin\gamma\cos\gamma(\cos^2\gamma + \sin^2\gamma) = 2\rho^3\sin 2\gamma$$

La loi conjointe (3.47) peut être simplifiée par

$$f_{\rho,\gamma}^{(2)}(\rho,\gamma) = \frac{2^{-2n_s+1}}{n_s!(n_s+1)!}\cos^2 2\gamma(\sin 2\gamma)^{2n_s+1}\rho^{7+4n_s}e^{-\rho^2}$$

Il faut noter que

$$\Gamma(k) = \int_0^\infty \rho^{2k+1}e^{-\rho^2}\,d\rho = \frac{1}{2}\int_0^\infty t^k e^{-t}\,dt = \Gamma(k+1) = \frac{k!}{2}$$

La distribution de l'angle du canal γ est alors obtenu par

$$
\begin{aligned}
f_\rho^{(2)}(\rho) &= \int_0^\infty f_{\rho,\gamma}^{(2)}(\rho,\gamma)\,d\rho \\
&= \frac{2^{-2n_s}(2n_s+3)!}{n_s!(n_s+1)!}\cos^2 2\gamma(\sin 2\gamma)^{2n_s+1}
\end{aligned} \tag{3.48}
$$

La figure 3.12 représente la distribution de l'angle du canal γ pour plusieurs valeurs de n_s. On observe que la courbe de la distribution se déplace à droite lorsque le nombre d'antennes augmente. Autrement dit, le plus nombre d'antennes on utilise, le moins besoins du précodeur $\mathbf{F}_1$ on a. Les distributions de $\mathbf{F}_1$ pour QPSK, MAQ-16 et MAQ-64 sont rassemblées dans le tableau 4.2. On peut voir que le précodeur $\mathbf{F}_1$ est moins utilisé avec une modulation MAQ d'ordre supérieur. Cette propriété est aussi expliqué par le changement du seuil γ_0 dans (3.38).

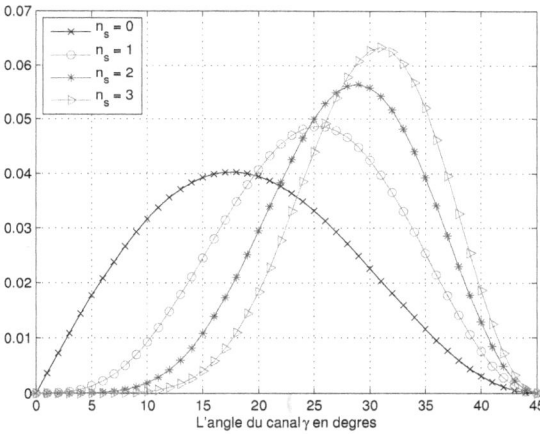

FIGURE 3.12 – Fonction densité de probabilité pour l'angle du canal γ.

Expressions	MIMO (2,2)	MIMO (3,2)	MIMO (4,2)
QPSK	44.166 %	17.202 %	6.352 %
MAQ-16	11.424 %	1.102 %	0.099 %
MAQ-64	2.821 %	0.066 %	$\simeq 0\%$

TABLE 3.2 – Pourcentage d'utilisation du précodeur $\mathbf{F}_1$ dans un canal de Rayleigh.

3.3.4   Performance du taux d'erreur binaire

La section illustre la performance de TEB fournie par le précodeur max-$d_{\min}$ en comparaison avec les autres stratégies de précodage. Considérons, dans la suite, un système MIMO avec $n_T = 3$ antennes à l'émission et $n_R = 2$ antennes à la réception. Dans ce cas, les symboles sont transmis en deux flux de symboles indépendants. Le matrice du canal $\mathbf{H}$ est gaussien i.i.d de valeur moyenne nulle, et ν est un bruit blanc gaussien additif de valeur moyenne nulle.

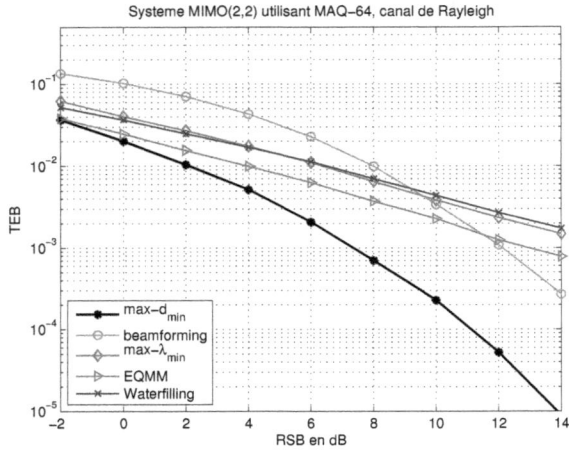

(a) Performance de TEB pour MIMO(2,2)

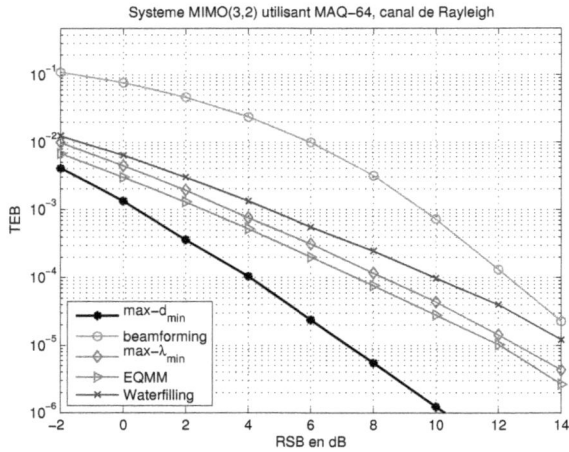

(b) Performance de TEB pour MIMO(3,2)

FIGURE 3.13 – Comparaison de TEB pour la modulation MAQ-64.

Grâce à l'amélioration de la distance euclidienne minimale, on peut attendre un gain du TEB fourni par le précodeur max-$d_{\min}$ en comparant avec les précodeurs diagonaux. La figure 3.13 montre le TEB en fonction de RSB pour la modulation MAQ-64. On peut voir que le précodeur max-$d_{\min}$ possède un grand gain par rapport aux autres précodeurs. Ce confirme que le précodeur max-$d_{\min}$ est une solution appropriée à réduire le TEB, en particulier si une détection à maximum de vraisemblance est considérée au récepteur. Lorsque les RSB des canaux virtuels sont moins dispersif (le plus nombre d'antennes sont utilisés, par exemple), l'amélioration de TEB est plus importante. On peut observer un gain d'environ 8dB à TEB $= 10^{-3}$ pour le système MIMO(3,2) en comparaison avec le gain de 6dB pour MIMO (2,2).

3.4   Conclusion

Tout d'abord, nous avons présenté, dans ce chapitre, la solution optimal du précodeur max-$d_{\min}$ pour la modulation MAQ-16. Ce précodeur sélectionne la meilleure matrice de précodage entre les cinq expressions différentes. Afin de réduire la complexité du précodeur max-$d_{\min}$ dans le cas d'une modulation MAQ d'ordre supérieur, une expression générale du précodeur basé la distance euclidienne minimale est ensuite présentée. Pour deux flux de symboles indépendants, le précodeur max-$d_{\min}$ a une forme simple avec seulement deux expressions : $\mathbf{F}_1$ n'alloue de puissance qu'au premier sous-canal virtuel, et $\mathbf{F}_2$ utilise les deux sous-canaux virtuels pour transmettre des signaux. On a aussi démontré que cette forme optimise la distance minimale pour une faible ou une forte dispersion du canal de transmission.

Comme présenté dans la simulation, le nouveau précodeur donne une amélioration significative de TEB en comparaison avec les autres stratégies de précodages tels que beamforming, Water-filling, EQMM, et max-$\lambda_{\min}$. Par ailleurs, la distribution des deux matrices de précodage dépend des caractéristiques de canal et le nombre d'antennes utilisées à l'émission et réception. Le plus dispersif les RSB de sous-canaux virtuels sont (le plus nombre d'antennes sont utilisées, par exemple), le moins besoin du précodeur $\mathbf{F}_1$ on a.

Annexe du chapitre 3

A   Démonstration de la proposition 3.2.1

Considérons deux vecteurs différence ci-dessous

$$\breve{x}_a = \frac{2}{\sqrt{M}} \begin{pmatrix} 1 \\ 0 \end{pmatrix}, \breve{x}_b = \frac{2}{\sqrt{M}} \begin{pmatrix} 0 \\ 1 \end{pmatrix}$$

Nous supposons qu'il existe une matrice de précodage $\mathbf{F}_d$ telle que la distance euclidienne minimale est supérieure ou égale à $\sqrt{E_s \rho^2 / M}$. Dans ce cas, deux distances normalisées doivent respecter les conditions suivantes

$$\begin{cases} \bar{d}_a^2 = \frac{1}{2} \cos^2 \psi \cos^2 \theta + \frac{1}{2} \sin^2 \psi \sin^2 \theta \geq \frac{1}{4} \\ \bar{d}_b^2 = \frac{1}{2} \cos^2 \psi \sin^2 \theta + \frac{1}{2} \sin^2 \psi \cos^2 \theta \geq \frac{1}{4} \end{cases}$$

Il faut noter que $\bar{d}_a^2 + \bar{d}_b^2 = \frac{1}{2} \cos^2 \psi + \frac{1}{2} \sin^2 \psi = \frac{1}{2}$, donc les distances $\bar{d}_a^2$ et $\bar{d}_b^2$ ne peuvent pas être simultanément supérieure à $\frac{1}{4}$. La distance euclidienne minimale $d_{\min}$, donc, ne peut pas être supérieure à $\sqrt{E_s \rho^2 / M}$. En considérant $\bar{d}_a^2 = \bar{d}_b^2 = \frac{1}{4}$, on obtient que la distance $d_{\min}$ optimal est obtenue avec $\theta = 45^o$ or $\psi = 45^o$.

B   Démonstration de la proposition 3.2.2

Nous considérons deux vecteurs différence suivantes

$$\breve{x}_c = \frac{2}{\sqrt{M}} \begin{pmatrix} 1 \\ -1 \end{pmatrix}, \breve{x}_d = \frac{2}{\sqrt{M}} \begin{pmatrix} 1 \\ i \end{pmatrix}$$

où les distances normalisées sont donnés par

$$\begin{cases} \bar{d}_a^2 = \cos^2 \gamma \cos^2 \psi \cos^2 \theta + \sin^2 \gamma \sin^2 \psi \sin^2 \theta \\ \bar{d}_b^2 = \cos^2 \gamma \cos^2 \psi \sin^2 \theta + \sin^2 \gamma \sin^2 \psi \cos^2 \theta \\ \bar{d}_c^2 = \cos^2 \gamma \cos^2 \psi (1 - 2 \sin \theta \cos \theta \cos \varphi) + \sin^2 \gamma \sin^2 \psi (1 + 2 \sin \theta \cos \theta \cos \varphi) \\ \bar{d}_d^2 = \cos^2 \gamma \cos^2 \psi (1 - 2 \sin \theta \cos \theta \sin \varphi) + \sin^2 \gamma \sin^2 \psi (1 + 2 \sin \theta \cos \theta \sin \varphi) \end{cases} \qquad (3.49)$$

Supposons qu'il existe un matrice de précodage $\mathbf{F}_d$ à l'angle du canal $\gamma \geq \gamma_m$ telle que la distance euclidienne minimale est supérieure ou égale à d_{F_2}. Autrement dit, les distances correspondantes $\bar{d}_a^2$, $\bar{d}_b^2$, $\bar{d}_c^2$ et $\bar{d}_d^2$ sont tous supérieur ou égale à la distance normalisée $\bar{d}_{F_2}^2$. Il faut noter que

$$\bar{d}_a^2 + \bar{d}_b^2 = \cos^2 \gamma \cos^2 \psi + \sin^2 \gamma \sin^2 \psi \qquad (3.50)$$

D'abord, on démontrera que

$$\cos^2\gamma\cos^2\psi \geq \sin^2\gamma\sin^2\psi \tag{3.51}$$

En effet, il est évident que $\bar{d}_a^2 + \bar{d}_b^2 \geq 2.\bar{d}_{F_2}^2 \geq 1/2$, pour $\gamma \geq \gamma_m$. Donc, si $\tan^2\psi > 1/\tan^2\gamma$ et $\gamma \leq \pi/4$ (i.e. $\cos^2\gamma \geq \sin^2\gamma$), on peut obtenir la contradiction ci-dessous

$$\bar{d}_a^2 + \bar{d}_b^2 < \cos^2\gamma\sin^2\gamma + \sin^2\gamma\cos^2\gamma \leq 1/2$$

Par ailleurs, $\bar{d}_b^2$ peut s'écrire

$$\bar{d}_b^2 = (\cos^2\gamma\cos^2\psi - \sin^2\gamma\sin^2\psi)\sin^2\theta + \sin^2\gamma\sin^2\psi$$

Puisque $\bar{d}_b^2 \geq \bar{d}_{F_2}^2$, on obtient

$$(\cos^2\gamma\cos^2\psi - \sin^2\gamma\sin^2\psi)\sin^2\theta \geq \bar{d}_{F_2}^2 - \sin^2\gamma\sin^2\psi$$

Noter que $\cos^2\gamma\cos^2\psi - \sin^2\gamma\sin^2\psi \geq 0$ (3.51) et $\sin\theta\cos\theta \geq \sin^2\theta$, donc on a

$$(\cos^2\gamma\cos^2\psi - \sin^2\gamma\sin^2\psi)\sin\theta\cos\theta \geq \bar{d}_{F_2}^2 - \sin^2\gamma\sin^2\psi \tag{3.52}$$

En outre, les vecteurs différence qui sont fournies par $\ddot{x}_c$ et $\ddot{x}_d$ dépend de l'angle de rotation φ :

– Pour $\varphi \leq \pi/4$, ou $\cos\varphi \geq 1/\sqrt{2}$

La distance normalisée d_c^2 peut être donné par

$$d_c^2 = [\cos^2\gamma\cos^2\psi + \sin^2\gamma\sin^2\psi]$$
$$- [\cos^2\gamma\cos^2\psi - \sin^2\gamma\sin^2\psi]\,2\sin\theta\cos\theta\cos\varphi$$

En utilisant (3.52), on a

$$d_c^2 \leq \left[\cos^2\gamma\cos^2\psi + \sin^2\gamma\sin^2\psi\right] - \sqrt{2}(\bar{d}_{F_2}^2 - \sin^2\gamma\sin^2\psi)$$
$$\leq \cos^2\gamma\cos^2\psi + (\sqrt{2}+1)\sin^2\gamma\sin^2\psi - \sqrt{2}.\bar{d}_{F_2}^2 \tag{3.53}$$

Il faut noter que

$$\begin{cases} \cos^2\gamma\cos^2\psi_2 + \sin^2\gamma\sin^2\psi_2 = 2.\bar{d}_{F_2}^2 \\ \cos^2\gamma\cos^2\psi_2 + (\sqrt{2}+1)\sin^2\gamma\sin^2\psi_2 = (\sqrt{2}+1).\bar{d}_{F_2}^2 \end{cases}$$

où $\psi_2 = \arctan \frac{\sqrt{2}-1}{\tan \gamma}$ est le paramètre d'allocation de puissance pour la matrice de précodage $\mathbf{F}_2$. Par ailleurs, il est évident que

$$(\sqrt{2} + 1) \sin^2 \gamma \geq \cos^2 \gamma \geq \sin^2 \gamma$$

pour toute valeur de γ dans $\pi/4 \geq \gamma \geq \gamma_m$. Pour cette raison, on obtient

   i) si $\psi > \psi_2$

$$\cos^2 \gamma \cos^2 \psi + \sin^2 \gamma \sin^2 \psi < 2.\bar{d}^2_{F_2}$$

   ii) si $\psi < \psi_2$

$$\cos^2 \gamma \cos^2 \psi + (\sqrt{2} + 1) \sin^2 \gamma \sin^2 \psi < (\sqrt{2} + 1).\bar{d}^2_{F_2}$$

En utilisant (3.50), (3.53), et la propriété ci-dessus, on peut conclure que les distances
$\bar{d}^2_a$, $\bar{d}^2_b$, et $\bar{d}^2_c$ ne peuvent pas être simultanément supérieure à la distance normalisée $\bar{d}^2_{F_2}$.
  – Pour $\pi/2 \geq \varphi \geq \pi/4$, ou $\sin\varphi \geq 1/\sqrt{2}$
Donc, la distance normalisée d^2_d qui est définie par

$$\begin{aligned}
d^2_d = {} & [\cos^2 \gamma \cos^2 \psi + \sin^2 \gamma \sin^2 \psi] \\
& - [\cos^2 \gamma \cos^2 \psi - \sin^2 \gamma \sin^2 \psi]\, 2 \sin \theta \cos \theta \sin \varphi
\end{aligned}$$

a une borne supérieure suivante

$$d^2_d \leq \cos^2 \gamma \cos^2 \psi + (\sqrt{2} + 1) \sin^2 \gamma \sin^2 \psi - \sqrt{2}.\bar{d}^2_{F_2} \tag{3.54}$$

En utilisant le même méthode comme le cas de $\varphi \leq \pi/4$, on peut conclure que $\bar{d}^2_a$, $\bar{d}^2_b$,
et $\bar{d}^2_d$ ne peuvent pas être simultanément supérieure à $\bar{d}^2_{F_2}$.

C   La valeur maximale de $d_{\min}$

Nous considérons deux vecteurs différence

$$\breve{x}_e = \frac{2}{\sqrt{M}} \begin{pmatrix} 1 \\ -1 + i \end{pmatrix}, \breve{x}_f = \frac{2}{\sqrt{M}} \begin{pmatrix} 1 + i \\ -1 \end{pmatrix}$$

Les distances correspondantes sont donnés par

$$\begin{cases}
\bar{d}^2_e = \cos^2 \gamma \cos^2 \psi (\cos^2 \theta + 2 \sin^2 \theta - 2\Phi \sin \theta \cos \theta) \\
\qquad + \sin^2 \gamma \sin^2 \psi (\sin^2 \theta + 2 \cos^2 \theta + 2\Phi \sin \theta \cos \theta) \\
\bar{d}^2_f = \cos^2 \gamma \cos^2 \psi (2 \cos^2 \theta + \sin^2 \theta - 2\Phi \sin \theta \cos \theta) \\
\qquad + \sin^2 \gamma \sin^2 \psi (2 \sin^2 \theta + \cos^2 \theta + 2\Phi \sin \theta \cos \theta)
\end{cases}$$

où $\Phi = \sin \varphi + \cos \varphi$. Si nous supposons qu'il existe une matrice de précodage $\mathbf{F}_d$ telles que la distance euclidienne minimale est supérieure ou égale à d_{γ_m}, c'est à dire $\bar{d}_a^2$, $\bar{d}_b^2$, $\bar{d}_c^2$, $\bar{d}_d^2$, $\bar{d}_e^2$, et $\bar{d}_f^2$ sont tous supérieurs ou égales à $(\sqrt{2}-1)/\sqrt{2}$.

Comme l'Annexe B, on peut démontrer que ψ satisfait l'inégalité (3.51) et la distance euclidienne minimale de $\bar{d}_a^2$, $\bar{d}_b^2$,..., $\bar{d}_f^2$ est obtenu avec $\sin\theta\cos\theta = \sin^2\theta$ (c'est à dire $\theta = \pi/4$). Les distances normalisées ci-dessus, donc, peuvent être simplifiées par

$$\begin{cases} \bar{d}_c^2 = \cos^2\gamma\cos^2\psi(1-\cos\varphi) + \sin^2\gamma\sin^2\psi(1+\cos\varphi) \\ \bar{d}_d^2 = \cos^2\gamma\cos^2\psi(1-\sin\varphi) + \sin^2\gamma\sin^2\psi(1+\sin\varphi) \\ \bar{d}_e^2 = \bar{d}_f^2 = \cos^2\gamma\cos^2\psi(3/2-\cos\varphi-\sin\varphi) \\ \qquad + \sin^2\gamma\sin^2\psi(3/2+\cos\varphi+\sin\varphi) \end{cases}$$

À la fin de cette annexe, on montrera que $\bar{d}_c^2$, $\bar{d}_d^2$ et $\bar{d}_e^2$ ne peut pas être tous supérieure à $(\sqrt{2}-1)/\sqrt{2}$.

– Pour $\varphi \leq \pi/4$, on a $\bar{d}_c^2 \leq \bar{d}_d^2$

En utilisant la même méthode que l'Annexe B, on trouve que la distance $d_{\min}$ optimale pour les distances $\bar{d}_c^2$ et $\bar{d}_e^2$ est obtenue lorsque $\bar{d}_c^2 = \bar{d}_e^2$ ou

$$\tan^2\psi_{opt} = \frac{2\sin\varphi - 1}{2\sin\varphi + 1}\frac{1}{\tan^2\gamma} \tag{3.55}$$

En substituant ψ_{opt} à la distance $\bar{d}_c^2$, on obtient

$$\bar{d}_c^2 = \Psi(2\sin\varphi + 1)(1-\cos\varphi) + \Psi(2\sin\varphi - 1)(1+\cos\varphi)$$
$$= 2\Psi(2\sin\varphi - \cos\varphi) \leq 2\Psi(2\frac{1}{\sqrt{2}} - \frac{1}{\sqrt{2}})$$

où $\Psi = \frac{\sin^2\gamma\sin^2\psi}{2\sin\varphi - 1} = \frac{\cos^2\gamma\cos^2\psi}{2\sin\varphi + 1}$. La distance $d_{\min}$ est, donc, fournie par $\varphi = \pi/4$ et $\psi_{opt} = \psi_2$. Autrement dit, la valeur maximale de la distance $d_{\min}$ est d_{γ_m}.

– Pour $\varphi \geq \pi/4$, on peut appliquer la même méthode en considérant le paramètre optimal suivant

$$\tan^2\psi_{opt} = \frac{2\cos\varphi - 1}{2\cos\varphi + 1}\frac{1}{\tan^2\gamma} \tag{3.56}$$

4

Précodeurs max-$d_{\min}$ pour les grands systèmes MIMO

Dans le chapitre précédent, nous avons présenté la forme générale du précodeur non-diagonal maximisant la distance euclidienne minimale (max-$d_{\min}$) pour toutes les modulations QAM rectangulaires. Ce précodeur obtient une grande amélioration des performances en termes de BER par rapport aux précodeurs diagonaux. Malheureusement, le précodeur max-$d_{\min}$ ne permette pas de transmettre plus de deux voies de données contrairement aux précodeurs diagonaux. La raison c'est que l'expression du précodeur dépend du nombre de flux de symboles, les caractéristiques de canal et la modulation utilisé à l'émission.

Pour cette raison, nous présentons ici des extensions du précodeur max-$d_{\min}$ permettant d'augmenter le nombre de flux de données transmis. La première partie de ce chapitre présente l'extension pour un nombre de voies de données pair et supérieur à deux. Le principe de cette extension est découper le canal virtuel en sous-systèmes de deux voies, et ensuite égaliser les distances minimales de chaque sous-système. Ce précodeur est alors sous-optimale et est appelé comme Equal-$d_{\min}$ ou E-$d_{\min}$ [61].

Pour un nombre de voies de données impair, nous proposons dans la deuxième partie une solution optimale du précodeur max-$d_{\min}$ pour trois voies de données indépendantes. Grâce à cette dernière, nous pouvons obtenir une extension pour un nombre impair de flux de données par de découper le canal virtuel en des sous-systèmes de taille 2×2 ou 3×3. Les résultats des simulations avec la connaissance du canal (CSI) parfaite ou imparfaite confirment une amélioration significative en termes de BER, ainsi qu'une réduction de la complexité au récepteur.

4.1 La forme en croix du précodeur max-$d_{\min}$

Considérons un grand système MIMO sur laquelle un nombre de flux de données pair ($b \geq 4$) sont transmis. En utilisant la transformation en canal virtuel, la relation d'entrée-sortie peut être exprimé par

$$\mathbf{y} = \mathbf{H}_v \mathbf{F}_d \mathbf{s} + \eta_v, \tag{4.1}$$

où $\mathbf{H}_v = \mathbf{G}_v \mathbf{H} \mathbf{F}_v$ est la matrice $b \times b$ du canal virtuel, $\eta_v = \mathbf{G}_v \nu$ est le vecteur $b \times 1$ du bruit additif gaussien. Les coefficients diagonaux de la matrice du canal virtuel de base sont notés par $\mathbf{H}_v = \text{diag}\{\sigma_1, \sigma_2, \ldots, \sigma_b\}$.

4.1.1 Principe du précodeur E-$d_{\min}$

Comme présenté dans le chapitre 3, pour une modulation M-QAM ($M = 4^k$) avec $b = 2$ voies de données, le précodeur maximisant la distance minimale a deux expressions générales

– si $0 \leq \gamma \leq \gamma_0$

$$\mathbf{F}_d = \mathbf{F}_1 = \sqrt{E_s} \begin{pmatrix} \cos\theta_1 \ \sin\theta_1 \, e^{i\varphi_1} \\ 0 \qquad 0 \end{pmatrix} \tag{4.2}$$

où $\begin{cases} \varphi_1 = \arctan \frac{1}{2(2^k-1)+\sqrt{3}} \\ \theta_1 = \arctan(2\sin\varphi_1). \end{cases}$

– si $\gamma_0 \leq \gamma \leq \pi/4$

$$\mathbf{F}_d = \mathbf{F}_2 = \frac{\sqrt{E_s}}{2} \begin{pmatrix} \cos\psi_2 & 0 \\ 0 & \sin\psi_2 \end{pmatrix} \begin{pmatrix} \sqrt{2} \ 1+i \\ -\sqrt{2} \ 1+i \end{pmatrix} \tag{4.3}$$

où $\psi_2 = \arctan \frac{\sqrt{2}-1}{\tan\gamma}$.

La valeur du seuil optimal γ_0 est définie par

$$\tan^2\gamma_0 = \frac{\sqrt{2}-1}{\sqrt{2}N^2 + \sqrt{6}N + \sqrt{2}-1}, \tag{4.4}$$

où $N = 2^k - 1$.

Dans le cas du grand système MIMO avec un nombre de voies de données pair, nous pouvons découper le canal virtuel en des sous-canaux de taille 2×2, et optimiser/égaliser les distances $d_{\min}$ de chaque couple de voies. La solution est alors notée E-$d_{\min}$, et elle se compose de quatre étapes principales suivants [61] :

1. Obtenir la matrice diagonale $\mathbf{H_v}$ en utilisant une transformation virtuelle.

2. Associer $b/2$ couples de sous-canaux virtuels 2-D suivant la combinaison (σ_1, σ_b), (σ_2, σ_{b-1}), ..., $(\sigma_{b/2}, \sigma_{b/2+1})$.

3. Appliquer la solution max-$d_{\min}$ optimale pour chaque sous-système 2×2 sous la contrainte de puissance unitaire.

4. Allouer la puissance sur chaque sous système 2×2 par les coefficients de puissance tels que

$$\Upsilon_i^2 = E_s \left(\delta_i^2 \sum_{k=1}^{b/2} \frac{1}{\delta_k^2} \right)^{-1} \quad \text{pour } i = 1, ..., b/2 \tag{4.5}$$

où δ_i est la distance euclidienne minimale du sous-système $\#i$ donné dans l'étape 3.

La forme du précodeur global peut s'écrire facilement dans le canal virtuel et ses éléments, à savoir les coefficients Υ_i, est défini en fonction uniquement des angles de chaque sous-matrice du canal :

$$\mathbf{F}_d = \begin{pmatrix} \Upsilon_1 f_1^{(1)} & & & & & & & \Upsilon_1 f_2^{(1)} \\ & \Upsilon_2 f_1^{(2)} & & & & & \Upsilon_2 f_2^{(2)} & \\ & & \ddots & & & \cdot^{\cdot^{\cdot}} & & \\ & & & \Upsilon_{b/2} f_1^{(b/2)} & \Upsilon_{b/2} f_2^{(b/2)} & & & \\ & & & \Upsilon_{b/2} f_3^{(b/2)} & \Upsilon_{b/2} f_4^{(b/2)} & & & \\ & & \cdot^{\cdot^{\cdot}} & & & \ddots & & \\ & \Upsilon_2 f_3^{(2)} & & & & & \Upsilon_2 f_4^{(2)} & \\ \Upsilon_1 f_3^{(1)} & & & & & & & \Upsilon_1 f_4^{(1)} \end{pmatrix} \tag{4.6}$$

où le sous-précodeur $\mathbf{F}_d^{(}i) = \begin{pmatrix} f_1^{(i)} & f_2^{(i)} \\ f_3^{(i)} & f_4^{(i)} \end{pmatrix}$ est définie en fonction de chaque matrice du sous-canal $\mathbf{H}_{v_i} = \text{diag}\{\sigma_i, \sigma_{b-i+1}\}$, avec $i = 1, \dots, b/2$ (voir l'équation 4.2). Il est intéressant de noter que la forme du précodeur est singulière, c.à.d. seule la diagonale principale et l'antidiagonale principale présentent des éléments non nuls, et donc laissant apparaître une forme en croix. On peut utiliser aussi la notation plus compacte suivant

$$\mathbf{F}_d = \text{diag}\left\{ \Upsilon_1 f_1^{(1)}, \dots, \Upsilon_{b/2} f_1^{(b/2)}, \Upsilon_{b/2} f_4^{(b/2)}, \dots, \Upsilon_1 f_4^{(1)} \right\}$$
$$+ \text{antidiag}\left\{ \Upsilon_1 f_2^{(1)}, \dots, \Upsilon_{b/2} f_2^{(b/2)}, \Upsilon_{b/2} f_3^{(b/2)}, \dots, \Upsilon_1 f_3^{(1)} \right\} \tag{4.7}$$

où $\text{antidiag}\left\{ \Upsilon_1 f_2^{(1)}, \dots \right\}$ représente une matrice dont tous les éléments sont nuls sauf l'antidiagonale principale.

Ce précodeur est l'association d'un précodeur diagonal et une nouvelle forme antidiagonale afin d'améliorer la performance du système (c.à.d. améliorer la distance minimale). La figure 4.1 illustre le synoptique du précodeur E-$d_{\min}$ avec $b/2$ sous-système. Au niveau du récepteur, la détection à maximum de vraisemblance (MV) est utilisée pour chaque couple des voies de données. Le nombre de test du MV égal alors à $b/2 \times M^2$ pour une modulation MAQ-M. En comparaison avec les précodeurs diagonaux dont le nombre de test MV est bM, la complexité du précodeur E-$d_{\min}$ est supérieur, mais elle est vraiment plus importante que la solution max-$d_{\min}$ générale (M^b pour une détection MV complet).

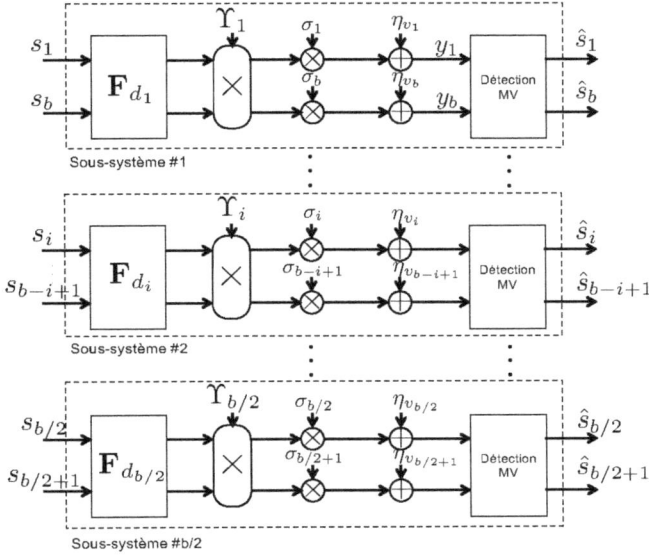

FIGURE 4.1 – Synoptique du précodeur E-$d_{\min}$.

4.1.2 Performance du précodeur E-$d_{\min}$

Nous d'abord comparons les performances du précodeur E-$d_{\min}$ avec les autres précodeurs linéaires utilisant par exemple un égaliseur à retour de décision (DFE : Decision Feedback Equalization) [62], une allocation de bits [63], une perturbation de vecteur transmis [64], et une égalisation ZF minimisant le TEB [65]. La figure 4.2 présente les performances du TEB pour un système MIMO(4,4) utilisant la modulation MAQ-16. Les résultats de simulation montrent une amélioration importante du TEB à forte RSB. Un gain d'environ 4dB est obtenue à RSB = 10^{-4} par rapport aux autres précodeurs.

Ensuite, nous considérons l'impact de l'estimation de CSI à la performance du TEB. La figure 4.3 illustre la performance du TEB par rapport au RSB dans les cas des connaissances parfaite et imparfaite du canal. La matrice de canal estimée pour le cas d'imparfaite de CSI peut être définie par $\mathbf{H}_{est} = \mathbf{H} + \mathbf{H}_{err}$, où $\mathbf{H}_{err}$ représente l'erreur de l'estimation du canal. Les signaux d'entraînement optimal pour l'estimation d'un canal MIMO-OFDM sont proposés dans [66]. Ici, nous supposons seulement que les éléments de $\mathbf{H}_{err}$ sont aléatoires gaussiennes complexes iid avec les moyennes nulles et les variances égalant $\sigma_{err} = 0.5\sigma$, $\sigma_{err} = 0.4\sigma$, et $\sigma_{err} = 0.3\sigma$, où σ^2 est la variance gaussien complexe des éléments de $\mathbf{H}$. Nous avons vu que le gain du TEB obtenu par le précodeur E-$d_{\min}$ diminue à forte RSB, mais cette amélioration reste importante par rapport aux autres précodeurs

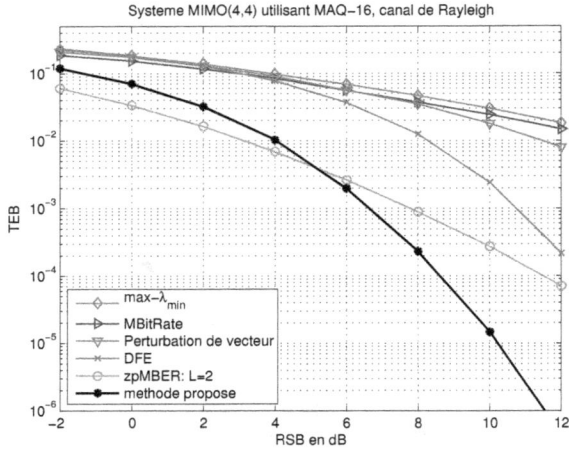

FIGURE 4.2 – Performances du TEB pour un grand système MIMO.

linéaire.

Comme présenté au dessus, le précodeur E-d_{min} pour un grand système MIMO est obtenu par la décomposition du canal virtuel en sous système 2×2 et l'égalisation de la distance minimale sur chaque sous système. Pour cette raison, nous avons besoin de $\frac{b}{2}M^2$ tests du maximum de vraisemblance à la réception. En comparant avec les autres précodeurs linéaires, la complexité du précodeur E-d_{min} est supérieur mais cette solution permet d'obtenir l'ordre de diversité maximum $n_T \times n_R$ dans un canal décorrélé [67].

4.2 Précodeur max-d_{min} tridimensionnel

Nous allons proposer, dans cette partie, une nouvelle conception du précodeur max-d_{min} pour trois flux de données parallèle et indépendante. Ce précodeur est la solution optimale de la conception tridimensionnelle présenté dans [68]. Il non seulement répartit la puissance sur les trois sous-canaux, mais aussi optimise la distance euclidienne minimale dans les constellations à la réception. Par conséquent, lorsque une détection MV est considérée au niveau du récepteur [53], la performance du système en termes de TEB est considérablement améliorée.

Systeme MIMO(4,4) utilisant MAQ–16, canal de Rayleigh

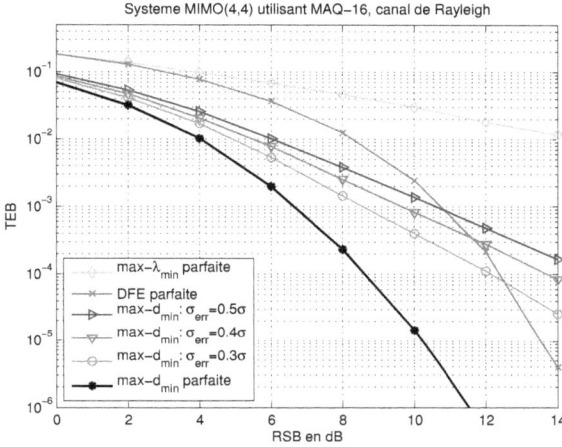

FIGURE 4.3 – Performances du TEB avec les connaissances imparfaite du canal.

4.2.1 Forme paramétrée pour le canal virtuel tridimensionnel

Dans le cas de trois voies de données indépendantes, le canal virtuel peut être paramétrisé de la façon suivante

$$\mathbf{H}_v = \rho \begin{pmatrix} \cos \gamma_1 & 0 & 0 \\ 0 & \sin \gamma_1 \cos \gamma_2 & 0 \\ 0 & 0 & \sin \gamma_1 \sin \gamma_2 \end{pmatrix}, \qquad (4.8)$$

où ρ, γ_1 and γ_2 représentent respectivement le gain et les angles du canal virtuel. Puisque les éléments de $\mathbf{H}_v$ sont rangées par ordre décroissant, on a $0 \leq \gamma_2 \leq \pi/4$ et $\cos \gamma_2 \leq \cotan \gamma_1$.

Le but revient de trouver la matrice de précodage $\mathbf{F}_d$ dans (4.1) satisfaisant à la contrainte de puissance trace$\{\mathbf{F}_d \mathbf{F}_d^*\} = E_s$. En utilisant la décomposition en valeurs singulières (SVD), on peut simplifier la forme de la matrice de précodage $\mathbf{F}_d$. Cette matrice est alors représentée par

$$\mathbf{F}_d = \mathbf{A\Sigma B}^*, \qquad (4.9)$$

où $\mathbf{A}$ et $\mathbf{B}^*$ sont les matrices unitaires de taille 3×3, et $\mathbf{\Sigma}$ est une matrice diagonale 3×3 dont les éléments sont positifs et rangés par ordre décroissant. C'est noté que

$$\text{trace}\{\mathbf{F}_d \mathbf{F}_d^*\} = \text{trace}\{\mathbf{\Sigma\Sigma}^*\} = E_s. \qquad (4.10)$$

Par conséquent, la contrainte de puissance sur tous antennes à l'émission peut être remplacé par la décomposition de la matrice diagonale $\boldsymbol{\Sigma}$ suivante

$$\boldsymbol{\Sigma} = \sqrt{E_s} \begin{pmatrix} \cos\psi_1 & 0 & 0 \\ 0 & \sin\psi_1\cos\psi_2 & 0 \\ 0 & 0 & \sin\psi_1\sin\psi_2 \end{pmatrix}. \tag{4.11}$$

Afin de simplifier la solution de l'optimisation, nous allons considérer la borne inférieure de la distance euclidienne minimale présentée dans [35]

$$d_{min}^2 \geq \lambda_{min}(\text{SNR}(\mathbf{F}_d)) \min_{x_k, x_l \in S, x_k \neq x_l} \|(\mathbf{x}_k - \mathbf{x}_l)\|^2 \tag{4.12}$$

où $\lambda_{min}(\text{SNR}(\mathbf{F}_d))$ est la valeur propre minimale de la matrice SNR donnée par $\text{SNR}(\mathbf{F}_d) = \mathbf{H}_v\mathbf{F}_d\mathbf{F}_d^*\mathbf{H}_v$. Il est évident qu'en améliorant la valeur propre minimale de $\text{SNR}(\mathbf{F}_d)$, on peut augmenter la distance euclidienne minimale. Pour cette raison, nous pouvons simplifier l'objet de l'optimisation par de minimiser la valeur propre minimale de la matrice $\text{SNR}(\mathbf{F}_d)$.

Il faut noter que la matrice unitaire $\mathbf{B}$ n'a pas d'influence sur leurs valeurs propres de $SNR(\mathbf{F}_d)$. Autrement dit, les valeurs singulières de la matrice $\mathbf{H}_v\mathbf{F}_d$ ne dépendent pas de la matrice unitaire $\mathbf{B}$.

Proposition 4.2.1 *Les valeurs singulières optimale de* $\mathbf{H}_v\mathbf{F}_d$ *sont obtenues lorsque* $\mathbf{A}$ *est une matrice identité de taille 3, c.à.d.* $\mathbf{A} = \mathbf{I}_3$.

Proof : voir l'annexe A.

En utilisant seulement la matrice diagonale $\boldsymbol{\Sigma}$ pour maximiser la valeur singulière de $\mathbf{H}_v\mathbf{F}_d$, les auteurs dans [35] ont présenté la solution non-optimale $\max - \lambda_{min}$. Dans cette partie, le critère permettant d'optimiser la distance minimale est concerné, donc non seulement la matrice $\boldsymbol{\Sigma}$ mais aussi la matrice $\mathbf{B}^*$ seront considérés afin d'optimiser la distance d_{min}.

La matrice unitaire $\mathbf{B}^*$ peut être paramétrée par [69]

$$\mathbf{B}^* = \mathbf{B}_\beta \mathbf{B}_\theta \mathbf{B}_\varphi \tag{4.13}$$

avec

$$\mathbf{B}_\beta = \begin{pmatrix} e^{i\beta_1} & 0 & 0 \\ 0 & e^{i\beta_2} & 0 \\ 0 & 0 & e^{i\beta_3} \end{pmatrix}, \mathbf{B}_\varphi = \begin{pmatrix} 1 & 0 & 0 \\ 0 & e^{i\varphi_2} & 0 \\ 0 & 0 & e^{i\varphi_3} \end{pmatrix}, \mathbf{B}_\theta = \begin{pmatrix} c_1 & s_1c_2 & s_1s_2 \\ s_1c_3 & -c_1c_2c_3-e^{i\varphi_1}s_2s_3 & -c_1s_2c_3+e^{i\varphi_1}c_2s_3 \\ s_1s_3 & -c_1c_2s_3+e^{i\varphi_1}s_2c_3 & -c_1s_2s_3-e^{i\varphi_1}c_2c_3 \end{pmatrix}$$

où $c_i = \cos\theta_i$ et $s_i = \sin\theta_i$ pour $i = 1, .., 3$, $0 \leq \theta_i \leq \pi/2$, $0 \leq \beta_i$ et $\varphi_i \leq 2\pi$.

Proposition 4.2.2 *La matrice* $\mathbf{B}_\beta$ *n'influe pas la distance* d_{min}, *et l'influence des angles dans* $\mathbf{B}_\theta$ *et* $\mathbf{B}_\varphi$ *sur la distance minimale peut se restreindre aux domaines* $0 \leq \theta_1, \theta_3 \leq \pi/2$, $0 \leq \theta_2 \leq \pi/4$ *and* $0 \leq \varphi_1, \varphi_2, \varphi_3 \leq \pi$.

Proof : voir l'annexe B.

Par conséquent, la forme paramétrée du précodeur max-$d_{\min}$ pour le canal virtuel tridimensionnel peut être simplifiée comme

$$\mathbf{F}_d = \mathbf{\Sigma}\mathbf{B}_\theta\mathbf{B}_\varphi. \tag{4.14}$$

Le but d'optimisation revient de chercher les angles ψ_i, θ_i et φ_i maximisant la distance euclidienne minimale. Comme le cas de deux voies de donnés, les angles ψ_i contrôlent l'allocation de puissance sur chaque sous-canal virtuel, pendent que les angles θ_i et φ_i correspondent respectivement au changement de l'échelle et la rotation de la constellation reçue. La solution optimale dépend alors de la constellation à la réception. Il est évident que le plus de symboles apparaissent dans la constellation reçue, le plus complexe de l'expression du précodeur max-$d_{\min}$ est. En effet, le précodeur max-$d_{\min}$ transforme un signal QAM-M en M^3 points dans la constellation du chaque récepteur. Donc, c'est vraiment difficile de déterminer quelles distances sont minimales dans la constellation reçue et la façon d'optimiser ces distances. Dans le paragraphe suivant, nous allons montrer la solution optimale du précodeur max-$d_{\min}$ pour un canal virtuel tridimensionnel.

4.2.2 Précodeur max-$d_{\min}$ optimal pour la modulation BPSK

Pour commencer nous allons considérer le cas le plus simple pour illustrer la méthode de l'optimisation. Dans le cas de la modulation BPSK, les symboles appartiennent à l'ensemble $\{1, -1\}$. Nous notons $\mathbf{\check{x}}$ le vecteur différence entre des vecteurs de symbole émise, c.à.d. $\mathbf{\check{x}} = \mathbf{x}_k - \mathbf{x}_l$ avec $\mathbf{x}_k \neq \mathbf{x}_l$. Puis, l'ensemble de toutes les différences entre les vecteurs émis est construit par trois éléments suivants $\{0, 2, -2\}$. Pour la modulation BPSK, l'ensemble des vecteurs différences est noté par $\mathbf{\check{X}}_{BPSK}$, et il consiste en général $3^b - 1 = 80$ vecteurs. Comme certains vecteurs sont colinéaires, le domaine d'étude peut se réduire à l'ensemble des vecteurs différence avec seulement 13 vecteurs.

Une recherche numérique sur toute valeur de l'angle γ_i du canal montre que le précodeur optimal peut prendre deux formes selon la valeur γ_i. La première forme utilise seulement la voie la plus forte, et elle est notée $\mathbf{F}_{bc_1}$. Au contraire, la seconde alloue la puissance sur les deux sous-canaux le plus favorisés, et elle est notée $\mathbf{F}_{bc_2}$. Nous allons démontrer dans l'annexe C que le troisième sous-canal virtuel n'est pas utilisé pour la modulation BPSK, mais toutes les antennes sont utilisées physiquement à la fois dans l'émetteur et dans le récepteur.

Précodeur $\mathbf{F}_{bc_1}$

Dans ce cas, le précodeur optimal est fixe et indépendant de l'angle du canal. Comme $\mathbf{\Sigma} = \mathrm{diag}(1, 0, 0)$, les angles θ_3 et φ_1 n'ont pas d'influence sur la forme du précodeur. La recherche numérique de maximiser la distance minimale montre que $\theta_2 = \pi/4$. Les valeurs exactes de θ_2, φ_2 et φ_3 peuvent aussi être trouvées de façon formelle, comme cela est montré dans [68]. Ces angles donnent le précodeur

$$\mathbf{F}_{bc_1} = \frac{\sqrt{E_s}}{\sqrt{5}} \begin{pmatrix} \sqrt{3}\ e^{i\pi/2} & e^{i\pi/6} \\ 0 & 0 & 0 \\ 0 & 0 & 0 \end{pmatrix} \tag{4.15}$$

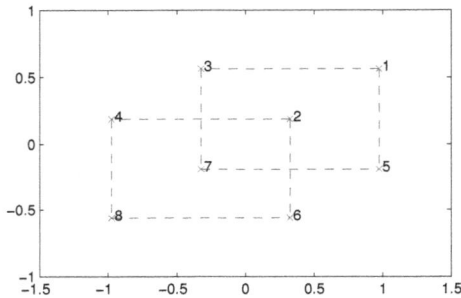

FIGURE 4.4 – La constellation reçue du précodeur $\mathbf{F}_{bc_1}$.

La constellation obtenue par le précodeur $\mathbf{F}_{bc_1}$ est présentée dans la figure 4.4. Ici, les points notés de 1 à 8 correspondent aux 8 symboles reçus. Nous observons que la distance $d_{\min}$ optimale est obtenue lorsque le point 7 est le centre de rectangle (2,4,6,8). La distance minimale est alors défini par

$$d_{bc_1}^2 = \frac{4}{5} E_s \rho^2 \cos^2 \gamma_1 \tag{4.16}$$

Précodeur $\mathbf{F}_{bc_2}$

Lorsque la différence de RSB entre le premier et le deuxième sous-canal n'est pas important, le précodeur $\mathbf{F}_{bc_2}$ sera utilisé à l'émission. Dans l'annexe C, nous pouvons démontrer que la distance minimale est obtenu avec l'angle $\psi_2 = 0$. Autrement dit, le troisième sous canal virtuel n'est pas utilisé pour transmettre les symboles. La figure 4.5 illustre les constellations reçues sur les deux sous-canaux avec les points notés de 1 à 8 comme dans le cas du précodeur $\mathbf{F}_{bc_1}$. Notons que les vecteurs reçus sur le deuxième sous-canal virtuel restent dans l'axe horizontal. On peut l'expliquer par les propriétés symétriques de vecteurs différence, par la forme du précodeur $\mathbf{F}_{bc_2}$, et par l'angle de rotation tel que $\varphi_2 = \pi - \varphi_3$.

Les valeurs exactes des angles de $\mathbf{F}_{bc_2}$ peuvent aussi être trouvées dans l'annexe C,

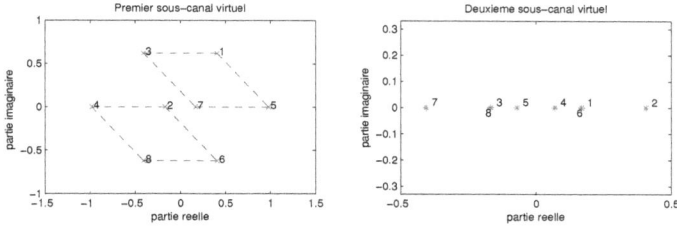

FIGURE 4.5 – La constellation reçue du précodeur $\mathbf{F}_{bc_2}$.

avec psi_1 dépend de l'angle du canal, pendant que les autre angles sont fixes

$$\begin{cases} \psi_1 = \arctan \sqrt{\dfrac{\cotan^2 \gamma_1 / \cos^2 \gamma_2}{R_{max}}} \\ \theta_1 \simeq 55.838^o, \theta_2 = 45^o, \theta_3 \simeq 31.306^o, \varphi_1 = 90^o, \varphi_3 \simeq 47.266^o \end{cases} \tag{4.17}$$

où R_{max} est la valeur maximale de $R_{12} = \Psi_1/\Psi_2$ et est définie dans l'annexe C. La distance $d_{\min}$ optimale se met sous la forme

$$d_{bc_2}^2 = \frac{4}{3} E_s \rho^2 \cos^2 \gamma_1 \frac{R_{max} + 1}{R_{max} + \sigma_1^2/\sigma_2^2} \tag{4.18}$$

où $\sigma_1/\sigma_2 = \cotan \gamma_1 / \cos \gamma_2$ correspond au rapport des RSB des deux sous-canaux virtuels.

Seuil optimal du rapport des RSB pour deux précodeurs $\mathbf{F}_{bc_1}$ et $\mathbf{F}_{bc_2}$

La figure 4.6 illustre les distances $d_{\min}$ normalisées par rapport aux angles du canal virtuel (en degrés) pour deux précodeurs $\mathbf{F}_{bc_1}$ et $\mathbf{F}_{bc_2}$. Notons que les deux distances minimales, définis respectivement par (4.16) et (4.18), dépendent des angles γ_1 et γ_2. Le premier précodeur $\mathbf{F}_{bc_1}$ dépend seulement de l'angle γ_1, pendant que $\mathbf{F}_{bc_2}$ dépend à la fois de l'angle γ_1 et de l'angle γ_2. En considérant $d_{bc_1}^2 = d_{bc_2}^2$, le seuil optimal du rapport des RSB pour deux précodeurs est défini par

$$\sigma_1^2/\sigma_2^2 = \frac{2R_{max} + 5}{3} \tag{4.19}$$

Le rapport des RSB entre le premier et le deuxième sous-canaux permet de déterminer le précodeur optimal entre les deux formes : on utilise $\mathbf{F}_{bc_1}$ pour $\sigma_1/\sigma_2 \geq \sqrt{(2R_{max} + 5)/3} \simeq 2.79$, et on utilise $\mathbf{F}_{bc_2}$ pour $\sigma_1/\sigma_2 \leq 2.79$.

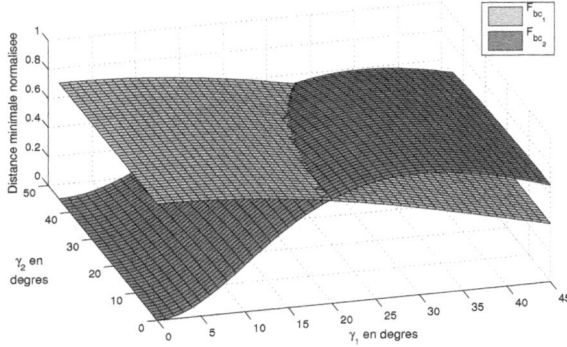

FIGURE 4.6 – Domaine de définition pour les précodeurs $\mathbf{F}_{bc_1}$ et $\mathbf{F}_{bc_2}$.

4.2.3 Précodeur max-$d_{\min}$ optimal pour la modulation QPSK

Pour la modulation QPSK, les symboles transmis appartiennent à l'ensemble $S = \frac{1}{\sqrt{2}}\{1+i, 1-i, -1+i, -1-i\}$. En éliminant les vecteurs colinéaires, l'ensemble de vecteurs différence, notée $\check{\mathbf{X}}_{QPSK}$, peut se réduire à seulement 151 éléments. Par rapport au cas de BPSK, l'expression du précodeur max-$d_{\min}$ pour la modulation QPSK est plus complexe. Les formes du précodeur sont classées en trois catégories qui allouent la puissance respectivement sur un, deux ou trois sous-canaux virtuels.

Précodeur $\mathbf{F}_{qc_1}$

La constellation reçu sur le premier récepteur avec le précodeur $\mathbf{F}_{qc_1}$ est présenté dans la figure4.7. Nous avons vu que la constellation ressemble beaucoup à une rotation de la modulation MAQ-64. Comme les deuxième et troisième sous-canaux virtuels ne sont pas disponibles, les angles φ_1 et θ_3 n'ont pas d'influence sur la performance de la distance $d_{\min}$. Nous avons montré dans $\mathbf{F}_{qc_1}$ que les autres angles du précodeur $\mathbf{F}_{qc_1}$ sont fixes et définis par

$$\begin{cases} \theta_1 = \arctan \frac{\sqrt{5}(\sqrt{3}+1)}{\sqrt{2}}, \theta_2 = \arctan \frac{1}{2} \\ \varphi_2 = \varphi_3 = \pi/12 \end{cases} \tag{4.20}$$

La distance minimale obtenue par $\mathbf{F}_{qc_1}$ est alors

$$d_{qc_1}^2 = 2E_s\rho^2\cos^2\gamma_1\frac{1}{11+5\sqrt{3}} \tag{4.21}$$

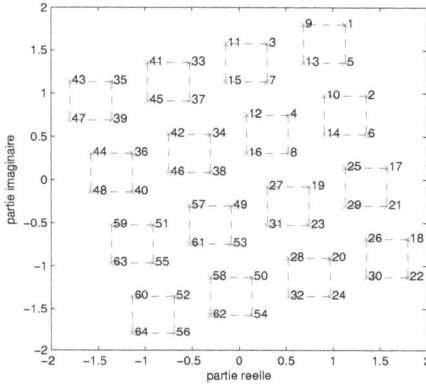

FIGURE 4.7 – La constellation reçu sur le premier récepteur avec le précodeur $\mathbf{F}_{qc_1}$.

Précodeur $\mathbf{F}_{qc_2}$ et précodeur $\mathbf{F}_{qc_3}$

Les deux précodeurs $\mathbf{F}_{qc_2}$ et $\mathbf{F}_{qc_3}$ allouent la puissance respectivement sur deux et trois sous-canaux virtuels. La complexité de l'optimisation de $d_{\min}$ est exponentiellement proportionnelle à l'ordre de la modulation MAQ et au nombre de sous-canaux virtuels utilisés pour la transmission.

Il est intéressant de noter que la distance $d_{\min}$ optimale est toujours fournie par certains vecteurs différence. En égalisant les distances euclidiennes des vecteurs différence, nous pouvons obtenir les valeurs exactes des angles du précodeur max-$d_{\min}$.

Proposition 4.2.3 *Lorsque les angles du canal varient de (γ_1, γ_2) à (γ_1', γ_2'), l'égalité des deux distances euclidiennes des vecteurs différence est assuré, si on fait seulement un changement des angles ψ_1 et ψ_2 en gardent les valeurs des angles θ_i et φ_i ($i = 1..3$).*

Proof : voir l'annexe D.

Grâce à la proposition 4.2.3, on peut conclure que les formes de $\mathbf{F}_{qc_2}$ et $\mathbf{F}_{qc_3}$ sont fournies par certaines ensembles des angles fixes θ_i et φ_i (c.à.d. la matrice unitaire $\mathbf{B}^*$ est inchangé). Ces angles donnent les précodeurs $\mathbf{F}_{qc_2}$ et $\mathbf{F}_{qc_3}$ suivants

a) Expressions du précodeur $\mathbf{F}_{qc_2}$:

Une recherche numérique maximisant la distance euclidienne minimale montre que le précodeur $\mathbf{F}_{qc_2}$ peut prendre quatre formes. La constellation reçu avec la quatrième forme du précodeur $\mathbf{F}_{qc_2}$ est illustrée dans la figure 4.8. On observe que deux points sont proches sur un sous-canal virtuel, alors ils sont éloignés sur l'autre, ce qui augmente considérablement la distance minimale.

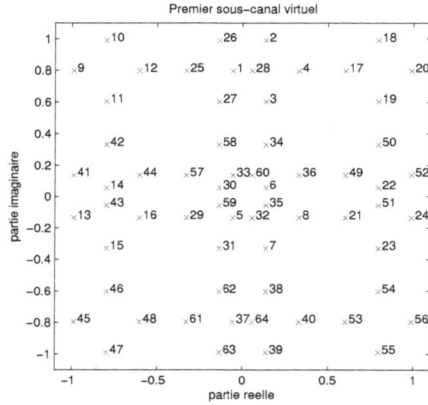

(a) Premier sous-canal virtuel

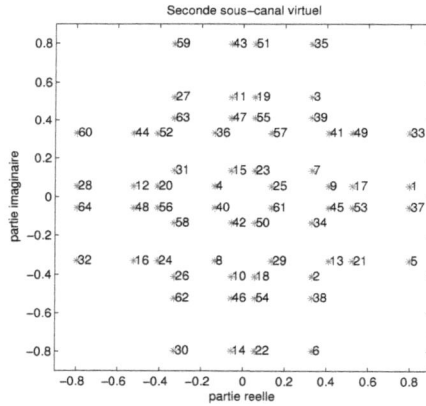

(b) Seconde sous-canal virtuel

FIGURE 4.8 – La constellation reçu avec la quatrième expression du précodeur $\mathbf{F}_{qc_1}$.

De l'autre côté, la distance euclidienne minimale est obtenue avec certains vecteurs différence. En résolvant un système des équations trigonométriques pour ces distances, les valeurs analytiques de tous les angles du précodeur max-d_{min} sont déterminées (voir l'annexe D). Les valeurs des angles optimales sont décrits dans le Tab.4.1. Il est à noter que θ_i et φ_i sont fixes, pendant ψ_i change et est défini en utilisant des ensembles standards (γ_i^s, ψ_i^s). Puisque ce précodeur utilise seulement deux sous-canaux virtuels, l'angle ψ_2 n'a pas d'influence sur la performance de d_{min} et peut alors être considérée comme nulle.

L'angle ψ_1 optimale pour les angles (γ_1, γ_2) du canal est donnée par

$$\psi_1 = \operatorname{atan} \sqrt{\frac{\tan^2 \gamma_1^s \, \cos^2 \gamma_2^s}{\tan^2 \gamma_1 \, \cos^2 \gamma_2} \tan^2 \psi_1^s} \tag{4.22}$$

où ψ_1^s est l'angle optimal pour les angles standards (γ_1^s, γ_2^s) du canal.

b) Expressions du précodeur $\mathbf{F}_{qc3}$:

Les valeurs exactes de tous les angles de $\mathbf{F}_{qc3}$ sont définis en utilisant la même méthode présenté dans l'annexe D. Il y a quartes formes du précodeur $\mathbf{F}_{qc3}$ (voir dans le tableau 4.1). Comme le cas de $\mathbf{F}_{qc2}$, les angles optimaux θ_i et φ_i ($i = 1..3$) sont fixes, pendant que les angles ψ_1 et ψ_2 dépendent des angles (γ_1, γ_2) du canal et sont définis par

$$\psi_2 = \operatorname{atan} \sqrt{\frac{C_2}{\tan^2 \gamma_2}}, \psi_1 = \operatorname{atan} \sqrt{\frac{C_1}{\tan^2 \gamma_1 \, \cos^2 \gamma_2 \, \cos^2 \psi_2}} \tag{4.23}$$

où $C_1 = \tan^2 \gamma_1^s \, \cos^2 \gamma_2^s \, \cos^2 \psi_2^s \, \tan^2 \psi_1^s$, et $C_2 = \tan^2 \gamma_2^s \, \tan^2 \psi_2^s$ avec (ψ_1^s, ψ_2^s) sont les angles optimaux pour les angles standards (γ_1^s, γ_2^s) du canal.

$\mathbf{F}_{qc2}$	θ_1	θ_2	θ_3	φ_1	φ_2	φ_3	$(\gamma_1^s, \gamma_2^s) \rightarrow \psi_1^s$
(a)	44.49197	30.59366	39.65316	0	161.56505	0	$(15,15) \rightarrow 38.52143$
(b)	32.34322	37.85164	56.71270	180	0	45	$(20,20) \rightarrow 39.79551$
(c)	62.52239	22.59606	66.97236	85.31834	21.52669	118.15496	$(30,15) \rightarrow 35.82249$
(d)	37.42924	22.5	38.45324	180	90	135	$(40,10) \rightarrow 39.90584$
$\mathbf{F}_{qc3}$	θ_1	θ_2	θ_3	φ_1	φ_2	φ_3	$(\gamma_1^s, \gamma_2^s) \rightarrow (\psi_1^s, \psi_2^s)$
(a)	42.33339	45	50.63553	90	155.25922	24.74077	$(25,40) \rightarrow (50.50301, 42.03657)$
(b)	52.86439	40.77576	53.32112	115.27892	145.43734	72.71867	$(40,30) \rightarrow (46.29106, 39.24208)$
(c)	52.01812	45	90	0	45	135	$(45,45) \rightarrow (38.45504, 33.51067)$

TABLE 4.1 – Les angles optimaux en degrés pour les précodeurs $\mathbf{F}_{qc2}$ et $\mathbf{F}_{qc3}$.

4.2.4　Domaine de définition des précodeurs $\mathbf{F}_{qc_1}$, $\mathbf{F}_{qc_2}$ et $\mathbf{F}_{qc_3}$

Les distances minimales obtenues précédemment dépendent uniquement des angles du canal. Pour déterminer le domaine de définition des précodeurs $\mathbf{F}_{qc_1}$, $\mathbf{F}_{qc_2}$ et $\mathbf{F}_{qc_3}$, il suffit de comparer leurs distances minimales respectives. En substituant les angles dans le tableau 4.1 à l'équation (4.14), les distances minimales obtenues par ces trois précodeurs sont déterminés. Il est intéressant de noter que les distances $d_{\min}$ du précodeur $\mathbf{F}_{qc2}$ et $\mathbf{F}_{qc3}$ sont toujours obtenues par le même vecteur différence $[0, 0, \sqrt{2}]^T$, et sont alors définis par

$$d_{\min}^2 = \|\mathbf{H}_v \mathbf{\Sigma} \mathbf{B}_\theta \mathbf{B}_\varphi \times [0, 0, \sqrt{2}]^T)\|^2. \tag{4.24}$$

La figure 4.9 montre le domaine de définition des huit formes du précodeur max-$d_{\min}$ en fonction des angles γ_1 et γ_2 du canal en degrés. On peut voir que la forme $\mathbf{F}_{qc_1}$ est utilisée avec l'angle γ_1 est inférieur, par exemple, à $\pi/18$, et la distance $d_{qc_1}^2$ ne dépend que l'angle γ_1. Pour $\mathbf{F}_{qc_2}$, la première forme est disponible avec tous les angles γ_2. Cependant, les autres formes de $\mathbf{F}_{qc_2}$ sont utilisées à faible γ_2, et celles de $\mathbf{F}_{qc_3}$ sont utilisées à forte γ_2. Il faut noter que les distances $d_{\min}$ obtenues par $\mathbf{F}_{qc_2}$ et $\mathbf{F}_{qc_3}$ dépendent à la fois des angles γ_1 et γ_2 du canal.

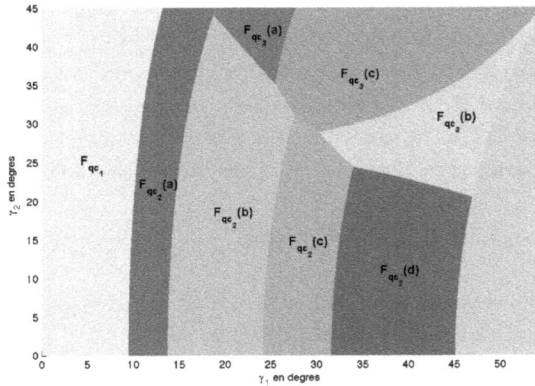

FIGURE 4.9 – Domaine de définition pour la modulation QPSK.

4.2.5 Résultats de simulation

Comparaison de la distance euclidienne minimale

Les figures 4.10 et Fig. 4.11 représentent respectivement la distance minimale normalisée ($d_{\min}^2/E_s/\rho^2$) pour chacun des précodeurs utilisant les modulations BPSK et QPSK. Pour éviter que la distance minimale nulle ne se produit pas dans ces figures, la puissance émise E_s est choisie suffisamment grande telle que tous les sous-canaux sont utilisé à la transmission.

Dans le cas de la modulation BPSK, nous allons comparer notre précodeur avec les trois précodeurs suivants : max-$\lambda_{\min}$ [35], EQMM [34] et WaterFilling [14]. Les meilleurs résultats en distances minimales sont bien sûr obtenus par les précodeurs $\mathbf{F}_{bc_1}$ et $\mathbf{F}_{bc_2}$, ce qui est normal puisque les autres précodeurs ne cherchent pas à optimiser la distance minimale.

Pour comparer la performance de la distance $d_{\min}$ dans le cas de QPSK, nous considérons, par exemple, un canal spécifique dont les rapports de RSB dans les deuxièmes et troisièmes sous-canaux virtuels sont égaux (c.à.d. $\rho_2 = \rho_3$ ou $\gamma_2 = \pi/4$). La distances minimale normalisée pour chacun des précodeurs est présentée dans la figure 4.11. La distance minimale du précodeur max-$d_{\min}$ est alors obtenue par $\mathbf{F}_{qc_1}$, $\mathbf{F}_{qc_2}(a)$, $\mathbf{F}_{qc_3}(a)$ et

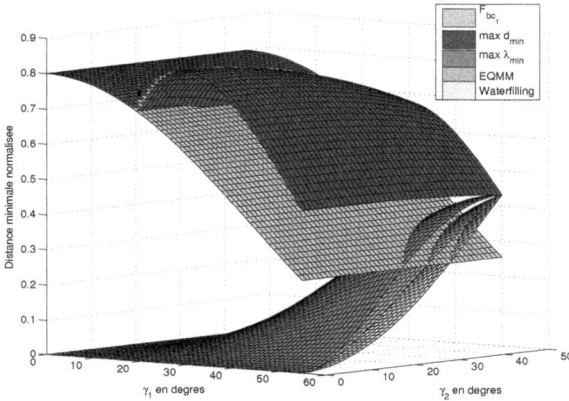

FIGURE 4.10 – La distance minimale normalisée pour la modulation BPSK.

$\mathbf{F}_{qc_3}(c)$. Nous avons vu que le précodeur $\mathbf{F}_{qc_1}$ donne une légère amélioration de $d_{\min}$ par rapport à beamforming. Cette amélioration est constante pour toute la valeur de l'angle γ. Contrairement aux précodeurs diagonaux, la distance minimale du précodeur $\mathbf{F}_{qc_1}$ ou beamforming ne s'annule jamais à l'angle γ nulle. Lorsque $gamma_1$ augmente, les performances de max-$\lambda_{\min}$, EQMM et WF sont mieux que celui de beamforming, mais elle est nettement plus faible que celle du précodeur proposé. Cette grande distance minimale permet d'obtenir une amélioration significative de TEB, en particulier si une détection à maximum de vraisemblance est considérée au récepteur. Les simulations suivantes vont permettre de vérifier la performance de TEB.

Performance du taux d'erreur binaire

La configuration des simulations est la suivante : un canal MIMO avec $n_T = 3$ antennes à l'émission et $n_R = 3$ antennes à la réception, dans lequel on veut transmettre $b = 3$ voies de symboles indépendants. Les coefficients de la matrice de canal $\mathbf{H}$ sont i.i.d., tirés aléatoirement suivant une loi gaussienne de moyenne nulle et de variance unitaire (canal de Rayleigh). Pour chaque RSB, 60 000 matrices aléatoires $\mathbf{H}$ des éléments gaussiennes complexes sont générées. Dans cette partie nous allons comparer les précodeurs max-$d_{\min}$ avec les trois précodeurs linéaires de la littérature étudiés dans le chapitre 2 : WaterFilling [14], Beamforming [33], EQMM [34] et max-$\lambda_{\min}$ [35].

Les figures 4.12 et 4.13 présentent respectivement les performances de TEB par rapport au RSB pour les deux modulations BPSK et QPSK. Dans le cas de la modulation BPSK,

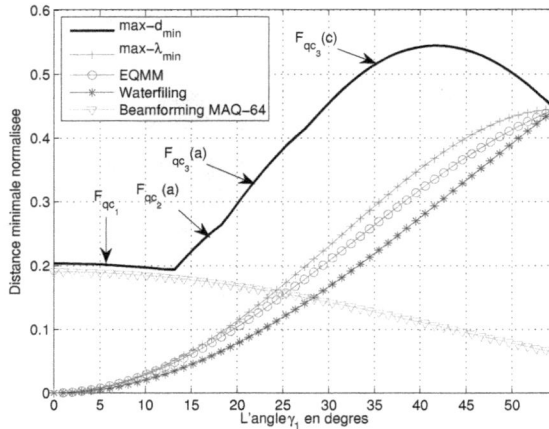

FIGURE 4.11 – La distance minimale normalisée pour la modulation QPSK avec $\gamma_2 = 45^o$.

le précodeur max-$d_{\min}$ obtient une grande amélioration de TEB en comparaison avec les précodeurs diagonaux. Par rapport au précodeur $\mathbf{F}_{bc_1}$, le précodeur max-$d_{\min}$ offre un gain d'environ 3dB à RSB $= 10^{-5}$ (voir la figure4.12).

Pour la modulation QPSK, l'amélioration de TEB avec le précodeur max-$d_{\min}$ est plus importante. Nous avons vu que les trois précodeurs max-$\lambda_{\min}$, EQMM, et Waterfilling sont du même ordre de grandeur de TEB. Il faut noter que le précodeur beamforming avec le même débit emploie une modulation MAQ-64 sur le sous-canal le plus favorisé. En comparaison avec les précodeurs diagonaux, le précodeur beamforming présente la meilleure performance de TEB à fort RSB. Cependant, on peut observer un gain de 8dB à RSB $= 10^{-5}$ entre les deux précodeurs max-$d_{\min}$ et beamforming.

Distribution des angles du canal et des précodeurs

Lorsque l'angle du canal virtuel est variable, lé précodeur max-$d_{\min}$ utilise des expressions différentes pour optimiser la distance euclidienne minimale. Pour cette raison, l'amélioration de la distance minimale dépend des caractéristiques du canal. Autrement dit, la performance de TEB dépend des anglesγ_1 et γ_2. La figure4.14 montre la densité de probabilité (pdf) de γ_1 et γ_2 pour deux canaux MIMO(3,3) et MIMO(4,3) de Rayleigh. Nous observons que la densité de probabilité de l'angle γ_1 étant inférieur à $\pi/18$, n'est pas importante ($\Pr[\gamma_1 < \pi/18]_{MIMO(3,3)} \simeq 0.03\%$). Par conséquent, le précodeur $\mathbf{F}_{qc_1}$ n'est pas souvent utilisé pour maximiser la distance minimale (puisque $\Pr[\mathbf{F}_d = \mathbf{F}_{qc_1}]_{QPSK(3,3)} \simeq 0.03\%$). Les distributions de tous les expressions du précodeur max-$d_{\min}$ avec les modulations

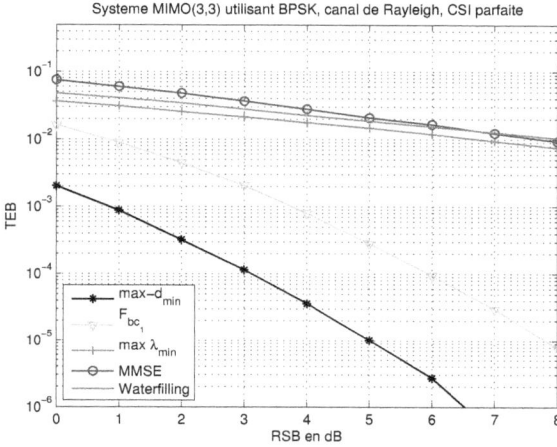

FIGURE 4.12 – Performance de TEB pour le canal MIMO(3,3) de Rayleigh utilisant BPSK.

BPSK et QPSK sont rassemblés dans le tableau 4.2.

On peut voir, dans ce tableau, que le précodeur $\mathbf{F}_{bc_2}$ est utilisé plus souvent que $\mathbf{F}_{bc_1}$ ($\Pr[\mathbf{F}_d = \mathbf{F}_{bc_1}]_{BPSK(3,3)} \simeq 6\%$). D'autre part, cette distribution de précodeur dépend du nombre des antennes utilisées. Les plus antennes que nous utilisons, le moins nous avons besoin de $\mathbf{F}_{bc_1}$. Dans le cas de la modulation QPSK, nous observons que les précodeurs $\mathbf{F}_{qc_1}$, $\mathbf{F}_{qc_2}(a)$ et $\mathbf{F}_{qc_3}(a)$ sont disponibles avec une petite probabilité. Notons que le précodeur $\mathbf{F}_{qc_1}$ utilise seulement le premier sous-canal virtuel pour transmettre les signaux - la même façon du précodeur beamforming. Ce dernier explique la grande amélioration en termes de TEB pour le précodeur max-$d_{\min}$ en comparaison avec le beamforming MAQ-64 (voir la figure 4.13). Cette amélioration est plus importante lorsque le nombre d'antennes à l'émission ou à la réception augmente.

Pour démontrer l'influence des caractéristiques du canal, en général, et le nombre d'antennes, en particulier, sur les performances de TEB, deux systèmes MIMO (3,3) et MIMO (4,3) sont pris en compte dans cette simulation. La figure 4.15 illustre les performances de TEB obtenues par trois précodeurs : max-$d_{\min}$, max-$\lambda_{\min}$ et beamforming. La meilleur performance est bien sûr obtenue par le précodeur max-$d_{\min}$, a gain d'environ 7dB à TEB égal à 10^{-5} par rapport au précodeur beamforming pour système MIMO(3,3). Ce gain est plus important si le nombre d'émetteurs ou de récepteurs augmente - un gain d'environ 8dB à TEB = 10^{-5} pour système MIMO(4,3).

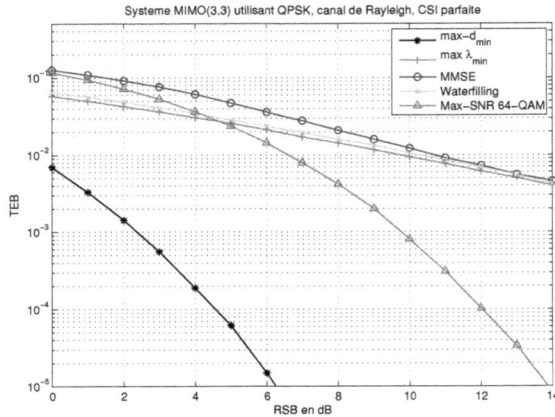

FIGURE 4.13 – Performance du TEB pour le canal MIMO(3,3) de Rayleigh utilisant QPSK.

Expressions	No	MIMO (3,3)	MIMO (4,3)
$\mathbf{F}_{bc_1}$		6.23 %	1.41 %
$\mathbf{F}_{bc_2}$		93.77 %	98.59 %
$\mathbf{F}_{qc_1}$		0.03 %	$\simeq$ 0%
$\mathbf{F}_{qc_2}$	(a)	0.44 %	0.03 %
	(b)	17.03 %	5.85 %
	(c)	31.99 %	19.39 %
	(d)	28.44 %	23.71 %
$\mathbf{F}_{qc_3}$	(a)	0.35 %	0.27 %
	(b)	11.39 %	27.39 %
	(c)	10.33 %	23.36 %

TABLE 4.2 – Distribution du précodeur max-$d_{\min}$ avec un canal de Rayleigh en pourcentage.

Performance du TEB avec la connaissance imparfaite du canal

Nous considérons ici l'impact de l'estimation de CSI à la performance du TEB avec le précodeur max-$d_{\min}$. La figure 4.16 montre le TEB par rapport au RSB dans le cas d'une connaissance imparfaite du canal à l'émission. La matrice de canal estimée peut être modélisée comme $\mathbf{H}_{est} = \mathbf{H} + \mathbf{H}_{err}$, où $\mathbf{H}_{err}$ représente l'erreur de l'estimation du canal. Les signaux d'entraînement optimal pour l'estimation d'un canal MIMO-OFDM sont proposés dans [66]. Ici, nous supposons seulement que les éléments de $\mathbf{H}_{err}$ sont aléatoires gaussiennes complexes iid avec les moyennes nulles et la variance $\sigma_{err}^2 = 0.25\,\sigma^2$, où σ^2 est la variance gaussien complexe des éléments de $\mathbf{H}$. On peut observer que le gain du TEB obtenu par le précodeur E-$d_{\min}$ diminue à forte RSB, mais cette amélioration reste importante par rapport aux autres précodeurs linéaire (un gain d'environ 6dB à

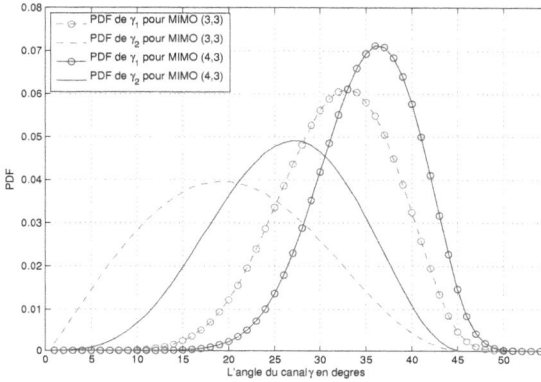

FIGURE 4.14 – La densité de probabilité des angles γ_1 and γ_2 pour des canaux MIMO de Rayleigh (estimation d'environ 10^6 matrices aléatoires).

TEB $= 10^{-5}$ en comparaison avec le précodeur beamforming MAQ-64) .

4.3 Extension du précodeur max-$d_{\min}$ pour nombre impair de flux de données

D'abord, nous proposons une solution optimale du précodeur max-$d_{\min}$ pour trois flux de données indépendantes. Grâce à cette dernière, nous pouvons obtenir une extension pour un nombre impair de flux de données par de découper le canal virtuel en des sous-systèmes de taille 2×2 ou 3×3, et ensuite d'optimiser la distance minimal pour chaque sous-système.

4.3.1 Forme générale du précodeur max-$d_{\min}$ 3-D pour toutes les modulations MAQ rectangulaires

Dans le cas de la modulation MAQ-4^k rectangulaire, les symboles transmis appartiennent à l'ensemble suivant

$$S = \frac{1}{\sqrt{\beta_k}} \{a + b\,i \; ; \; a - b\,i \; ; \; -a + b\,i \; ; \; -a - b\,i\} \tag{4.25}$$

où $\beta_k = \frac{2}{3}(4^k - 1)$ et $a, b \in (1, 3, \ldots, 2^k - 1)$.

Il est intéressant de noter que si $\frac{1}{\sqrt{\beta_k}}\breve{\mathbf{x}}$ est un vecteur différence de la modulation MAQ-4^k, alors $\frac{1}{\sqrt{\beta_{k'}}}\breve{\mathbf{x}}$ est également un vecteur différence de la modulation MAQ-$4^{k'}$

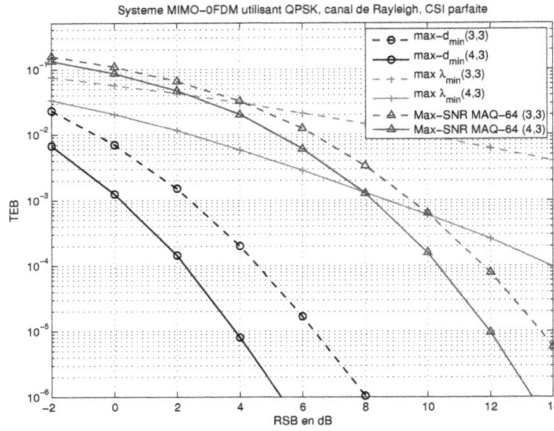

FIGURE 4.15 – L'impact du nombre d'antennes à la performance du TEB.

(avec $k' \geq k$). De l'autre côté, la distance minimale est toujours obtenue par certains vecteurs différence. Donc, la forme du précodeur max-$d_{\min}$ allouant la puissance sur tous sous-canaux virtuels, peut fournir la distance euclidienne minimale pour non seulement la modulation QPSK, mais aussi pour toutes les modulations MAQ rectangulaire.

Le nombre des formes optimales pour le précodeur-max-$d_{\min}$ 3-D augmente lorsqu'une modulation MAQ d'ordre supérieur est considérée à l'émission. Dans la figure 4.11, on peut voir le précodeur $\mathbf{F}_{qc_3}(c)$ est utilisé lorsque les rapports de RSB sur tous canaux sont égaux. Pour cette raison, c'est la forme la plus importante du précodeur max-$d_{\min}$, et on peut utiliser seulement cette forme afin d'optimiser la distance minimale sur trois sous-canaux pour toutes les modulations MAQ. Il est noté dans la suite $\mathbf{F}_{\text{rec}}$ et est défini par

$$\mathbf{F}_{\text{rec}} = \sqrt{E_s} \begin{pmatrix} \cos\psi_1 & 0 & 0 \\ 0 & \sin\psi_1\cos\psi_2 & 0 \\ 0 & 0 & \sin\psi_1\sin\psi_2 \end{pmatrix} \begin{pmatrix} \cos\theta_1 & \frac{\sin\theta_1}{\sqrt{2}} & \frac{\sin\theta_1}{\sqrt{2}} \\ 0 & \frac{-1}{\sqrt{2}} & \frac{1}{\sqrt{2}} \\ \sin\theta_1 & \frac{-\cos\theta_1}{\sqrt{2}} & \frac{-\cos\theta_1}{\sqrt{2}} \end{pmatrix} \begin{pmatrix} 1 & 0 & 0 \\ 0 & \frac{i+1}{\sqrt{2}} & 0 \\ 0 & 0 & \frac{i-1}{\sqrt{2}} \end{pmatrix}$$

(4.26)

où $\theta_1 = \frac{1}{2}\arctan(-4)$, $\psi_2 = \arctan\frac{\sqrt{5-\sqrt{17}}}{\sqrt{2}\tan\gamma_2}$, et $\psi_1 = \arctan\frac{\sqrt{2}}{\sqrt{5+\sqrt{17}}\tan\gamma_1\cos\gamma_2\cos\psi_2}$.

La distance minimale obtenue par le précodeur $\mathbf{F}_{\text{rec}}$ est alors

$$d_{\mathbf{F}_{\text{rec}}}^2 = \frac{4}{\beta_k}E_s\rho^2 \frac{4\sin^2\gamma_1\sin^2\gamma_2}{2\tan^2\gamma_2 + (5+\sqrt{17})\tan^2\gamma_1\sin^2\gamma_2 + 5 - \sqrt{17}}.$$

(4.27)

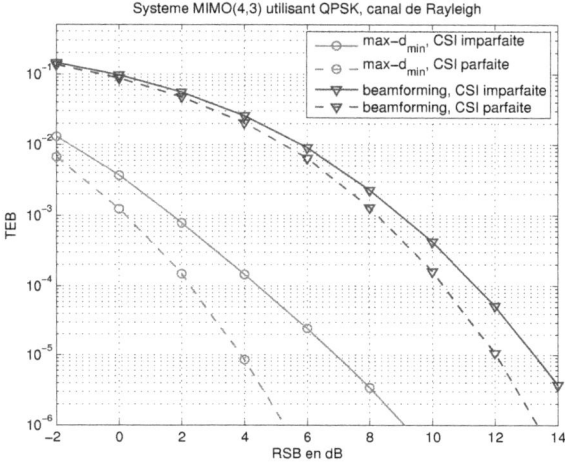

FIGURE 4.16 – Comparaison de TEB des précodeurs linéaires avec les connaissances parfaite et imparfaite de l'état du canal.

Proposition 4.3.1 *Lorsque les rapports de RSB sur les tous canaux sont égaux, c.à.d.* $\mathbf{H}_v = \frac{\rho}{\sqrt{3}}\mathbf{I}_3$, *la distance* $d_{\min}$ *obtenue par* $\mathbf{F}_{rec}$ *est optimale pour tous les modulations MAQ rectangulaires.*

Proof : voir l'annexe F.

Malheureusement, lorsque la puissance est transmis uniquement sur la première voie favorisée ($\gamma_1 \to 0$), la distance minimale fournie par $\mathbf{F}_{rec}$ est nulle (voir la figure 4.11). Pour cette raison, nous proposons un autre précodeur qui optimise la distance minimale pour le canal MIMO à forte dispersion. Ce précodeur est noté $\mathbf{F}_{snr}$, et une recherche numérique montre qu'il optimise la distance $d_{\min}$ avec cinq vecteurs différence suivants

$$\breve{x}_1 = \frac{2}{\sqrt{\beta_k}}\begin{pmatrix}1\\0\\0\end{pmatrix}, \breve{x}_2 = \frac{2}{\sqrt{\beta_k}}\begin{pmatrix}N\\-1\\N\end{pmatrix}, \breve{x}_3 = \frac{2}{\sqrt{\beta_k}}\begin{pmatrix}N\\0\\-1\end{pmatrix}, \breve{x}_4 = \frac{2}{\sqrt{\beta_k}}\begin{pmatrix}N+i\\0\\-1\end{pmatrix}, \breve{x}_5 = \frac{2}{\sqrt{\beta_k}}\begin{pmatrix}N+i\\-1\\N\end{pmatrix}$$

où $N = 2^k - 1$. Ce précodeur alloue puissance uniquement sur le premier sous-canal virtuel, c.à.d. $\psi_1 = 0$. L'angle de rotation φ_1 et l'angle du changement de l'échelle θ_3, alors, n'a pas d'influence sur la performance et sont supposés d'être nuls. En égalisant les distances correspondantes aux cinq vecteurs au dessus, $d_{\tilde{a}_1}^2 = d_{\tilde{a}_2}^2 = d_{\tilde{a}_3}^2 = d_{\tilde{a}_4}^2 = d_{\tilde{a}_5}^2$, on obtient

$$\mathbf{F}_{\text{snr}} = \sqrt{E_s} \begin{pmatrix} \cos\theta_1 & \sin\theta_1\cos\theta_2\,e^{i\varphi} & \sin\theta_1\sin\theta_2\,e^{i\varphi} \\ 0 & 0 & 0 \\ 0 & 0 & 0 \end{pmatrix} \tag{4.28}$$

où $\theta_1 = \text{atan}\sqrt{(N^2+2N+2)(N^2+N\sqrt{3}+1)}$, $\theta_2 = \text{atan}\frac{1}{N+1}$, et $\varphi = \text{atan}\frac{1}{2N+\sqrt{3}}$.
La distance euclidienne minimale obtenue par $\mathbf{F}_{\text{snr}}$ est définie par

$$d_{\mathbf{F}_{\text{snr}}}^2 = \frac{4}{\beta_k} E_s \rho^2 \frac{\cos^2\gamma_1}{1 + (N^2+2N+2)(N^2+N\sqrt{3}+1)} . \tag{4.29}$$

C'est évident que cette distance n'est pas nulle lorsqu'il y a une forte dispersion dans les rapports de RSB. Par conséquent, nous pouvons utiliser les deux précodeurs $\mathbf{F}_{\text{rec}}$ et $\mathbf{F}_{\text{snr}}$ pour optimiser la distance euclidienne minimale pour toutes les modulations QAM rectangulaires .

4.3.2   Extension du précodeur max-$d_{\min}$ pour les grands systèmes MIMO

Les auteurs dans [61] présenté une extension du précodeur max-$d_{\min}$ pour un nombre pair de flux de données. Nous proposons dan cette partie l'extension pour un nombre impair de flux de données ($b \geq 5$). L'idée principale de cette extension est de décomposer le canal virtuel en des sous-canaux de taille (2×2) ou (3×3). Sur chaque sous-canal #i, on utilise la matrice de précodage optimale pour deux ou voie de données. La répartition de la puissance sur chaque sous-canal satisfaite la contrainte de puissance suivant :

$$\sum_{i=1}^{n_b} \Upsilon_i^2 = E_s. \tag{4.30}$$

où n_b représente le nombre de sous-systèmes virtuels.

Définissons δ_i la distance minimale fournie par $\tilde{\mathbf{F}}_{d_i}$ sous la contrainte de puissance unitaire, c.à.d. $\delta_i = d_{\min}(\tilde{\mathbf{F}}_{d_i})$ avec $\|\tilde{\mathbf{F}}_{d_i}\|_F^2 = 1$. La solution optimale de l'allocation de puissance revient d'égaliser la distance minimale sur chaque sous système, autrement dit, $d_{\min} = \Upsilon_i \delta_i$ pour tout sous-système #i. Les coefficients de l'allocation de puissance est alors définie par

$$\Upsilon_i^2 = E_s \left(\delta_i^2 \sum_{j=1}^{n_b} \frac{1}{\delta_j^2} \right)^{-1} \quad \text{pour } \forall i = 1, .., n_b \tag{4.31}$$

La distance minimale dépend de la distance δ_i du chaque sous-système et est donnée par

$$d_{\min}^2 = \Upsilon_i^2 \delta_i^2 = E_s \left(\sum_{j=1}^{n_b} \frac{1}{\delta_j^2} \right)^{-1} \tag{4.32}$$

Le but est de retrouver la combinaison des rapports de RSB sur chaque voie pour maximiser la distance minimale dans (4.32). La solution optimale pour le nombre de voies $b \geq 5$ est compliqué, car elle dépend des caractéristiques du canal et la modulation utilisée à l'émission. Lorsque les sous-canaux virtuels ont une faible dispersion, la distance minimale obtenue par le précodeur max-$d_{\min}$ 2-D est supérieure à celle obtenue par le précodeur max-$d_{\min}$ 3-D. Pour cette raison, nous présentons ici une solution sous-optimale pour un nombre impair de flux de données. Cette solution se compose de quatre étapes principales suivantes

1. Obtenir la matrice diagonale $\mathbf{H_v}$ en utilisant une transformation virtuelle.

2. Associer $2b + 1$ valeurs singulières en la combinaison $(\rho_1, \rho_{b+1}, \rho_{2b+1})$, (ρ_2, ρ_{2b}), (ρ_3, ρ_{2b-1}), ..., (ρ_b, ρ_{b+2}) pour obtenir des sous systèmes virtuels de taille 2-D ou 3-D.

3. Appliquer le précodeur max-$d_{\min}$ 2-D et 3-D optimale pour chaque sous-système sous la contrainte de puissance unitaire.

4. Allouer la puissance sur chaque sous système #i par les coefficients de puissance tels que

$$\Upsilon_i^2 = E_s \left(\delta_i^2 \sum_{j=1}^{b} \frac{1}{\delta_j^2} \right)^{-1} \qquad \forall i = 1..b$$

où δ_i est la distance euclidienne minimale du sous-système #i donné dans l'étape 3.

Notons qu'il y a b détecteurs de maximum de vraisemblance (MV) à la réception afin d'optimiser les distances minimales pour $(b - 1)$ couples et un groupe de trois flux de données. Donc, nous avons besoin de $(b-1)M^2 + M^3$ tests de MV pour la modulation QAM-M rectangulaire. En comparant avec les autres précodeurs linéaires (besoin de $(2b+1)M$ tests), la complexité du notre précodeur est supérieur mais elle permet d'obtenir une amélioration significative de performance ainsi que l'ordre de diversité maximum $n_T \times n_R$.

Le programme Matlab en dessous présente l'algorithme du précodeur max-$d_{\min}$ pour le grand système MIMO(6,5) :

```
nTx=6;      % Number of transmitter
nRx=5;      % Number of receiver anten
para = 5;   % Number of parallel channel (constant)
nd = 8;     % Number of information symbol for one loop
ml = 2;     % Modulation level
SNR = 5;    % Signal to noise ratio
k = 1;      % Order of the QAM modulation
sr=250000;  % Symbol rate
br=sr.*ml;  % Bit rate per carrier
B=10*10^3;   % Bandwidth [Hz]
fs=20*10^3; % Symbols rate [symbols/second]
ebn0 = SNR+10*log10(B/fs)-10*log10(log2(M));
```

```
% Data generation
seldata = rand(1,para*nd*ml)>0.5;
seldata = seldata.*2-1;

 % 4^k-QAM modulation
[sTrans] = qam_mod(seldata,para,k);

% Matrix R
R = eye(nRx);

% Channel Gaussien
H = randn(nRx,nTx) + 1i*randn(nRx,nTx);

% Calculate matrix Hvp
[Fv,Gv,Hv] = diagonal_matrix(H,R,nTx,nRx);

% Matrix decodeur Gd
Gd = eye(m);

% Combination matrix Hv
H_comb_1 = diag([Hv(1,1) Hv(3,3) Hv(5,5)]);
H_comb_2 = diag([Hv(2,2) Hv(4,4)]);

% Calculate matrix precoder for sub-system with the power constraint = 1
[Fsub_1,dmin(1)] = pre_maxdmin_33(H_comb_1,0);
[Fsub_2,dmin(2)] = pre_maxdmin_22(H_comb_2,0,2-1);

% Caculate the power allocation on each subsystem
pow = power_allocation(dmin,SNR);

% Calculate matrix Fd
Fd = zeros(m);
Fd(comb_1,comb_1) = sqrt(pow(1)) * Fsub_1;
Fd(comb_2,comb_2) = sqrt(pow(2)) * Fsub_2;

%********* Attenuation for all Tx *********
spow = sum(abs(th_trans).^2)/nd/para;
spow = sum(spow);
attn = sqrt(0.5*spow*sr/br*10^(-ebn0/10));

%********* Noise AWGN **********
noise = noise_awgn(length(th_trans),attn,para);

% Signal received
sRec = Hv * Fd * sTrans + noise;
```

4.3.3   Performance du TEB pour les grands systèmes MIMO

Une simulation avec 60 000 canaux à évanouissement de Rayleigh utilisant les modulations QPSK et MAQ-16, confirme l'amélioration de TEB obtenue par notre solution sous-optimale. Dans le cas de 5 voies de donnés indépendantes, il y a trois combinaisons des rapports de RSB fournissant la distance minimale dans (4.32), mais le meilleur solution est bien sûr obtenue par notre combinaison. Pour le système MIMO (5,5) utilisant QPSK, on obtient plus de 65 % de combinaisons optimales correspondant à notre solution. Dans le cas de MIMO (6,5), cette proportion est plus importante avec environ 78% des combinaisons optimales. Les performances du TEB pour chaque précodeur est illustrées dans la figure 4.17. Notre précodeur sous-optimal présente des performances nettement meilleures que les deux autres précodeurs avec un ordre de diversité plus important. Les trois combinaisons sont quasi-équivalents, mais notre combinaison $(\sigma_1, \sigma_3, \sigma_5)\&(\sigma_2, \sigma_4)$ est le meilleur.

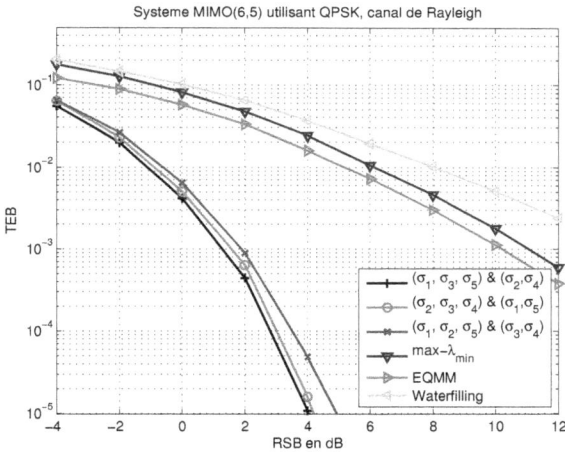

FIGURE 4.17 – Comparaison des precoders en termes de TEB pour le système MIMO(5,5).

4.4   Conclusion

Nous avons présenté, dans ce chapitre, une forme paramétrée générale du précodeur tridimensionnel maximisant la distance minimale. Grâce à cette forme, nous avons proposé la solution max-$d_{\min}$ tridimensionnel optimale pour deux modulations BPSK et QPSK. Dans le cas générale de QAM rectangulaire, nous avons simplifié les expressions du précodeur

3-D par deux forme simple $\mathbf{F}_{\text{rec}}$ et $\mathbf{F}_{\text{snr}}$. Les résultats de simulation montrent une amélioration significative des performances du TEB par rapport à d'autres stratégies telles que le beamforming, waterfilling, erreur quadratique moyenne minimale. Cette amélioration dépend des caractéristiques de canal et nombre de voies de données indépendantes. Lorsque les sous-canaux ont une faible dispersion (plus d'antennes sont utilisées, par exemple), l'amélioration du TEB est plus importante.

En utilisant le nouveau précodeur max-d_{min} tridimensionnel, une extension pour les grands systèmes MIMO est proposée. L'idée est de découper le canal virtuel en des sous systèmes de taille 2×2 et 3×3, et ensuite optimiser la distance minimale en chaque sous-système. Cette solution permet d'obtenir une grande amélioration du TEB ainsi que l'ordre de diversité maximum en comparaison avec les précodeurs diagonaux. Par ailleurs, la robustesse du nouveau précodeur est aussi confirmée avec une connaissance imparfaite du canal à l'émission.

Annexe du chapitre 4

A   Démonstration de la proposition 4.2.1

La matrice SNR-like du précodeur $\mathbf{F}_d$ peut être simplifiée comme

$$SNR(\mathbf{F}_d) = \mathbf{H}_v \mathbf{F}_d \mathbf{F}_d^* \mathbf{H}_v = \mathbf{H}_v \mathbf{A}\boldsymbol{\Sigma}(\mathbf{B}^*\mathbf{B})\boldsymbol{\Sigma}^*\mathbf{A}^*\mathbf{H}_v = \mathbf{H}_v \mathbf{A}\boldsymbol{\Sigma}\boldsymbol{\Sigma}^*\mathbf{A}^*\mathbf{H}_v.$$

C'est évident que la matrice unitaire $\mathbf{B}$ n'a pas d'influence sur la valeur propre de $SNR(\mathbf{F}_d)$. Autrement dit, les valeurs singulières du canal globale $\mathbf{H}_v\mathbf{F}_d$ ne dépendent pas de matrice $\mathbf{B}$. Définissons les valeurs singulières (SVs) de $\mathbf{H}_v\mathbf{A}\boldsymbol{\Sigma}$ comme λ_k. Il faut noter que les valeurs SVs sont réelles, positifs et rangés dans l'ordre décroissant. Pour cette raison, notre but revient de trouver la matrice $\mathbf{A}$ pour maximiser la valeur singulière λ_3. La matrice unitaire $\mathbf{A}$ a une forme générale qui est définie par

$$\mathbf{A} = \mathbf{A}_1 \mathbf{A}_\alpha \mathbf{A}_2 \tag{4.33}$$

avec

$$\mathbf{A}_1 = \begin{pmatrix} e^{i\eta_1} & 0 & 0 \\ 0 & e^{i\eta_2} & 0 \\ 0 & 0 & e^{i\eta_3} \end{pmatrix}, \mathbf{A}_2 = \begin{pmatrix} 1 & 0 & 0 \\ 0 & e^{i\kappa_2} & 0 \\ 0 & 0 & e^{i\kappa_3} \end{pmatrix}, \mathbf{A}_\alpha = \begin{pmatrix} c_1 & s_1 c_2 & s_1 s_2 \\ s_1 c_3 & -c_1 c_2 c_3 - e^{i\kappa_1} s_2 s_3 & -c_1 s_2 c_3 + e^{i\kappa_1} c_2 s_3 \\ s_1 s_3 & -c_1 c_2 s_3 + e^{i\kappa_1} s_2 c_3 & -c_1 s_2 s_3 - e^{i\kappa_1} c_2 c_3 \end{pmatrix}$$

où $c_i = \cos\alpha_i$ and $s_i = \sin\alpha_i$ pour $i = 1..3$ with $0 \leq \alpha_i \leq \pi/2$ et $0 \leq \eta_i, \kappa_i \leq 2\pi$.

On peut voir que la somme des SV carrés ne dépend pas des matrices $\mathbf{A}_1$ et $\mathbf{A}_2$. En effet, nous pouvons écrire [1] :

$$\lambda_1^2 + \lambda_2^2 + \lambda_3^2 = \|\mathbf{H}_v \mathbf{A}_1 \mathbf{A}_\alpha \mathbf{A}_2 \boldsymbol{\Sigma}\|_{\mathbf{F}}^2 = \|\mathbf{A}_1 \mathbf{H}_v \mathbf{A}_\alpha \boldsymbol{\Sigma} \mathbf{A}_2\|_{\mathbf{F}}^2 = \|\mathbf{H}_v \mathbf{A}_\alpha \boldsymbol{\Sigma}\|_{\mathbf{F}}^2. \tag{4.34}$$

Nous notons T la somme des SV carrés. En remplaçant les angles ψ_i, θ_i, et φ_i aux matrices $\mathbf{H}_v$, $\mathbf{A}_\alpha$ et $\boldsymbol{\Sigma}$, on obtient

$$\begin{aligned} T = {} & \sigma_1 c_1^2 \cos^2\psi_1 + \sigma_1 s_1^2 \sin^2\psi_1.M \\ & + \sigma_2 s_1^2 c_3^2 \cos^2\psi_1 + \sigma_2 c_1^2 c_3^2 \sin^2\psi_1.M + \sigma_2 s_3^2 \sin^2\psi_1.N \\ & + \sigma_3 s_1^2 s_3^2 \cos^2\psi_1 + \sigma_3 c_1^2 s_3^2 \sin^2\psi_1.M + \sigma_3 c_3^2 \sin^2\psi_1.N \\ & + \frac{\sigma_2 - \sigma_3}{2}\cos\kappa_1.c_1 \sin^2\psi_1.\sin(2\alpha_2).\sin(2\alpha_3).\cos(2\psi_2) \end{aligned} \tag{4.35}$$

Pour chaque λ_1 et λ_2, la valeur maximale de λ_3 est obtenu si la somme des SVs carrés est maximale. Nous démontrons d'abord que la valeur maximale de T est obtenue avec

---

[1]. La norme de Frobenius d'une matrice $\mathbf{M}$ est donnée par $\|\mathbf{M}\|_{\mathbf{F}}^2 = \mathrm{trace}(\mathbf{M}\mathbf{M}^*)$.

$c_1 = 1$. En effet, nous pouvons réécrire la somme des SVs carrés

$$T = (\sigma_2 s_3^2 + \sigma_3 c_3^2) \sin^2 \psi_1 N + c_1^2 (\sigma_1 - \sigma_2 c_3^2 - \sigma_3 s_3^2)(\cos^2 \psi_1 - M \sin^2 \psi_1)$$
$$+ \frac{\sigma_2 - \sigma_3}{2} \cos \kappa_1 \, c_1 \sin^2 \psi_1 \, \sin(2\alpha_2) \, \sin(2\alpha_3) \, \cos(2\psi_2).$$

Il faut noter que

$$\begin{cases} \cos^2 \psi_1 \geq \sin^2 \psi_1 . \cos^2 \psi_2 = \sin^2 \psi_1 . \cos^2 \psi_2 . (c_2^2 + s_2^2) \\ \qquad \geq \sin^2 \psi_1 . (\cos^2 \psi_2 . c_2^2 + \sin^2 \psi_2 . s_2^2) = \sin^2 \psi_1 . M \\ \sigma_1 \geq \sigma_2 = \sigma_2 (c_3^2 + s_3^2) \geq \sigma_2 . c_3^2 + \sigma_3 . s_3^2 \\ \sin(2\alpha_2), \sin(2\alpha_3), \cos(2\psi_2) \geq 0 \end{cases}$$

La borne supérieure de T est alors défini par

$$T \leq (\sigma_2 s_3^2 + \sigma_3 c_3^2) \sin^2 \psi_1 \, N + (\sigma_1 - \sigma_2 c_3^2 - \sigma_3 s_3^2)(\cos^2 \psi_1 - M \sin^2 \psi_1)$$
$$+ \frac{\sigma_2 - \sigma_3}{2} \sin^2 \psi_1 \, \sin(2\alpha_2) \, \sin(2\alpha_3) \, \cos(2\psi_2).$$

La valeur maximal de T se trouve bien sûr avec $\cos \kappa_1 = 1$ et $c_1 = 1$. En remplaçant ces valeurs à l'équation (4.35), l'expression de T s'écrit

$$T_{\max} = \sigma_1 \cos^2 \psi_1 + \frac{\sigma_2 - \sigma_3}{2} \sin^2 \psi_1 . \sin(2\alpha_3) . P$$
$$+ \sigma_2 c_3^2 \sin^2 \psi_1 . M + \sigma_2 s_3^2 \sin^2 \psi_1 . N$$
$$+ \sigma_3 s_3^2 \sin^2 \psi_1 . M + \sigma_3 c_3^2 \sin^2 \psi_1 . N$$
$$= \sigma_1 \cos^2 \psi_1 + \frac{M + N}{2} (\sigma_2 + \sigma_3) . \sin^2 \psi_1$$
$$+ \frac{\sigma_2 - \sigma_3}{2} \sin^2 \psi_1 \left[(M - N) \cos(2\alpha_3) + P \sin(2\alpha_3) \right]$$

où $P = \sin(2\alpha_2) \, \cos(2\psi_2)$. Nous notons que $M - N = \cos(2\alpha_2) \, \cos(2\psi_2)$ et $M + N = 1$. Donc, la somme des SVs carrés peut s'écrire

$$T_{\max} = \sigma_1 \cos^2 \psi_1 + \frac{\sigma_2 + \sigma_3}{2} \sin^2 \psi_1 + \frac{\sigma_2 - \sigma_3}{2} \sin^2 \psi_1 \, \cos(2\psi_2) \, \cos(2\alpha_2 - 2\alpha_3)$$

il est évident que la valeur maximale de T est obtenue avec $\cos(2\alpha_2 - 2\alpha_3) = 1$ ou $\alpha_2 = \alpha_3$. En remplaçant les valeurs de α_i et κ_1 à l'équation (4.33), on obtient $\mathbf{A}_\alpha = \text{diag}(1, -1, -1)$.

Comme les deux matrices $\mathbf{A}_1$ et $\mathbf{A}_2$ n'ont pas d'influence sur les valeurs singulières, on peut choisit $\mathbf{A}_1 = \mathbf{I}_3$ et $\mathbf{A}_2 = \text{diag}(1, -1, -1)$. Dans ce cas, on peut conclure que la valeur singulière maximale de $\mathbf{H}_v \mathbf{F}_d$ est obtenue par une matrice d'identité $\mathbf{A}$.

B   Démonstration de la proposition 4.2.2

Définissons $\breve{\mathbf{x}} = \mathbf{x}_k - \mathbf{x}_l$ avec $\mathbf{x}_k \neq \mathbf{x}_l$ la vecteur différence des symboles. Dans cette annexe, nous allons montrer d'abord que la matrice $\mathbf{B}_\beta$ n'a pas d'influence sur la distance euclidienne minimale, ensuite nous restreignons les domaines des angles θ_i et φ_i. En effet, la distance euclidienne d'un vecteur différence $\breve{\mathbf{x}}$ est donnée par

$$d_{\breve{\mathbf{x}}} = \|\mathbf{H}_v \boldsymbol{\Sigma} \mathbf{B}^* \breve{\mathbf{x}}\| = \|\mathbf{H}_v \boldsymbol{\Sigma} \mathbf{B}_\beta \mathbf{B}_\theta \mathbf{B}_\varphi \breve{\mathbf{x}}\| = \|\mathbf{B}_\beta \mathbf{H}_v \boldsymbol{\Sigma} \mathbf{B}_\theta \mathbf{B}_\varphi \breve{\mathbf{x}}\| = \|\mathbf{H}_v \boldsymbol{\Sigma} \mathbf{B}_\theta \mathbf{B}_\varphi \breve{\mathbf{x}}\|. \quad (4.36)$$

cette égalité est vérifiée grâce à la diagonalité et l'unitarité de la matrice $\mathbf{B}_\beta$. On peut voir qu'il n'existe pas la matrice $\mathbf{B}_\beta$ dans l'équation au dessus. Donc, la matrice $\mathbf{B}_\beta$ n'a pas d'influence sur la distance minimale.

Avec les constellations symétriques (par exemple, une constellation MAQ rectangulaire), si $\breve{\mathbf{x}} = [x_1, x_2, x_3]^T$ est un vecteur différence, nous avons les propriétés suivantes :

$$i)\ \breve{\mathbf{x}}^c = [x_1^*, x_2^*, x_3^*]^T \text{est un vecteur différence}$$
$$ii)\ \breve{\mathbf{x}}^{d_2} = [x_1, x_2, -x_3]^T \text{est un vecteur différence}$$
$$iii)\ \breve{\mathbf{x}}^{d_3} = [x_1, -x_2, x_3]^T \text{est un vecteur différence}$$
$$iv)\ \breve{\mathbf{x}}^e = [x_1, x_3, x_2]^T \text{est un vecteur différence}$$

Grâce à la propriété $i)$, nous pouvons commencer par limiter la recherche à $0 \leq \varphi_1 \leq \pi$. En effet, si on remplace φ_1 par $-\varphi_1$, la distance euclidienne du vecteur $\breve{\mathbf{x}}$ devient [2]

$$d_{\breve{\mathbf{x}}} = \|\mathbf{H}_v \boldsymbol{\Sigma} \mathbf{B}_\theta(\theta_i, -\varphi_1) \mathbf{B}_\varphi(\varphi_2, \varphi_3) \breve{\mathbf{x}}\| = \|(\mathbf{H}_v \boldsymbol{\Sigma} \mathbf{B}_\theta(\theta_i, -\varphi_1) \mathbf{B}_\varphi(\varphi_2, \varphi_3) \breve{\mathbf{x}})^c\|$$
$$= \|\mathbf{H}_v \boldsymbol{\Sigma} \mathbf{B}_\theta(\theta_i, \varphi_1) \mathbf{B}_\varphi(-\varphi_2, -\varphi_3) \breve{\mathbf{x}}^c\|$$

c'est alors inutile de regarder $-\varphi_1$ lorsque φ_1 a déjà été testé.

Il est même possible de restreindre la recherche $0 \leq \varphi_2, \varphi_3 \leq \pi$ en utilisant la remarque suivante

$$d_{\breve{\mathbf{x}}} = \|\mathbf{H}_v \boldsymbol{\Sigma} \mathbf{B}_\theta \mathbf{B}_\varphi(\varphi_2, \varphi_3) \breve{\mathbf{x}}\| = \|\mathbf{H}_v \boldsymbol{\Sigma} \mathbf{B}_\theta \mathbf{B}_\varphi(\varphi_2 + \pi, \varphi_3) \breve{\mathbf{x}}^{d_2}\| = \|\mathbf{H}_v \boldsymbol{\Sigma} \mathbf{B}_\theta \mathbf{B}_\varphi(\varphi_2, \varphi_3 + \pi) \breve{\mathbf{x}}^{d_3}\|.$$

En utilisant $ii)$ et $iii)$, il est évident qu'il est inutile de tester $\varphi_k + \pi$ alors que φ_k est testé (avec $k = 2, 3$). Pour l'angle θ_2, le domaine de recherche peut se limiter jusqu'à $0 \leq \theta_2 \leq \pi/4$. Pour le vérifier il suffit de remplacer l'angle θ_2 par $\pi/2 - \theta_2$, et on a

$$\|\mathbf{B}_\theta(\theta_1, \pi/2 - \theta_2, \theta_3, \varphi_1) \mathbf{B}_\varphi(\varphi_2, \varphi_3) \breve{\mathbf{x}}\| = \|\mathbf{B}_\theta(\theta_1, \theta_2, \theta_3, \varphi_1 + \pi) \mathbf{B}_\varphi(\varphi_3, \varphi_2) \breve{\mathbf{x}}^e\| \quad (4.37)$$

En remplaçant (4.37) à la distance euclidienne de vecteur différence dans (4.36) et

---

2. La matrice conjuguée non-transposée de $\mathbf{M}$ est notée $(\mathbf{M})^c$

utilisant la propriété *iv*), nous pouvons dire qu'il est inutile de tester $\pi/2 - \theta_2$ si l'angle θ_2 est déjà testé.

C   Valeurs exactes des angles du précodeur $\mathbf{F}_{bc_2}$

Une recherche numérique maximisant la distance $d_{\min}$ pour le précodeur $\mathbf{F}_{bc_2}$ montre que $\theta_2 = \pi/4$. En analysant le maximum local de $d_{\min}$, nous avons vu que la solution optimale est toujours obtenu par trois vecteurs différence suivants $\breve{a}_1 = [0, 0, 2]^T$, $\breve{a}_2 = [0, 2, 0]^T$ et $\breve{a}_3 = [2, 0, 0]^T$. L'angle φ_1 est donc égale à $\pi/2$ pour satisfaire la condition $d_{\breve{a}_1}^2 = d_{\breve{a}_2}^2$. Donc, les distances normalisées des vecteurs différence $\breve{a}_1$, $\breve{a}_2$ et $\breve{a}_3$ sont définies par

$$\begin{cases} d_{\breve{a}_3}^2 = 2(\Psi_1 \cos^2 \theta_1 + \Psi_2 \cos^2 \theta_3 \sin^2 \theta_1 + \Psi_3 \sin^2 \theta_3 \sin^2 \theta_1) \\ d_{\breve{a}_1}^2 = d_{\breve{a}_2}^2 = \Psi_1 \sin^2 \theta_1 + \Psi_2(\sin^2 \theta_3 + \cos^2 \theta_3 \cos^2 \theta_1) + \Psi_3(\cos^2 \theta_3 + \sin^2 \theta_3 \cos^2 \theta_1) \end{cases}$$

où

$$\begin{cases} \Psi_1 = 2\cos^2 \gamma_1 \cos^2 \psi_1 \\ \Psi_2 = 2\sin^2 \gamma_1 \cos^2 \gamma_2 \sin^2 \psi_1 \cos^2 \psi_2 \\ \Psi_3 = 2\sin^2 \gamma_1 \sin^2 \gamma_2 \sin^2 \psi_1 \sin^2 \psi_2 \end{cases} \tag{4.38}$$

Il faut noter que $d_{\breve{a}_1}^2 + \frac{d_{\breve{a}_3}^2}{2} = \Psi_1 + \Psi_2 + \Psi_3$, alors la distance normalisée $d_{\min}$ peut être exprimée en fonction des angles ψ_1 et ψ_2 du canal

$$d_{\min}^2 = d_{\breve{a}_1}^2 = d_{\breve{a}_3}^2 = \frac{2}{3}(\Psi_1 + \Psi_2 + \Psi_3) \tag{4.39}$$

De l'autre côté, la distance minimale est aussi obtenue par les trois vecteurs différence suivants $\breve{a}_4 = [2, 2, 0]^T$, $\breve{a}_5 = [2, 0, \text{-}2]^T$ et $\breve{a}_6 = [2, 2, \text{-}2]^T$. Notons que le degré de liberté est supérieur au nombre des équations (7 en comparaison avec 5). Par ailleurs, les angles du canal virtuel dans (4.38) sont rangées par ordre décroissant, c.à.d. $\cos^2 \gamma_1 \geq \sin^2 \gamma_1 \cos^2 \gamma_2 \geq \sin^2 \gamma_1 \sin^2 \gamma_2$, alors la distance $d_{\min}$ optimale dans (4.39) est obtenue avec $\psi_2 = 0$ et ψ_1 minimum tels que le système d'équations $d_{\breve{a}_1}^2 = d_{\breve{a}_2}^2 = d_{\breve{a}_3}^2 = d_{\breve{a}_4}^2 = d_{\breve{a}_5}^2 = d_{\breve{a}_6}^2$ existe au moins une racine.

La distance normalisée $d_{\min}$ pour le précodeur $\mathbf{F}_{bc_2}$ peut s'écrire

$$d_{\min}^2 = \frac{2}{3}(\Psi_1 + \Psi_2) \tag{4.40}$$

où Ψ_1 et Ψ_2 sont simplifiées comme

$$\begin{cases} \Psi_1 = 2\cos^2 \gamma_1 \cos^2 \psi_1 \\ \Psi_2 = 2\sin^2 \gamma_1 \cos^2 \gamma_2 \sin^2 \psi_1 \end{cases} \tag{4.41}$$

En considérant $d_{\breve{a}_4}^2 = d_{\breve{a}_5}^2$ et comparant avec la recherche numérique, on obtient $\varphi_2 = \pi - \varphi_3$. Pour simplifier le problème d'optimisation, nous substituons φ_2 dans l'équation $d_{\breve{a}_3}^2 = d_{\breve{a}_6}^2$ afin d'obtenir l'expression de φ_3

$$\tan(2\varphi_3) = -\frac{R_{12} + 1 - 3\sin^2\theta_3}{3\cos\theta_1\cos\theta_3\sin\theta_3} \tag{4.42}$$

où $R_{12} = \Psi_1/\Psi_2 = \sigma_1^2/\sigma_2^2 . \cotan^2\psi_1$.

En utilisant une manière équivalente avec $d_{\breve{a}_1}^2 = d_{\breve{a}_3}^2 = d_{\breve{a}_4}^2$, on obtient

$$3R_{12}\cos^2\theta_1 + 3\sin^2\theta_1 . \cos^2\theta_3 = R_{12} + 1 \tag{4.43}$$

$$\cos\varphi_3 . \tan\theta_1 + \frac{1}{\cos\varphi_3 . \tan(2\theta_1)} = \frac{R_{12} + 1}{\sqrt{2}(2R_{12} - 1)} \tag{4.44}$$

Par conséquent, le but revient de trouver la valeur minimum de ψ_1 tel qu'il existe au moins une racine du système d'équations non linéaires créés (4.42), (4.43) et (4.44). Lorsque l'angle ψ_1 diminue, le valeur R_{12} du rapport de RSB augmente. Une expérience numérique confirme que la valeur maximale de R_{12} est déterminée par

$$R_{max} = 9.2426 \tag{4.45}$$

En substituant la valeur de R_{12} dans (4.45) au système d'équations (4.42), (4.43) et (4.44), on obtient $\theta_1 \simeq 55.8380^o$, $\theta_3 \simeq 31.3064^o$ et $\varphi_3 \simeq 47.2667^o$.

D　Démonstration de la proposition 4.2.3

Nous notons $\breve{a}_1$, $\breve{a}_2$, les deux vecteurs différence ayant les mêmes distances euclidiennes. Les deux distances normalisées correspondantes sont définies par

$$\begin{cases} d_{\breve{a}_1}^2 = \cos^2\gamma_1\,\cos^2\psi_1\,f_1(\theta_i,\varphi_i) + \sin^2\gamma_1\,\cos^2\gamma_2\,\sin^2\psi_1\,\cos^2\psi_2\,g_1(\theta_i,\varphi_i) \\ \qquad + \sin^2\gamma_1\,\sin^2\gamma_2\,\sin^2\psi_1\,\sin^2\psi_2\,h_1(\theta_i,\varphi_i) \\ d_{\breve{a}_2}^2 = \cos^2\gamma_1\,\cos^2\psi_1\,f_2(\theta_i,\varphi_i) + \sin^2\gamma_1\,\cos^2\gamma_2\,\sin^2\psi_1\,\cos^2\psi_2\,g_2(\theta_i,\varphi_i) \\ \qquad + \sin^2\gamma_1\,\sin^2\gamma_2\,\sin^2\psi_1\,\sin^2\psi_2\,h_2(\theta_i,\varphi_i) \end{cases}$$

où $f(\theta_i,\varphi_i)$, $g(\theta_i,\varphi_i)$ et $h(\theta_i,\varphi_i)$ sont des fonctions de six variables de θ_i et φ_i. On observe que $d_{\breve{a}_1}^2$ et $d_{\breve{a}_2}^2$ ont les mêmes facteurs de γ_i et ψ_i. Pour cette raison, lorsque les angles du canal varient de (γ_1,γ_2) à (γ_1',γ_2'), nous pouvons garder les deux distances égales en changeant seulement les angles ψ_1 et ψ_2. En effet, nous définissons ψ_1' and ψ_2' satisfaisant

$$\frac{\cos^2\gamma_1'\,\cos^2\psi_1'}{\cos^2\gamma_1\,\cos^2\psi_1} = \frac{\sin^2\gamma_1'\,\cos^2\gamma_2'\,\sin^2\psi_1'\,\cos^2\psi_2'}{\sin^2\gamma_1\,\cos^2\gamma_2\,\sin^2\psi_1\,\cos^2\psi_2} = \frac{\sin^2\gamma_1'\,\sin^2\gamma_2'\,\sin^2\psi_1'\,\sin^2\psi_2'}{\sin^2\gamma_1\,\sin^2\gamma_2\,\sin^2\psi_1\,\sin^2\psi_2} = k$$

où k est une constante. Les distances euclidiennes des deux vecteurs deviennent alors

$$\begin{cases} d^2_{\breve{\mathbf{a}}'_1} = k \times d^2_{\breve{\mathbf{a}}_1} \\ d^2_{\breve{\mathbf{a}}'_2} = k \times d^2_{\breve{\mathbf{a}}_2} \end{cases}$$

Puisque $d^2_{\breve{\mathbf{a}}_1} = d^2_{\breve{\mathbf{a}}_2}$, on peut dire que $d^2_{\breve{\mathbf{a}}'_1} = d^2_{\breve{\mathbf{a}}'_2}$ et les angles ψ'_1 et ψ'_2 peuvent s'écrire

$$\begin{cases} \psi'_2 = \operatorname{atan}\sqrt{\frac{\tan^2 \gamma_2}{\tan^2 \gamma'_2} \times \tan^2 \psi_2} \\ \psi'_1 = \operatorname{atan}\sqrt{\frac{\tan^2 \gamma_1}{\tan^2 \gamma'_1} \frac{\cos^2 \gamma_2}{\cos^2 \gamma'_2} \times \frac{\cos^2 \psi_2}{\cos^2 \psi'_2} \times \tan^2 \psi_1} \end{cases} \tag{4.46}$$

E   Expressions des précodeurs $\mathbf{F}_{qc_2}$ & $\mathbf{F}_{qc_3}$

Dans le cas d'une modulation QPSK, on observe qu'il n'y a plus de onze vecteurs différence fournissant la distance euclidienne minimale. Il faut noter que les degrés de liberté pour tous expressions ne sont pas supérieurs au nombre des équations créées par ces vecteurs différence. Par conséquent, Il est même possible de trouver les valeurs exactes de tous les angles en résolvant un système des équations trigonométriques.

Par exemple, lorsque les rapports de RSB sur chaque sous-canal sont proches ($\sigma_1 \simeq \sigma_2 \simeq \sigma_3$), une recherche numérique montre que la solution optimale du précodeur max-$d_{\min}$ est obtenu avec $\theta_2 = \pi/4$, $\theta_3 = \pi/2$, $\varphi_1 = 0$, $\varphi_2 = \pi/4$ et $\varphi_3 = 3\pi/4$. C'est la troisième forme du précodeur $\mathbf{F}_{qc_3}$ qui a été illustré dans le tableau 4.1. Pour trouver les valeurs analytiques des autres angles, on considère les quatre vecteurs différence suivantes $\breve{\mathbf{a}}_1 = [0, 0, \sqrt{2}]^T$, $\breve{\mathbf{a}}_2 = [\sqrt{2}, 0, 0]^T$, $\breve{\mathbf{a}}_3 = [0, \sqrt{2}, i\sqrt{2}]^T$ et $\breve{\mathbf{a}}_4 = [\sqrt{2}, 0, \sqrt{2} + i\sqrt{2}]^T$. La figure en dessous trace la distance normalisée des quatre vecteurs différence par rapport à l'angle θ_1 en dégrée pour des angles du canal fixes $(\gamma_1, \gamma_2) = (\pi/4, \pi/4)$. La valeur des autres angles qui maximise la distance minimale se trouve à l'intersection des distances des vecteurs correspondants. En substituant les angles à l'expression de la matrice de précodage $\mathbf{F}_d$, les distances normalisées peuvent être simplifiées comme

$$\begin{cases} d^2_{\breve{\mathbf{a}}_1} = \Phi_1.\sin^2 \theta_1 + \Phi_2 + \Phi_3.\cos^2 \theta_1 \\ d^2_{\breve{\mathbf{a}}_2} = 2\Phi_1.\cos^2 \theta_1 + 2\Phi_3.\sin^2 \theta_1 \\ d^2_{\breve{\mathbf{a}}_3} = 4\Phi_2 \\ d^2_{\breve{\mathbf{a}}_4} = 2\left[\Phi_1(\cos\theta_1 - \sin\theta_1)^2 + \Phi_2 + \Phi_3(\sin\theta_1 - \cos\theta_1)^2\right] \\ \qquad = 2\left[d^2_{\breve{\mathbf{a}}_1} + d^2_{\breve{\mathbf{a}}_2}/2 - 2\sin\theta_1.\cos\theta_1(\Phi_1 - \Phi_3)\right] \end{cases}$$

où
$$\begin{cases} \Phi_1 = \cos^2 \gamma_1.\cos^2 \psi_1 \\ \Phi_2 = \sin^2 \gamma_1.\cos^2 \gamma_2.\sin^2 \psi_1.\cos^2 \psi_2 \\ \Phi_3 = \sin^2 \gamma_1.\sin^2 \gamma_2.\sin^2 \psi_1.\sin^2 \psi_2 \end{cases}$$

En considérant $d_{\tilde{\mathbf{a}}_1}^2 = d_{\tilde{\mathbf{a}}_2}^2 = d_{\tilde{\mathbf{a}}_3}^2 = d_{\tilde{\mathbf{a}}_4}^2$, il est possible d'obtenir des angles suivants

$$
\begin{cases}
\theta_1 = \frac{1}{2}\arctan(-4) \simeq 52.01812^o \\
\psi_2 = \arctan \dfrac{\sqrt{5-\sqrt{17}}}{\sqrt{2}\tan\gamma_2} \\
\psi_1 = \arctan \dfrac{\sqrt{2}}{\sqrt{5+\sqrt{17}}\tan\gamma_1\cos\gamma_2\cos\psi_2}
\end{cases}
$$

pour $(\gamma_1, \gamma_2) = (\pi/4, \pi/4)$, les angles optimaux $(\psi_1, \psi_2) \simeq (38.45504^o, 33.51067^o)$.

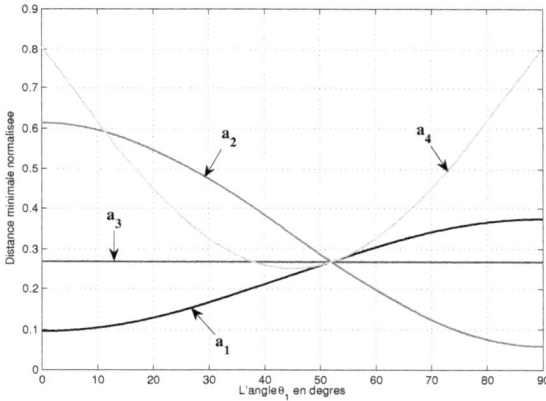

Figure : La distance euclidienne normalisée avec $\theta_2 = 45^o$, $\theta_3 = 90^o$, $\varphi_1 = 0^o$, $\varphi_2 = 45^o$ et $\varphi_3 = 135^o$ en fonction de θ_1 pour les angles du canal $(\gamma_1, \gamma_2) = (45^o, 45^o)$.

Les autres formes du précodeur max-$d_{\min}$ peuvent être trouvées en utilisant la même manière : résoudre le système des équations trigonométriques créés par divers vecteurs différence non colinéaires.

Expressions	Numéro	Nombres de vecteurs
$\mathbf{F}_{qc_2}$	(a)	11
	(b)	11
	(c)	13
	(d)	13
$\mathbf{F}_{qc_3}$	(a)	15
	(b)	15
	(c)	15

Table : Nombre des vecteurs différence non colinéaires utilisés pour trouver les expressions du précodeur max-$d_{\min}$.

F   Démonstration de la proposition 4.3.1

Lorsqu'il n'y a pas de dispersion entre les rapports de RSB sur tous les sous-canaux virtuels, la distance euclidienne minimale obtenue par $\mathbf{F}_{\text{rec}}$ est égal à $\frac{4}{9}E_s\rho^2/\beta_k$. Nous supposons qu'il existe un autre précodeur noté $\mathbf{F}_d$ tels que sa distance euclidienne minimale est plus grande que celle obtenu par $\mathbf{F}_{\text{rec}}$. Dans ce cas, nous considérons trois vecteurs différence $\breve{x}_a = \frac{2}{\sqrt{\beta_k}}(1,0,0)^T$, $\breve{x}_b = \frac{2}{\sqrt{\beta_k}}(0,1,0)^T$, et $\breve{x}_c = \frac{2}{\sqrt{\beta_k}}(0,0,1)^T$. Alors, les trois distances normalisées correspondantes doivent satisfaire les conditions suivantes

$$
\begin{cases}
d_{\breve{x}_a}^2 = \frac{4}{3}(\sigma_1^2\mathfrak{b}_{11}^2 + \sigma_2^2\mathfrak{b}_{21}^2 + \sigma_3^2\mathfrak{b}_{31}^2) > \frac{4}{9} \\
d_{\breve{x}_b}^2 = \frac{4}{3}(\sigma_1^2\mathfrak{b}_{12}^2 + \sigma_2^2\mathfrak{b}_{22}^2 + \sigma_3^2\mathfrak{b}_{32}^2) > \frac{4}{9} \\
d_{\breve{x}_c}^2 = \frac{4}{3}(\sigma_1^2\mathfrak{b}_{13}^2 + \sigma_2^2\mathfrak{b}_{23}^2 + \sigma_3^2\mathfrak{b}_{33}^2) > \frac{4}{9}
\end{cases}
\tag{4.47}
$$

où $\mathbf{\Sigma} = \text{diag}\{\sigma_1, \sigma_2, \sigma_3\}$, et $\mathbf{B}^* = (\mathfrak{b}_{ij})$. Il faut noter que $\mathbf{B}^*$ est une matrice unitaire : $\mathbf{B}^*\mathbf{B} = \mathbf{I}_3$, ou $\sum_{j=1}^3 \mathfrak{b}_{ij}^2 = 1$, pour toute $i = 1\ldots3$. Donc, on obtient

$$
d_{\breve{x}_a}^2 + d_{\breve{x}_b}^2 + d_{\breve{x}_c}^2 = \frac{4}{3}(\sigma_1^2 + \sigma_2^2 + \sigma_3^2) = \frac{4}{3}
\tag{4.48}
$$

En comparant (4.47) et (4.48), on peut dire que les trois distances normalisées au dessus ne peuvent pas être à la fois supérieures à 4/9. Autrement dit, la distance $d_{\min}$ fourni par le précodeur $\mathbf{F}_{\text{rec}}$ est optimale.

5

Réduire le nombre de voisins pour le précodeur max-$d_{\min}$

Comme présenté dans les chapitres précédents, le précodeur maximisant la distance minimale entre les symboles de la constellation reçue réalise une amélioration significative du taux d'erreur binaire (TEB) en comparaison avec précodeurs diagonaux, en particulier si une détection à maximum de vraisemblance (MV) est considérée au récepteur. Dans ce chapitre, nous proposons une nouvelle version du précodeur max-$d_{\min}$. Cette solution permet non seulement d'optimiser la distance minimale, mais aussi de réduire le nombre de voisins qui fournissent cette distance. Le nombre de voisins a un impact important sur la performance du précodeur basé sur la maximisation de la distance minimale. Pour réduire le nombre de voisins, les angles de la rotation dans la nouvelle matrice de précodage sont supposés être nuls. L'expression du nouveau précodeur, nommé Neighbor-$d_{\min}$, est alors plus simple que celle du précodeur max-$d_{\min}$ original.

Ce chapitre se compose six parties qui se répartissent comme suit. La section 5.1 présente l'impact du nombre de voisins sur la performance du TEB, ainsi que le principe du nouveau précodeur. La forme paramétrée du précodeur Neighbor-$d_{\min}$ est décrit dans la section 5.2. La prochaine section montre la solution optimale qui réduit le nombre de voisins pour deux flux de données indépendants. Nous proposons aussi, dans la section 5.4, la forme générale du précodeur Neighbor-$d_{\min}$ tridimensionnel utilisant les modulations QAM rectangulaires. L'extension pour les grands systèmes MIMO et les conclusions sont présentées dans les deux dernières sections.

5.1 Probabilité d'erreur du précodeur linéaire

Rappelons que le signal reçu d'un système de précodeur linéaire (voir chapitre 2) est défini par

$$\mathbf{y} = \mathbf{H}_v \mathbf{F}_d \mathbf{s} + \nu_v, \tag{5.1}$$

où $\mathbf{H}_v = \mathbf{G}_v \mathbf{HF}_v$ est la matrice de canal virtuelle de taille $b \times b$, $\nu_v = \mathbf{G}_v \nu$ est le bruit blanc additif gaussien de taille $b \times 1$.

Lorsqu'un symbole $\mathbf{s}_i$ est transmis à l'émission, nous définissons le vecteur $\mathbf{x} = \mathbf{H}_v \mathbf{F}_d \mathbf{s}$, et l'hypothèse A_{ij} telle que $\|\mathbf{y} - \mathbf{x}_j\| < \|\mathbf{y} - \mathbf{x}_i\|$. Si l'hypothèse A_{ij} est vraie, c'est à dire il existes d'un erreur dans la détection du symbole $\mathbf{s}_i$. La détection de $\mathbf{s}_i$ sera correcte si et seulement si $\|\mathbf{y} - \mathbf{x}_i\| < \|\mathbf{y} - \mathbf{x}_j\|$ pour $\forall j \neq i$. La probabilité d'erreur moyenne peut être définie par

$$P_e = \frac{1}{M_s} \sum_{i=1}^{M_s} P_{e_i}\{\mathbf{s}_i \text{ sent}\} = \frac{1}{M_s} \sum_{i=1}^{M_s} \mathrm{Prob}\{\bigcup_{\substack{j=1 \\ j \neq i}}^{M_s} A_{ij}\} \tag{5.2}$$

où M_s est le nombre de tous les vecteurs transmis $\mathbf{s}$. Il faut noter que la probabilité d'erreur moyenne peut être approximée par

$$P_e \simeq \frac{1}{M_s} \sum_{i=1}^{M_s} \sum_{\substack{j=1 \\ j \neq i}}^{M_s} \mathrm{Prob}\{A_{ij}\} \tag{5.3}$$

où

$$\mathrm{Prob}\{A_{ij}\} = \mathrm{Prob}\{\|\mathbf{y} - \mathbf{x}_j\| < \|\mathbf{y} - \mathbf{x}_i\| \mid \mathbf{s}_i \text{ sent}\}$$
$$= \mathrm{Prob}\{\|\mathbf{x}_i + \nu_v - \mathbf{x}_j\| < \|\mathbf{x}_i + \nu_v - \mathbf{x}_i\|\}$$
$$= \mathrm{Prob}\{\|\nu_v - (\mathbf{x}_j - \mathbf{x}_i)\| < \|\nu_v\|\}$$

Définissons $d_{ij} = \|\mathbf{x}_j - \mathbf{x}_i\|$ la distance euclidienne entre les deux vecteurs $\mathbf{x}$, et n_v est la projection du vecteur ν_v sur le vecteur $(\mathbf{x}_j - \mathbf{x}_i)$, on obtient

$$\mathrm{Prob}\{\|\nu_v - (\mathbf{x}_j - \mathbf{x}_i)\| < \|\nu_v\|\} = \mathrm{Prob}\{n_v > \frac{d_{ij}}{2}\}$$
$$= Q\left(\frac{d_{ij}}{2\sqrt{N_0}}\right) = Q\left(\frac{\bar{d}_{ij}}{2\sqrt{N_0}} \times \sqrt{E_s}\right)$$

où E_s est la puissance émise moyenne, N_0 est la variance du bruit gaussienne ν_v.

Par conséquent, la probabilité d'erreur peut s'écrire

$$P_e \simeq \frac{1}{M_s} \sum_{i=1}^{M_s} \sum_{\substack{j=1 \\ j \neq i}}^{M_s} Q\left(\frac{\bar{d}_{ij}}{2\sqrt{N_0}} \times \sqrt{E_s}\right) \tag{5.4}$$

Grâce à l'équation (5.4), nous pouvons apprécier l'impact des distances euclidiennes sur la performance du TEB dans un système MIMO. D'abord nous examinons le cas le plus simple : il y a seulement deux vecteurs de distances euclidiennes.

Lemma 5.1.1 *Pour tous quatre distances euclidiennes telles que $d_\alpha < d_\beta \leq d_\chi < d_\delta$, on peut trouver une valeur de R suffisamment grande satisfaisant à la condition suivante*

$$Q(d_\alpha.R) + Q(d_\delta.R) > Q(d_\beta.R) + Q(d_\chi.R) \tag{5.5}$$

Proof : voir l'annexe A.

Ici, la variable R représente le rapport du signal sur bruit $\sqrt{E_s/N_0}$. Autrement dit, pour le rapport RSB suffisamment grande, la meilleure performance du TEB est obtenue par le système ayant la distance euclidienne minimale la plus grande. Il faut noter que $Q(d_\beta.R) \geq Q(d_\chi.R)$, donc on a

$$Q(d_\alpha.R) + Q(d_\delta.R) > 2.Q(d_\chi.R) \tag{5.6}$$

pour $\forall d_\chi$ telle que $d_\alpha < d_\chi < d_\delta$. Cette remarque confirme que le taux d'erreur binaire optimale est obtenu lorsque les distances euclidiennes de vecteurs différence sont égales.

Lemma 5.1.2 *Pour deux ensembles d_{α_i} et d_{β_i} avec des éléments qui sont rangées par ordre croissant, si la distance minimale d_{α_1} est inférieur à d_{β_1} et $k \geq 2$, on peut trouver une valeur de R suffisamment grande telle que*

$$\sum_{i=1}^{k} Q(d_{\alpha_i}.R) > \sum_{i=1}^{k} Q(d_{\beta_i}.R) \tag{5.7}$$

Proof : voir l'annexe B.

Grâce à la probabilité d'erreur dans (5.4) et les remarques au dessus, on peut conclure que la distance euclidienne minimale a un rôle très important dans l'amélioration du TEB, en particulier si le récepteur est basé sur la détection MV. Par ailleurs, la meilleure solution est obtenue lorsque la distance minimale sur la constellation reçue est fournie par certains vecteurs différence.

Nous notons N_i le nombre de distances $\bar{d}_{ij}$ telles que $\bar{d}_{ij} = d_{\min}$, autrement dit le nombre de voisins du symbole $\mathbf{s}_i$ qui fournissent la distance euclidienne minimale

$$d_{\min}^2 = \min_{s_k, s_l \in S, s_k \neq s_l} \|\mathbf{H}_v \mathbf{F}_d(\mathbf{s}_k - \mathbf{s}_l)\|^2 \tag{5.8}$$

Pour les modulations MAQ rectangulaire à l'émission, une approche numérique montre que les valeurs des autres distances euclidiennes sont beaucoup plus grandes que la distance minimale $d_{\min}$. Pour cette raison, on peut considérer que les autres distances euclidiennes n'ont pas beaucoup d'influence sur la performance du TEB. La probabilité d'erreur dans

(5.4) peut alors être simplifiée par

$$P_e \approx \frac{1}{M_s} \sum_{i=1}^{M_s} \mathrm{N}_i . Q\left(\frac{\bar{d}_{\min}}{2\sqrt{N_0}} \times \sqrt{E_s}\right)$$

$$\approx \mathrm{N}_{d_{\min}} . Q\left(\frac{\bar{d}_{\min}}{2\sqrt{N_0}} \times \sqrt{E_s}\right) \tag{5.9}$$

où $\mathrm{N}_{d_{\min}} = \frac{1}{M_s} \sum_{i=1}^{M_s} \mathrm{N}_i$ est le nombre moyen de voisins fournissant la distance $d_{\min}$. Pour améliorer la performance du TEB, c'est évident qu'il s'agit non seulement d'optimiser la distance minimale, mais aussi de réduire le nombre de voisins qui fournissent cette distance. Le nouveau précodeur est alors nommé Neighbor-$d_{\min}$.

5.2   Forme paramétrée du précodeur Neighbor-$d_{\min}$

Le but est de paramétrer la matrice de précodage $\mathbf{F}_d$ satisfaisant la contrainte de puissance. En utilisant une décomposition en valeurs singulières (SVD), la matrice $\mathbf{F}_d$ peut être décomposée par

$$\mathbf{F}_d = \mathbf{A}\boldsymbol{\Sigma}\mathbf{B}^*, \tag{5.10}$$

où $\mathbf{A}$ et $\mathbf{B}^*$ sont des matrices $b \times b$ unitaires, et $\boldsymbol{\Sigma}$ est une matrice $b \times b$ diagonale avec des éléments diagonaux réels non-négatifs. La matrice $\boldsymbol{\Sigma}$ correspond au changement d'échelle, pendant que $\mathbf{A}$ et $\mathbf{B}^*$ correspondent à la rotation sur la constellation reçue à l'émission.

Notons que les expressions exactes du précodeur $\mathbf{F}_d$ dépend des caractéristiques de canal. Les auteurs dans [70] ont montré que la matrice $\mathbf{A}$ n'a pas d'influence sur la performance du précodeur $\mathbf{F}_d$. Cette remarque donne la proposition suivante

Proposition 5.2.1 *Lorsque* $\mathbf{A}$ *est supposée être une matrice identité, l'égalité des deux distances euclidiennes des vecteurs différence est assuré en changeant seulement les angles de* $\boldsymbol{\Sigma}$ *et retenant les angles de la matrice de rotation* $\mathbf{B}^*$.

Proof : voir l'annexe C.

Rappelons que la meilleure solution est obtenue lorsque la distance minimale sur la constellation reçue est fournie par certains vecteurs différence. Pour cette raison, on peut simplifier la forme du précodeur $\mathbf{F}_d$ avec une matrice identité $\mathbf{A}$ et des matrices de la rotation $\mathbf{B}^*$ fixes. La forme du précodeur Neighbor-$d_{\min}$ est alors

$$\mathbf{F}_d = \boldsymbol{\Sigma}\mathbf{B}^*. \tag{5.11}$$

La contrainte de puissance peut s'écrire

$$\mathrm{trace}\{\mathbf{F}_d\mathbf{F}_d^*\} = \mathrm{trace}\{\boldsymbol{\Sigma}\boldsymbol{\Sigma}^*\} = E_s. \tag{5.12}$$

Cette contrainte de puissance est ensuite remplacée par la décomposition suivante

$$\Sigma = \sqrt{E_s}\,\mathrm{diag}\{\cos\psi_1, \sin\psi_1\cos\psi_2, .., \sin\psi_1\sin\psi_2\sin\psi_{b-1}\}. \tag{5.13}$$

Théorème : Toute matrice $\mathbf{B}^*$, qui appartient à l'ensemble des matrices unitaires de taille b, peut s'écrire en produit de $2b-1$ matrices selon la forme suivante [71]

$$\mathbf{B}^* = \mathcal{D}_1^{b-1}\,\mathcal{O}_2^{b-2}\,\mathcal{D}_2^{b-2}\ldots\mathcal{O}_{b-1}^1\mathcal{D}_{b-1}^1\,\mathcal{O}_b\mathcal{D}_b, \tag{5.14}$$

où $\mathcal{D}_b$ est une matrice diagonale, $\mathcal{D}_b = \mathrm{diag}\{e^{i\varphi_1}, \ldots, e^{i\varphi_b}\}$ avec les phases arbitraires $\varphi_i \in [0, 2\pi], i = 1, \ldots, b$. $\mathcal{D}_{b-k}^k$ est aussi une matrice identité avec $b-k$ éléments unitaires, c.à.d. $\mathcal{D}_{b-k}^k = \mathrm{diag}\{1_{b-k}, e^{i\varphi'_1}, \ldots, e^{i\varphi'_k}\}$.

Les matrices orthogonales $\mathcal{O}_b$ (ou $\mathcal{O}_{b-k}^k$) est un produit de $b-1$ (ou $b-k-1$) matrices selon la forme

$$\mathcal{O}_b = J_{1,2}\,J_{2,3}\ldots J_{b-2,b-1}\,J_{b-1,b} \tag{5.15}$$

où $J_{i,i+1}$ est une matrice de rotation de taille $b \times b$, et est définie par

$$J_{i,i+1} = \begin{pmatrix} \mathbf{I}_{i-1} & 0 & 0 & 0 \\ 0 & \cos\theta_i & \sin\theta_i & 0 \\ 0 & -\sin\theta_i & \cos\theta_i & 0 \\ 0 & 0 & 0 & \mathbf{I}_{b-i-1} \end{pmatrix}, \tag{5.16}$$

avec I_i est une matrice identité de taille i.

Remarque : Les angles paramétrées de $\mathcal{O}_b$ sont notés $\theta_1, \ldots, \theta_{b-1}$, et les angles de $\mathcal{O}_{b-1}^1$ sont $\theta_b, \ldots, \theta_{2b-3}$, etc. le denier angle correspondant à $\mathcal{O}_2^{b-1}$ est $\theta_{b(b-1)/2}$. Par ailleurs, la matrice orthogonale $\mathcal{O}_{b-k}^k$ a la forme suivante

$$\mathcal{O}_{b-k}^k = \begin{pmatrix} \mathbf{I}_k & 0 \\ 0 & \mathcal{O}_{b-k} \end{pmatrix}. \tag{5.17}$$

Il se rend compte que si toutes les phases arbitraires de $\mathbf{B}^*$ sont nulles, c.à.d. $\varphi_i = 0$, $i = 1, \ldots, b(b+1)/2$, la constellation reçue à la réception se compose moins de voisins qui fournissent la distance minimale. Cette propriété peut être expliquée par la forme rectangulaire de la constellation reçue si une modulation MAQ est utilisée à l'émission. Par conséquent, la matrice unitaire $\mathbf{B}^*$ peut être paramétré par

$$\mathbf{B}^* = \mathcal{O}_2^{b-2}\,\mathcal{O}_3^{b-3}\ldots\mathcal{O}_{b-1}^1\,\mathcal{O}_b. \tag{5.18}$$

Le but revient alors de trouver $(b-1)$ angles ψ_i et $b(b-1)/2$ angles θ_i qui donne le précodeur optimisant le critère de distance minimale.

5.3   Précodeur Neighbor-$d_{\min}$ pour deux flux de données

Pour commencer nous allons considérer le cas le plus simple : $b = 2$. En utilisant la décomposition en valeurs singulières, la matrice de canal virtuel peut être exprimée comme [39] et [72]

$$\mathbf{H}_v = \begin{pmatrix} \sigma_1 & 0 \\ 0 & \sigma_2 \end{pmatrix} = \rho \begin{pmatrix} \cos\gamma & 0 \\ 0 & \sin\gamma \end{pmatrix} \tag{5.19}$$

où $\rho = \sqrt{\sigma_1^2 + \sigma_2^2}$ et $\gamma = \arctan\frac{\sigma_2}{\sigma_1}$ représentent respectivement le gain et l'angle du canal virtuel. La matrice de précodage est simplifiée comme

$$\mathbf{F}_d = \sqrt{E_s} \begin{pmatrix} \cos\psi & 0 \\ 0 & \sin\psi \end{pmatrix} \begin{pmatrix} \cos\theta & \sin\theta \\ -\sin\theta & \cos\theta \end{pmatrix} \begin{pmatrix} 1 & 0 \\ 0 & e^{i\varphi} \end{pmatrix} \tag{5.20}$$

avec $0 \leq \theta \leq \pi/4$ et $0 \leq \psi, \varphi \leq \pi/2$. Le paramètre ψ contrôle l'allocation de puissance sur les sous-canaux virtuels, les angles θ et φ correspondent respectivement au changement d'échelle et à la rotation des constellations reçues.

Rappelons si le paramètre de rotation $\varphi = 0$, la constellation reçue aura moins de voisins fournissant la distance minimale. Cette propriété peut être expliquée par la forme rectangulaire de la constellation reçue à la réception (voir la figure 5.1). Pour cette raison, nous supposons que le paramètre de rotation φ n'a pas d'influence sur la performance. En utilisant la forme paramétrée du précodeur dans (5.20), il s'agit de recherche l'angle ψ et θ qui optimisant la distance $d_{\min}$ pour chaque l'angle γ du canal. Une approche numérique pour le système MIMO utilisant les modulations BPSK et QPSK sera considérée dans la suite.

5.3.1   Avec la modulation BPSK

Dans ce cas, les vecteurs différence qui sont définis par la différence entre les deux symboles transmis ($\check{\mathbf{x}} = \mathbf{s}_k - \mathbf{s}_l$ avec $\mathbf{s}_k \neq \mathbf{s}_l$) a des éléments appartenant à l'ensemble $\{0, 2, -2\}$. Une recherche numérique sur les angles ψ et θ montre que le précodeur Neighbor-$d_{\min}$ a une forme similaire au précodeur max-$d_{\min}$ présenté dans [39]

$$\mathbf{F}_d = \sqrt{\frac{E_s}{2}} \begin{pmatrix} 1 & i \\ 0 & 0 \end{pmatrix} \tag{5.21}$$

On peut voir que le précodeur Neighbor-$d_{\min}$ concentre la puissance sur le sous-canal virtuel le plus favorisé. La distance euclidienne minimale est alors définie par

$$d_{BPSK}^2 = 4E_s\rho^2\cos^2\gamma \tag{5.22}$$

5.3.2 Avec la modulation QPSK

Les symboles transmis de la modulation QPSK sont définis dans l'ensemble suivant $S = \frac{1}{\sqrt{2}}\{1 + i, 1 - i, -1 + i, -1 - i\}$. Puisque certains vecteurs sont colinéaires, l'ensemble de tous les vecteurs différence $\check{\mathbf{S}}_{QPSK}$ peut se réduire à seulement 14 vecteurs. Une recherche numérique montre que le précodeur optimal peut prendre deux formes selon la valeur de l'angle γ du canal virtuel. La première forme, notée $\mathbf{F}_{snr}$, transmet des symboles sur seulement le canal virtuel le plus forte. Au contraire, la deuxième forme une constellation rectangulaire sur les deux récepteurs, et donc noté $\mathbf{F}_{rec}$.

La première forme

Pour tout canal virtuel dont l'angle γ est inférieur au seuil γ_0, le précodeur optimal est fixe et indépendant de γ. La forme du précodeur $\mathbf{F}_{snr}$ peut être exprimée par

$$\mathbf{F}_{snr} = \sqrt{\frac{E_s}{5}} \begin{pmatrix} 2 & 1 \\ 0 & 0 \end{pmatrix} \tag{5.23}$$

La distance minimale du précodeur $\mathbf{F}_{snr}$ est toujours obtenue par le vecteur différence $\frac{1}{\sqrt{2}}[0\,2]^T$, et alors est définie par

$$d_{snr}^2 = \frac{2}{5} E_s \rho^2 \cos^2 \gamma \tag{5.24}$$

La constellation reçue à la réception de $\mathbf{F}_{snr}$ ressemble vraiment à celle obtenue par le précodeur beamforming utilisant une modulation MAQ-16 sur le premier sous-canal. Par conséquent, le nombre moyen de voisins fournissant la distance $d_{\min}$ est donnée par $N_{d_{\min}} = \frac{1}{16}(4 \times 2 + 8 \times 3 + 4 \times 4) = 3$. En comparant avec le précodeur $\mathbf{F}_{r1}$ présenté dans [39] (dont $N_{d_{\min}} = \frac{1}{16}(4 \times 2 + 4 \times 3 + 4 \times 4 + 4 \times 5) = 3.5$), le meilleur est bien sûr obtenu par Neighbor-d$_{\min}$. De l'autre côté, les distances minimales des deux précodeurs sont très proches. Elle explique pour quoi le précodeur Neighbor-d$_{\min}$ produit une faible amélioration du TEB en comparaison avec le précodeur max-d$_{\min}$(voir la section 5.4.5).

La deuxième forme

Lorsque l'angle γ du canal est supérieur au seuil γ_0, le précodeur optimal répartit la puissance sur les deux voies. L'angle θ qui détermine la forme des constellations sur les récepteurs, reste constant avec de nouvelle valeur $\theta = 45^o$, pendant que le paramètre ψ dépend de l'angle γ du canal. En effet, la distance minimale du précodeur $\mathbf{F}_{rec}$ est toujours obtenue par les trois vecteurs différence $\check{s}_1 = \frac{1}{\sqrt{2}}[0\,2]^T$, $\check{s}_2 = \frac{1}{\sqrt{2}}[2\,0]^T$ et $\check{s}_3 = \frac{1}{\sqrt{2}}[2\,\text{-}2]^T$. Les trois distances normalisées correspondantes aux ces vecteurs peuvent être exprimées par

$$\begin{cases} \bar{d}_{\tilde{x}_1}^2 = A.\sin^2\theta + B.\cos^2\theta \\ \bar{d}_{\tilde{x}_2}^2 = A.\cos^2\theta + B.\sin^2\theta \\ \bar{d}_{\tilde{x}_3}^2 = A.(\cos\theta - \sin\theta)^2 + B.(\cos\theta + \sin\theta)^2 \end{cases}$$

où $A = 4\cos^2\gamma\cos^2\psi$ et $B = 4\sin^2\gamma\sin^2\psi$. Considérons $\bar{d}_{\tilde{x}_1}^2 = \bar{d}_{\tilde{x}_2}^2 = \bar{d}_{\tilde{x}_3}^2$, on obtient les valeurs exactes de θ et ψ suivantes

$$\begin{cases} \theta = \pi/4 \\ \psi = \arctan\dfrac{1}{\sqrt{3}.\tan\gamma} \end{cases} \tag{5.25}$$

En substituant (5.32) à l'équation (5.20), la forme du précodeur $\mathbf{F}_{rec}$ est donnée par

$$\mathbf{F}_{rec} = \sqrt{\frac{E_s}{2}} \begin{pmatrix} \cos\psi & 0 \\ 0 & \sin\psi \end{pmatrix} \begin{pmatrix} 1 & 1 \\ -1 & 1 \end{pmatrix} \tag{5.26}$$

La distance euclidienne minimale fournie par $\mathbf{F}_{rec}$ est alors

$$d_{rec}^2 = E_s\rho^2 \frac{4\sin^2\gamma}{3\tan^2\gamma + 1} \tag{5.27}$$

La figure 5.1 illustre la constellation reçu du précodeur $\mathbf{F}_{rec}$ utilisant une modulation QPSK. On peut voir que le nombre moyen de voisins fournissant la distance $d_{\min}$ est définie par $N_{d_{\min}} = \frac{1}{16}(4 \times 4 + 8 \times 5 + 4 \times 6) = 5$. En comparaison avec le précodeur max-$d_{\min}$ dans [39] dont le nombre $N_{d_{\min}} = \frac{1}{16}(8 \times 5 + 8 \times 9) = 7$, le nouveau précodeur produit une amélioration significative.

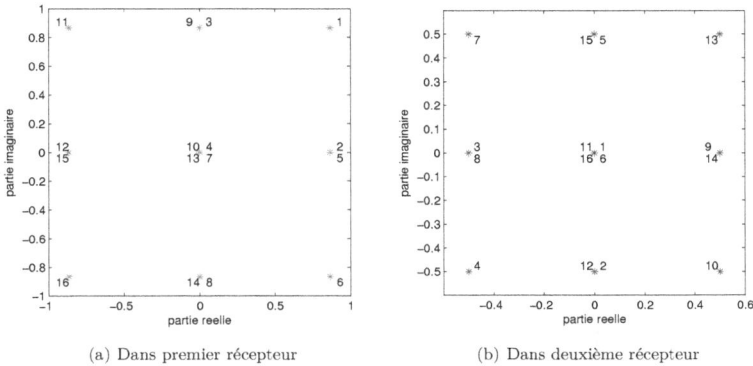

(a) Dans premier récepteur   (b) Dans deuxième récepteur

FIGURE 5.1 – Constellation reçue du précodeur $\mathbf{F}_{rec}$ utilisant la modulation QPSK.

Seuil γ_0 pour l'angle du canal virtuel

Pour déterminer le seuil de basculement entre les précodeurs $\mathbf{F}_{snr}$ et $\mathbf{F}_{rec}$, il suffit de comparer les probabilités d'erreurs dans (5.4) qui sont obtenues par les deux précodeurs. Lorsque l'angle γ du canal varie de 0 à $\pi/2$, les rapports des autres distances différence $\bar{d}_{ij}$ sur la distance $d_{\min}$ sont fixes. Par ailleurs, les distance euclidienne minimale d_{snr} et d_{rec} sont proportionnelle au rapport de signal sur bruit $\sqrt{E_s/N_0}$. Pour cette raison, le seuil γ_0 pour l'angle du canal virtuel n'est pas fixe, mais dépend du rapport RSB. Lorsque la puissance moyenne d'émission E_s augmente, l'angle γ_0 est croissante pour atteindre la valeur limite γ_c. L'angle critique γ_c est alors déminé par

$$d_{snr}^2 = d_{rec}^2$$
$$\Leftrightarrow \frac{2}{5}\cos^2\gamma_c = 4\frac{\sin^2\gamma_c}{3\tan^2\gamma_c + 1}$$
$$\Leftrightarrow \gamma_c = \arctan\sqrt{1/7} \simeq 20.7048^o \tag{5.28}$$

5.3.3 Expressions générales pour les modulation MAQ d'ordre supérieur

Dans le cas d'une MAQ-4^k, les symboles appartiennent à l'ensemble

$$S = \sqrt{\beta_M}\{a + bi \; ; \; a - bi \; ; \; -a + bi \; ; \; -a - bi\} \tag{5.29}$$

où $\beta_M = \frac{3}{2(4^k-1)}$, et $a, b \in (1, 3, \ldots, 2^k - 1)$.

Les expressions du précodeur Neighbor-$d_{\min}$ pour deux flux de données indépendants peuvent être classés en deux types : le premier n'alloue de puissance qu'au sous-canal virtuel le plus fort, et le second utilise les deux sous-canaux virtuels pour transmettre des signaux. Les deux expression générale sont respectivement notées $\mathbf{F}_1$ et $\mathbf{F}_2$.

Précodeur $\mathbf{F}_1$

La première expression générale est définie par

$$\mathbf{F}_1 = \sqrt{\frac{E_s}{4^k + 1}} \begin{pmatrix} 2^k & 1 \\ 0 & 0 \end{pmatrix}. \tag{5.30}$$

La distance $d_{\min}$ du précodeur $\mathbf{F}_1$ est obtenue par le vecteur différence $\sqrt{\beta_M}[0\,2]^T$ et est définie par

$$d_{F_1}^2 = \frac{4}{4^k + 1}E_s\rho^2\beta_M\cos^2\gamma. \tag{5.31}$$

La constellation reçue de $\mathbf{F}_1$ ressemble à celle d'une modulation MAQ-M^2. Grâce à cette constellation rectangulaire, le précodeur $\mathbf{F}_1$ produit moins de voisins qui fournissent la distance minimale par rapport au précodeur max-$d_{\min}$ présenté dans le chapitre 3.

Précodeur $\mathbf{F}_2$

Pour chaque modulation QAM rectangulaire, une recherche numérique montre que la distance minimale est obtenue par les trois vecteurs différence : $\check{s}_1 = \frac{1}{\sqrt{2}}[0\,2]^T$, $\check{s}_2 = \frac{1}{\sqrt{2}}[2\,0]^T$, et $\check{s}_3 = \frac{1}{\sqrt{2}}[2\,\text{-}2]^T$. Les trois distances correspondantes sont définies par

$$\begin{cases} \bar{d}_{\check{x}_1}^2 = A\sin^2\theta + B\cos^2\theta \\ \bar{d}_{\check{x}_2}^2 = A\cos^2\theta + B\sin^2\theta \\ \bar{d}_{\check{x}_3}^2 = A\left(\cos\theta - \sin\theta\right)^2 + B\left(\cos\theta + \sin\theta\right)^2 \end{cases}$$

où $A = 4\cos^2\gamma\cos^2\psi$ et $B = 4\sin^2\gamma\sin^2\psi$. En considérant $\bar{d}_{\check{x}_1}^2 = \bar{d}_{\check{x}_2}^2 = \bar{d}_{\check{x}_3}^2$, on obtient

$$\begin{cases} \theta = \pi/4 \\ \psi = \text{atan}\, \frac{1}{\sqrt{3}.\tan\gamma} \end{cases} \tag{5.32}$$

La deuxième expression générale $\mathbf{F}_2$ est donnée par

$$\mathbf{F}_2 = \sqrt{\frac{E_s}{2}}\begin{pmatrix} \cos\psi & 0 \\ 0 & \sin\psi \end{pmatrix}\begin{pmatrix} 1 & 1 \\ \text{-1} & 1 \end{pmatrix} \tag{5.33}$$

où $\psi = \text{atan}\,\frac{1}{\sqrt{3}.\tan\gamma}$. La distance euclidienne minimale fournie par $\mathbf{F}_2$ est alors

$$d_{F_2}^2 = 4E_s\rho^2\beta_M\frac{2\sin^2\gamma}{3\tan^2\gamma + 1}\,. \tag{5.34}$$

La constellation reçue à la réception pour le précodeur $\mathbf{F}_2$ est présentée sur la figure 5.9. Il faut noter qu'il y a deux constellations sur chaque récepteur, et les impacts coïncidant sur une constellation sont éloignés sur la seconde (par exemple des points A et B).

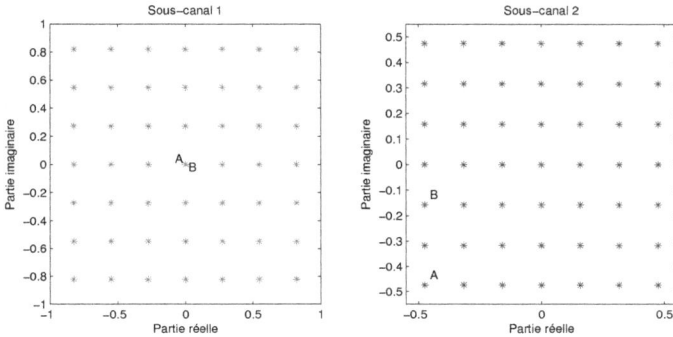

FIGURE 5.2 – Constellation reçue pour le précodeur $\mathbf{F}_2$.

Seuil γ_0 général

La figure 5.3 présente l'évolution des distances minimales en fonction de l'angle du canal pour les deux expressions générales du précodeur Neighbor-d_{min}. Le précodeur $\mathbf{F}_1$ fournit la distance d_{min} optimisée pour les petites valeurs de γ, alors que le précodeur $\mathbf{F}_2$ est valable pour les grandes valeurs de γ. Comme le cas de QPSK au dessus, pour déterminer le seuil de basculement entre les précodeurs $\mathbf{F}_1$ et $\mathbf{F}_2$, il s'agit en général de comparer les probabilités d'erreurs dans (5.4). Le seuil pour l'angle du canal virtuel n'est alors pas fixe et dépend du rapport RSB. Avec la puissance E_s suffisamment grande, nous considérons la valeur limite de γ_0 telle que $d_{F_1}^2 = d_{F_2}^2$ (voir l'équation 5.31) et 5.34). Le seuil γ_0 est définie par

$$\frac{\cos^2 \gamma_0}{4^k + 1} = \frac{2 \sin^2 \gamma_0}{3 \tan^2 \gamma_0 + 1}$$

$$\Leftrightarrow \gamma_0 = \operatorname{atan} \sqrt{\frac{1}{2.4^k - 1}}. \tag{5.35}$$

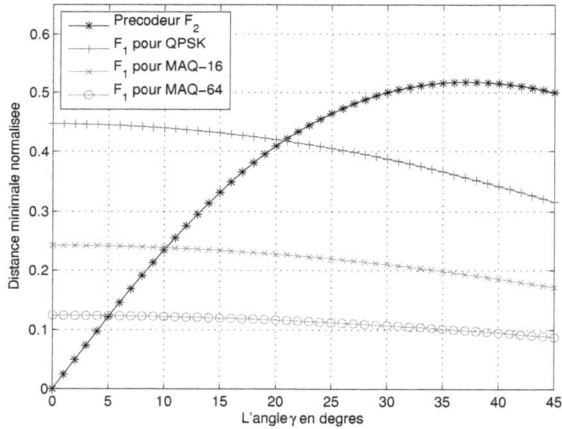

FIGURE 5.3 – Les seuils γ_0 du précodeur Neighbor-d_{min}.

5.3.4 Performances du précodeur Neighbor-d_{min}

Performances pour la modulation QPSK

La figure 5.4 présente la distance minimale normalisée ($d_{min}^2/E_s/\rho^2$) pour le précodeur Neighbor-d_{min} ainsi que autres précodeurs diagonaux dans le cas de la modulation QPSK.

Pour éviter que la distance minimale nulle ne se produit pas dans ces figures, la puissance
moyenne d'émission E_s du précodeur diagonal est choisie suffisamment grande telle qu'elle
est répartie sur tous les canaux virtuels. On observe que la performance du précodeur
Neighbor-$d_{\min}$ est meilleur que ceux de WaterFiling [14], max-$\lambda_{\min}$ [35] et MMSE [34] en
terme de $d_{\min}$. Les distances minimales obtenues par deux précodeurs Neighbor-$d_{\min}$ et
max-$d_{\min}$[39] sont très proches. L'écart de deux distances reste constant avec les valeurs
faibles de l'angle du canal ($\gamma < 17.28^o$).

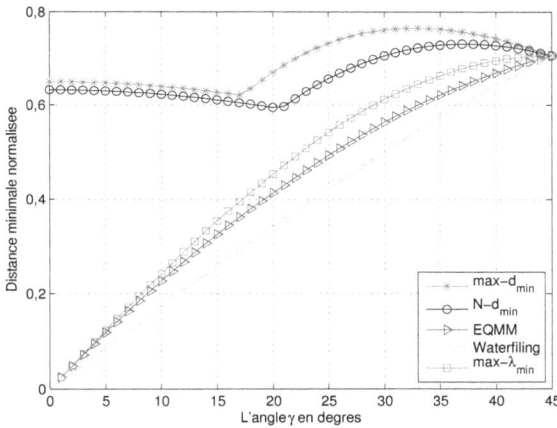

FIGURE 5.4 – La distance minimale normalisée pour QPSK.

Les comparaisons s'effectuent ensuite en terme du taux d'erreur binaire. Nous considérons un canal MIMO avec $n_T = 3$ antennes émettrices et $n_R = 2$ antennes réceptrices.
Les coefficients de la matrice de canal virtuel **H** sont i.i.d., tirés aléatoirement suivant une
loi gaussienne centrée de moyenne nulle et de variance unitaire.

D'abord, on va comparer les performances de TEB obtenues par deux formes du précodeur Neighbor-$d_{\min}$ avec celles obtenues par deux formes du précodeur max-$d_{\min}$ présenté
dans le chapitre 2 . La figure 5.5 représente des améliorations de TEB obtenues par les
précodeurs $\mathbf{F}_{snr}$ et $\mathbf{F}_{rec}$ en comparaison avec $\mathbf{F}_{r1}$ et $\mathbf{F}_{octa}$, en respectivement. On peut
voir une amélioration d'environ 1dB du précodeur $\mathbf{F}_{rec}$ par rapport au précodeur $\mathbf{F}_{octa}$
à TEB = 10^{-5}. Lorsque l'angle γ est faible, les résultats sont encore meilleurs pour le
précodeur $\mathbf{F}_{snr}$ par rapport au précodeur $\mathbf{F}_{r1}$, malgré qu'il est plus mal en terme de la
distance $d_{\min}$. Ces résultats confirment que le nombre de voisins qui fournissent la distance
minimale produit un rôle important pour réduire la probabilité d'erreur en particulier si
une détection à MV est considérée au récepteur.

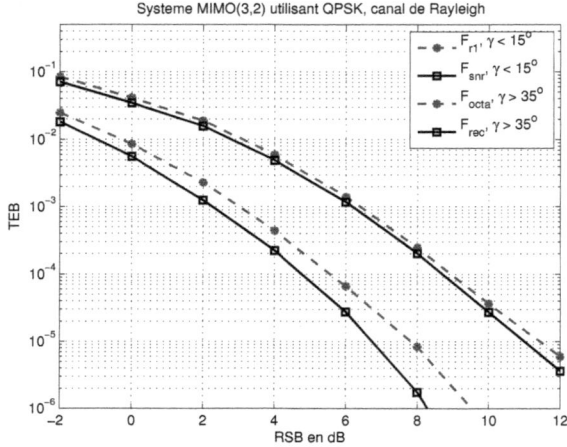

FIGURE 5.5 – Comparaison du TEB obtenu par deux formes du précodeur Neighbor-$d_{\min}$ et deux formes du précodeur max-$d_{\min}$.

Les performances de TEB pour chaque précodeur sont illustrées sur la figure 5.6 dans le cas de la modulation QPSK. Comme prévu, le précodeur Neighbor-$d_{\min}$ produit une amélioration significative en termes de BER par rapport à précodeurs diagonaux. Par ailleurs, en comparant avec le précodeur max-$d_{\min}$ il obtient une légère amélioration d'environ 0.5dB à TEB = 10^{-5}. Cette légère amélioration peut être expliquée par la distribution de l'angle γ pour un système MIMO(3,2), qui utilise plus souvent la forme $\mathbf{F}_{snr}$ que $\mathbf{F}_{rec}$.

Performances pour les modulations QAM d'ordre supérieur

La figure 5.7 présente la distance minimale normalisée obtenue par chaque précodeur dans le cas de la modulation MAQ-16. La puissance moyenne E_s est choisie suffisamment grande pour éviter les distances nulles du précodeur diagonal. On peut voir que la distance euclidienne minimale proposée par le précodeur Neighbor-$d_{\min}$ est largement supérieure à celle des autres précodeurs de la littérature, par exemple WaterFilling, EQMM, et max-$\lambda_{\min}$.

De la même façon, une grande amélioration de la performance en termes de TEB est attendue pour notre nouveau précodeur. Ceci est confirmé par la figure 5.8 qui représente le TEB en fonction du RSB pour un système MIMO utilisant une modulation MAQ-16, $n_T = 3$ émetteurs, et $n_R = 2$ récepteurs. Le précodeur Neighbor-$d_{\min}$ offre un gain plus de 6 dB pour un TEB = 10^{-5} par rapports aux précodeurs diagonaux, ce qui démontre clairement l'intérêt de réduire nombre de voisins obtenant la distance minimale.

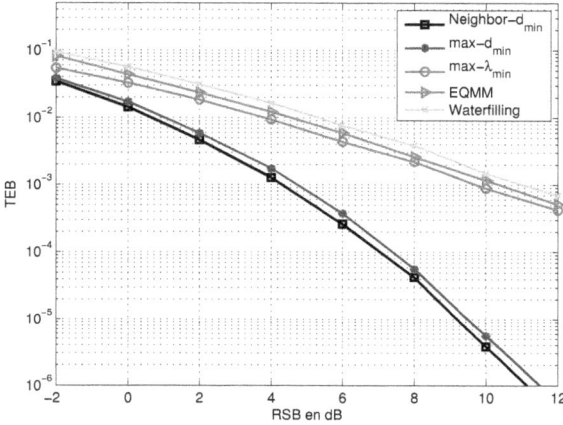

FIGURE 5.6 – Performance du TEB pour la modulation QPSK.

5.4 Précodeur Neighbor-$d_{\min}$ pour trois flux de données

Grâce à la forme paramétrée de la matrice unitaire $\mathbf{B}^*$ dans (5.18), il s'agit de trouver $(b-1)$ angles ψ_i et $b(b-1)/2$ angles θ_i qui optimisent le critère de la distance minimale. Lorsque le nombre de voies b augmente, non seulement le nombre de paramètres, mais aussi la taille de la constellation reçue augmentent à l'une fonction exponentielle de b. Dans la section précédente, nous avons présenté la solution optimale pour deux flux de données $(b = 2)$. Nous considérons ici le précodeur Neighbor-$d_{\min}$ tridimensionnel utilisant une modulation MAQ rectangulaire. Rappelons que la matrice du canal virtuel pour trois flux de données peut être paramétré par

$$\mathbf{H}_v = \rho \begin{pmatrix} \cos\gamma_1 & 0 & 0 \\ 0 & \sin\gamma_1 \cos\gamma_2 & 0 \\ 0 & 0 & \sin\gamma_1 \sin\gamma_2 \end{pmatrix}, \tag{5.36}$$

où ρ, γ_1 et γ_2 représentent respectivement le gain et les angles du canal virtuel. Il faut noter que les éléments de $\mathbf{H}_v$ sont rangés par ordre décroissant, donc $0 \leq \gamma_2 \leq \pi/4$ et $\cos\gamma_2 \leq \cotan\gamma_1$.

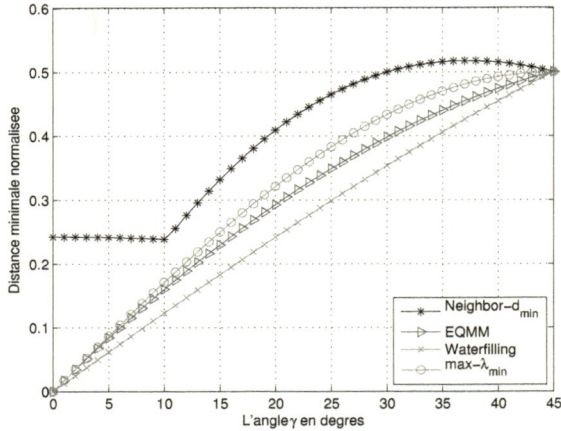

FIGURE 5.7 – Comparaison $d_{\min}$ pour MAQ-16.

La matrice unitaire $\mathbf{B}^*$ peut être simplifiée comme (voir l'équation 5.18)

$$\mathbf{B}^* = \begin{pmatrix} c_1 & s_1 c_2 & s_1 s_2 \\ -s_1 c_3 & c_1 c_2 c_3 - s_2 s_3 & c_1 s_2 c_3 + c_2 s_3 \\ s_1 s_3 & -c_1 c_2 s_3 - s_2 c_3 & -c_1 s_2 s_3 + c_2 c_3 \end{pmatrix}, \qquad (5.37)$$

où $c_i = \cos\theta_i$ et $s_i = \sin\theta_i$ pour $i = 1, .., 3$. Les angles θ_i correspondent au changement d'échelle de la constellation reçue, pendant que le paramètre ψ_i de $\mathbf{\Sigma}$ contrôle la répartition de la puissance sur chaque canal virtuel.

Pour une modulation MAQ-4^k rectangulaire, les symboles transmis appartiennent à l'ensemble suivant

$$S = \frac{1}{\sqrt{M}} \{a + b\,i \; ; \; a - b\,i \; ; \; -a + b\,i \; ; \; -a - b\,i\}, \qquad (5.38)$$

où $M = \frac{2}{3}(4^k - 1)$ et $a, b \in (1, 3, \ldots, 2^k - 1)$.

Les expressions du précodeur Neighbor-$d_{\min}$ pour trois flux de données peuvent être classés en trois types qui alloue respectivement de puissance sur un, deux, ou trois sous-canaux virtuels.

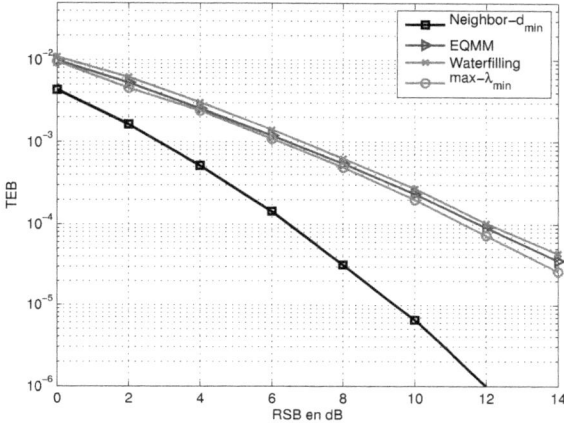

FIGURE 5.8 – Performance du TEB pour le système MIMO(3,2) utilisant MAQ-16.

5.4.1 Précodeur $\mathbf{F}_1$

Le premier forme $\mathbf{F}_1$ est utilisé avec une forte dispersion des rapports de RSB sur chaque canal virtuel, et il ressemble à la solution beamforming qui n'alloue de puissance qu'au sous-canal virtuel le plus fort. En effet, ce précodeur transforme une symbole de MAQ-4^k rectangulaire sur trois sous-canaux en une symbole de MAQ-4^{3k} sur premier sous-canal. Le précodeur $\mathbf{F}_1$ est alors donné par

$$\mathbf{F}_1 = \sqrt{\frac{E_s}{M_1}} \begin{pmatrix} 4^k & 2^k & 1 \\ 0 & 0 & 0 \\ 0 & 0 & 0 \end{pmatrix}, \tag{5.39}$$

où $M_1 = 16^k + 4^k + 1$. La distance $d_{\min}$ optimal est toujours obtenue par le vecteur différence $\frac{1}{\sqrt{M}}[0\,0\,2]^T$, et est définie par

$$d_{\mathbf{F}_1}^2 = \frac{4}{M M_1} E_s \rho^2 \cos^2 \gamma_1. \tag{5.40}$$

Notons que cette distance minimale est inférieure à celle obtenue par le précodeur SNR-like max-$d_{\min}$ présenté dans [68], mais il produit moins de voisins qui fournissent la distance $d_{\min}$.

5.4.2 Précodeur $\mathbf{F}_2$

Ce précodeur permet d'allouer de puissance sur les premier et second sous-canaux virtuels ($\psi_2 = 0$). Une recherche numérique montre qu'il peut avoir plusieurs expressions. Pour simplifier la forme du précodeur $\mathbf{F}_2$, nous présentons, ici, l'expression la plus importante de $\mathbf{F}_2$. Cette expression est utilisée lorsqu'il existe une forte dispersion entre les rapports de RSB sur le deuxième et le troisième sous-canal. Dans ce cas, la distance minimale est toujours obtenue par cinq vecteurs différence : $\breve{x}_1 = \frac{1}{\sqrt{M}}[0, 2, 0]^T$, $\breve{x}_2 = \frac{1}{\sqrt{M}}[0, 2(k\text{-}1), \text{-}2]^T$, $\breve{x}_3 = \frac{1}{\sqrt{M}}[0, 2k, \text{-}2]^T$, $\breve{x}_4 = \frac{1}{\sqrt{M}}[2, \text{-}2(M_2\text{-}k+1), 2(k\text{-}1)]^T$, et $\breve{x}_5 = \frac{1}{\sqrt{M}}[2, \text{-}2M_2, 2k]^T$, où $M_2 = 2^k - 1$.

Nous notons $d_{\breve{x}_i}^2$ les distance euclidienne correspondantes aux vecteurs $\breve{x}_i$ avec $i = 1, .., 5$. En considérant $d_{\breve{x}_1}^2 = d_{\breve{x}_2}^2 = d_{\breve{x}_3}^2 = d_{\breve{x}_4}^2 = d_{\breve{x}_5}^2$, on obtient tous les angles fixes de la matrice unitaire $\mathbf{B}^*$ (confirmée par la proposition 5.2.1). Les angles optimaux (en radian) de $\mathbf{B}^*$ sont rassemblés dans le tableau 5.1, pendant que l'angle ψ_1 dépend des angles du canal virtuel (γ_1, γ_2) et est définie par

$$\psi_{1|(\gamma_1,\gamma_2)} = \operatorname{atan} \frac{\tan(\psi_{1|(\pi/4,0)})}{\tan \gamma_1 \, \cos \gamma_2} \tag{5.41}$$

Modulation	θ_1	θ_2	θ_3	$\psi_{1|(\pi/4,0)}$
MAQ-4	0.5083	0.1753	0.9951	0.5066
MAQ-16	0.6155	0.7854	0.3876	0.7227
MAQ-64	0.5538	1.0216	0.2229	0.8433
MAQ-256	0.6690	1.2490	0.0977	0.6331

TABLE 5.1 – Les angles optimaux du précodeur $\mathbf{F}_2$

La distance minimal est alors donnée par

$$d_{\mathbf{F}_2}^2 = \kappa \, \frac{2E_s \rho^2}{M(2M_2 + 4 - k)}, \tag{5.42}$$

où κ dépend des rapports de RSB sur chaque sous-canal, et est définie par l'équation (5.56).

5.4.3 Précodeur $\mathbf{F}_3$

De la même façon, le précodeur qui répartit la puissance sur tous les trois sous-canaux produit aussi plusieurs expressions. Chaque expression est disponible pour divers angles du canal virtuel. Nous présentons ici une forme générale du précodeur $\mathbf{F}_3$ pour tous les modulations MAQ rectangulaires. Ce précodeur offre la meilleure distance minimale lorsque les canaux virtuels ont une faible dispersion des rapports de RSB. Rappelons que la matrice unitaire du précodeur $\mathbf{F}_3$ est définie par

$$\mathbf{B}^* = \frac{1}{\sqrt{3}} \begin{pmatrix} 1 & 1 & 1 \\ -1 & \frac{1-\sqrt{3}}{2} & \frac{1+\sqrt{3}}{2} \\ 1 & \frac{-1-\sqrt{3}}{2} & \frac{-1+\sqrt{3}}{2} \end{pmatrix}. \tag{5.43}$$

En égalisant les trois distances euclidiennes obtenues par $\check{\mathbf{x}}_1 = \frac{1}{\sqrt{M}}[0,2,0]^T$, $\check{\mathbf{x}}_2 = \frac{1}{\sqrt{M}}[0,0,2]^T$, et $\check{\mathbf{x}}_3 = \frac{1}{\sqrt{M}}[0,2,\text{-}2]^T$, on obtient

$$\begin{cases} \psi_2 = \operatorname{atan} \frac{1}{\tan \gamma_2} \\ \psi_1 = \operatorname{atan} \frac{1}{2\tan \gamma_1 \cos \gamma_2 \cos \psi_2} \end{cases} \tag{5.44}$$

La distance $d_{\min}$ du précodeur $\mathbf{F}_3$ est alors

$$d_{\mathbf{F}_3}^2 = \frac{8E_s \rho^2 \cos^2 \gamma_1 \sin^2 \gamma_1 \cos^2 \gamma_2 \sin^2 \gamma_2 / M}{4 \sin^2 \gamma_1 \cos^2 \gamma_2 \sin^2 \gamma_2 + \cos^2 \gamma_1 \sin^2 \gamma_2 + \cos^2 \gamma_1 \cos^2 \gamma_2}. \tag{5.45}$$

La figure 5.9 illustre la constellation reçue du précodeur $\mathbf{F}_3$ dans le cas de la modulation MAQ-4. Il faut noter que les points coïncidant sur une constellation sont alors éloignés sur les autres, ce qui augmente considérablement la distance minimale (par exemple les points A et B).

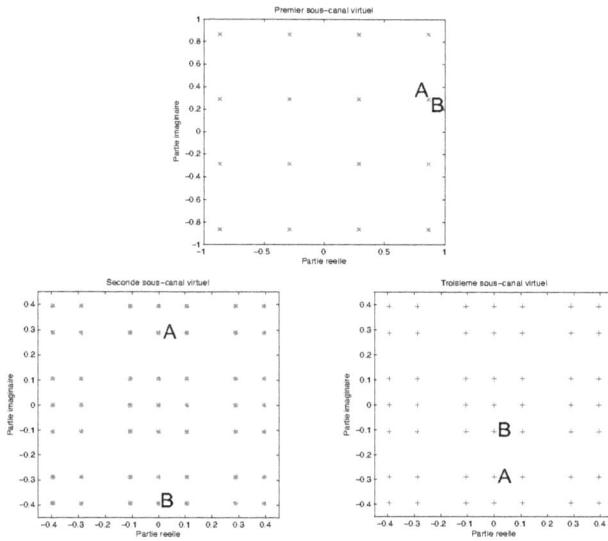

FIGURE 5.9 – Constellation reçue du précodeur $\mathbf{F}_3$ utilisant la modulation MAQ-4.

5.4.4 Domaine de définition

Nous avons vu que le domaine de définition des trois précodeur $\mathbf{F}_1$, $\mathbf{F}_2$, et $\mathbf{F}_3$ dépend des rapports de RSB sur chaque sous-canal virtuel. Pour déterminer ce domaine de définition, la façon la plus simple est de comparer les trois distances minimales respectives dans (5.40), (5.42), et (5.45). La domaine de définition pour la modulation MAQ-4 est représenté sur la figure 5.10. Lorsque l'ordre de la modulation MAQ augmente, les distances minimales obtenues par $\mathbf{F}_1$ et $\mathbf{F}_2$ sont diminués. Autrement dit, ces deux précodeur sont moins utilisés avec des modulations MAQ d'ordre supérieur (le changement du domaine de définition suit les flèches dans la figure 5.10).

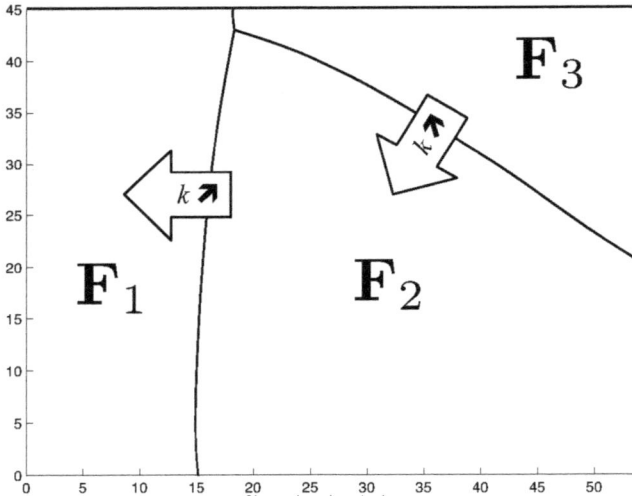

FIGURE 5.10 – Domaine de définition des trois précodeur $\mathbf{F}_1$, $\mathbf{F}_2$, et $\mathbf{F}_3$ utilisant la modulation QPSK. Les flèches représentent l'évolution de la borne du domaine lorsque l'ordre de la modulation augmente.

5.4.5 Résultats de simulation

Grâce à sa constellation rectangulaire (voir la figure 5.9), le nouveau précodeur Neighbor-$d_{\min}$ non seulement optimise la distance euclidienne minimale mais aussi réduit le nombre de voisins qui fournissent cette distance $d_{\min}$. La distance minimale normalisée du précodeur Neighbor-$d_{\min}$ et autres précodeurs sont illustrées dans la figure 5.11. Rappelons que la puissance moyenne des précodeurs diagonaux est choisie suffisamment grande pour éviter les distances minimales nulles. On observe que le meilleur résultat en distance minimale est bien sûr obtenu par notre précodeur Neighbor-$d_{\min}$. Contrairement aux précodeurs diagonaux tels que WaterFilling, max-$\lambda_{\min}$ [35] et EQMM [34], la distance minimale du précodeur Neighbor-$d_{\min}$ ne s'annule jamais lorsque l'angle γ du canal est proche de nulle. Lorsqu'il n'y a pas de dispersion entre les rapports de RSB sur chaque sous-canal, les distances minimales augmentent pour atteindre une maximum valeur.

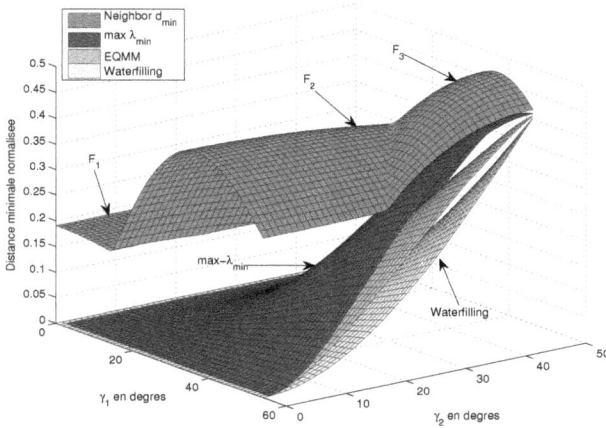

FIGURE 5.11 – La distance minimale normalisée pour trois flux de données avec la modulation QPSK.

Considérons un système MIMO avec $n_T = 4$ antennes à l'émission et $n_R = 3$ antennes à la réception. Le canal de transmission est i.i.d suivant une loi de Rayleigh, et le bruit est blanc additif gaussien. Une grande amélioration de la performance en termes de TEB est attendue pour le précodeur Neighbor-$d_{\min}$. La figure 5.12 illustre le TEB de chaque précodeur par rapport au RSB pour la modulation QPSK. On peut voir que le précodeur Neighbor-$d_{\min}$ offre une amélioration significative de TEB par rapport aux précodeurs diagonaux. Un gain d'environ 5dB est obtenu à TEB = 10^{-5} en comparaison avec le précodeur beamforming. Par ailleurs, on observe aussi une légère amélioration de TEB obtenue par le précodeur Neighbor-$d_{\min}$ en comparaison avec max-$d_{\min}$, celle qui démontre clairement l'intérêt de réduire nombre de voisins obtenant la distance minimale.

5.5   Précodeur Neighbor-$d_{\min}$ pour les grands systèmes MIMO

5.5.1   Principe de l'extension pour les grands systèmes MIMO

Comme présenté dans le chapitre 4, on peut étendre le précodeur Neighbor-$d_{\min}$ pour un grand canal MIMO par de découper le canal virtuel en plusieurs sous-systèmes. Cette

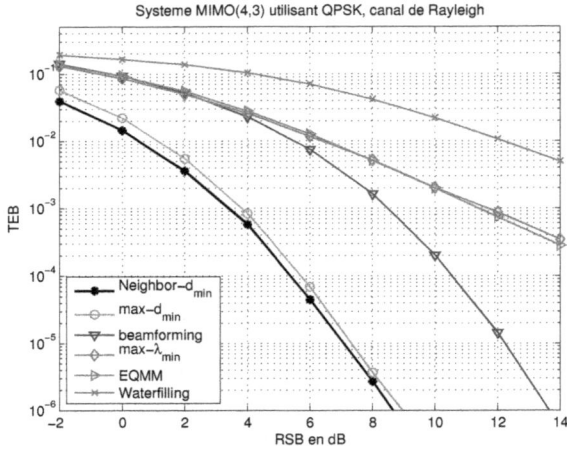

FIGURE 5.12 – TEB pour le système MIMO(4,3) utilisant la modulation QPSK.

solution se compose de quatre étapes principales suivants

1. Obtenir la matrice diagonale $\mathbf{H_v}$ en utilisant une transformation virtuelle.

2. Associer $2b$ valeurs singulières en la combinaison (σ_1, σ_{2b}), $(\sigma_2, \sigma_{2b-1})$, ..., (σ_b, σ_{b+1}), ou $2b+1$ valeurs singulières en la combinaison $(\rho_1, \rho_{b+1}, \rho_{2b+1})$, (ρ_2, ρ_{2b}), (ρ_3, ρ_{2b-1}), ..., (ρ_b, ρ_{b+2}) pour obtenir des b sous systèmes virtuels de taille 2-D ou 3-D.

3. Appliquer le précodeur max-d_{min} 2-D et 3-D optimale pour chaque sous-système sous la contrainte de puissance unitaire.

4. Allouer la puissance sur chaque sous système #i par les coefficients de puissance tels que

$$\Upsilon_i^2 = E_s \left(\delta_i^2 \sum_{j=1}^{b} \frac{1}{\delta_j^2} \right)^{-1} \quad \forall i = 1..b$$

où δ_i est la distance euclidienne minimale du sous-système #i donné dans l'étape 3.

5.5.2 Résultats de simulation

Nous comparons ici la performance du TEB obtenue par le précodeur Neighbor-d_{min} avec celles obtenues par autres précodeurs tels que beamforming, waterfilling, erreur quadratique moyenne minimale, ou maximisation de valeur propre minimale. Pour chaque RSB, 30 000 matrices aléatoires $\mathbf{H}$ des éléments gaussiennes complexes sont générées. La configuration des simulations est la suivante : un canal MIMO avec $n_T = 6$ émetteurs et $n_R = 5$ récepteurs, dans lequel on veut transmettre $b = 5$ flux de symboles de QPSK indépendants. Les performances de TEB par rapport au RSB du chaque précodeur sont présentées dans la figure 5.13. C'est évident que le précodeur Neighbor-d_{min} offre une amélioration significative en termes de TEB par rapport aux précodeurs diagonaux. En comparaison avec la solution optimal max-d_{min} le précodeur Neighbor-d_{min} obtient une même performance mais il produit une forme la plus simple, ce qui ne considère pas tous les paramètres de rotation et alors réduit le nombre de voisins fournissant la distance minimale.

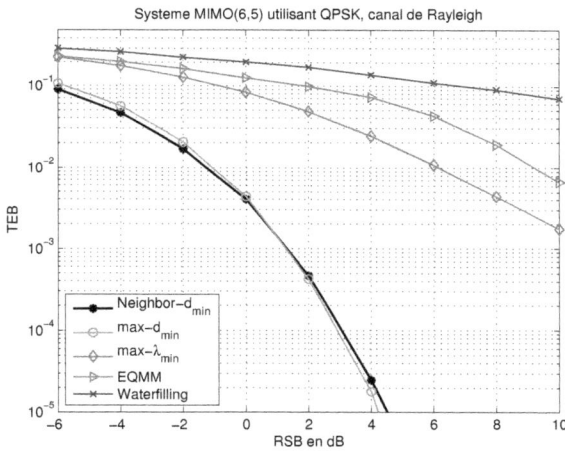

FIGURE 5.13 – TEB pour un grand système MIMO utilisant la modulation QPSK.

5.6 Conclusion

Dans la première section de ce chapitre, nous avons présenté l'impact de la distance euclidienne minimale sur la performance de taux d'erreur binaire lorsqu'une détection de ML est considérée au récepteur. Pour diminuer le TEB, il est important de se rendre compte non seulement d'optimiser la distance minimale, mais aussi de réduire le nombre de voisins fournissant cette distance d_{min}. Par conséquent, un nouveau précodeur nommé Neighbor-d_{min} est présenté selon le critère de réduire le nombre de ces voisins.

Dans la nouvelle stratégie, nous supposons que tous les paramètres de rotation φ sont nulles. Donc, la constellation reçue à la réception est rectangulaire et se compose moins de voisins de d_{min}. La forme du précodeur Neighbor-d_{min} est alors non seulement plus simple, mais aussi offre une amélioration significative de TEB par rapport à précodeurs diagonaux.

En comparaison avec la solution optimale max-$d_{\min}$, le nouveau précodeur fournit une légère amélioration. Ces améliorations dépendent des caractéristiques du canal, et seront plus importantes si le canal de transmission a une forte dispersion entre les rapports de RSB sur chaque sous canal virtuel.

Annexe du chapitre 5

A   Démonstration du lemme 5.1.1

Pour tout $d_\beta < d_\chi$, c'est évident que on peut trouver une valeur de $R > 0$ suffisamment grande telle que

$$d_\chi^2 - d_\beta^2 + \frac{2}{R^2} \log \frac{d_\beta - d_\alpha}{d_\delta - d_\chi} > 0 \tag{5.46}$$

avec $d_\beta > d_\alpha$ et $d_\delta > d_\chi$. L'inégalité de (5.46) peut s'écrire

$$\log \frac{d_\beta - d_\alpha}{d_\delta - d_\chi} > -(d_\chi^2 - d_\beta^2).R^2/2$$

$$\Leftrightarrow \frac{d_\beta - d_\alpha}{d_\delta - d_\chi} > e^{-(d_\chi^2 - d_\beta^2).R^2/2}$$

$$\Leftrightarrow R(d_\beta - d_\alpha).e^{-d_\beta^2.R^2/2} > R(d_\delta - d_\chi).e^{-d_\chi^2.R^2/2} \tag{5.47}$$

En utilisant la propriété de fonction monotone $e^{-x^2/2}$, on obtient

$$\int_{d_\alpha.R}^{d_\beta.R} e^{-x^2/2}\, dx > (d_\beta.R - d_\alpha.R).e^{-(d_\beta.R)^2/2} \tag{5.48}$$

$$(d_\delta.R - d_\chi.R).e^{-(d_\chi.R)^2/2} > \int_{d_\chi.R}^{d_\delta.R} e^{-x^2/2}\, dx \tag{5.49}$$

Grâce à (5.47), (5.48), et (5.49) on a

$$\int_{d_\alpha.R}^{d_\beta.R} e^{-x^2/2}\, dx > \int_{d_\chi.R}^{d_\delta.R} e^{-x^2/2}\, dx$$

$$\Leftrightarrow Q(d_\alpha.R) - Q(d_\beta.R) > Q(d_\chi.R) - Q(d_\delta.R)$$

$$\Leftrightarrow Q(d_\alpha.R) + Q(d_\delta.R) > Q(d_\beta.R) + Q(d_\chi.R)$$

B   Démonstration du lemme 5.1.2

La méthode inductive être utilisée pour prouver ce lemme. Il faut noter que $Q(x)$ est une fonction monotone décroissante. D'abord, on va montrer que notre hypothèse est vraie avec $k = 2$. En effet, il y a deux cas en général :

1. $d_{\alpha_2} \leq d_{\beta_2}$: c'est évident que $Q(d_{\alpha_1}.R) > Q(d_{\beta_1}.R)$ et $Q(d_{\alpha_2}.R) \geq Q(d_{\beta_2}.R)$ avec $\forall R > 0$, donc on a

$$Q(d_{\alpha_1}.R) + Q(d_{\alpha_2}.R) > Q(d_{\beta_1}.R) + Q(d_{\beta_2}.R)$$

2. $d_{\alpha_2} > d_{\beta_2}$: c'est évidemment le cas du lemme *Lemma 5.1*.

Alors, notre lemme a été démontré pour $k = 2$. Nous supposons que notre hypothèse est aussi vraie avec k éléments. Il s'agit de démontrer qu'il est vrai avec $k + 1$ éléments. Définissons $d_{\gamma_1} = \frac{1}{3}(d_{\alpha_1} + d_{\beta_1})$, et $d_{\gamma_2} = \frac{2}{3}(d_{\alpha_1} + d_{\beta_1})$. C'est clair que $d_{\alpha_1} < d_{\gamma_1} < d_{\gamma_2}$, donc nous pouvons trouver une valeur R_1 suffisamment grande telle que, pour $\forall R \geq R_1$, on obtient

$$Q(d_{\alpha_1}.R) + Q(d_{\alpha_2}.R) > Q(d_{\gamma_1}.R) + Q(d_{\gamma_2}.R) \tag{5.50}$$

Comme $d_{\gamma_2} < d_{\beta_1} \leq d_{\beta_2}$, donc on a

$$Q(d_{\gamma_2}.R) > Q(d_{\beta_2}.R) \tag{5.51}$$

En outre, nous avons $d_{\gamma_1} < d_{\beta_1}$. Selon l'hypothèse du cas de k éléments, il existe des valeurs R_2 satisfaisant, pour $\forall R \geq R_2$, on a

$$Q(d_{\gamma_1}.R) + \sum_{i=3}^{k+1} Q(d_{\alpha_i}.R) > Q(d_{\beta_1}.R) + \sum_{i=3}^{k+1} Q(d_{\beta_i}.R) \tag{5.52}$$

Grâce à (5.50), (5.51) et (5.52), pour $\forall R \geq \max(R_1, R_2)$, on obtient

$$\sum_{i=1}^{k+1} Q(d_{\alpha_i}.R) > \sum_{i=1}^{k+1} Q(d_{\beta_i}.R)$$

C Démonstration de la proposition 5.2.1

Nous notons $\breve{a}_1$, $\breve{a}_2$ deux vecteurs différence qui fournissent la même distance euclidienne. Les distance correspondantes sont définies par

$$\begin{cases} d^2_{\breve{a}_1|\mathbf{H}_v} = \|\mathbf{H}_v \mathbf{\Sigma} \mathbf{B} \breve{a}_1\|^2 \\ d^2_{\breve{a}_2|\mathbf{H}_v} = \|\mathbf{H}_v \mathbf{\Sigma} \mathbf{B} \breve{a}_2\|^2 \end{cases} \tag{5.53}$$

Il faut noter que $\mathbf{\Sigma}$ est une matrice diagonale avec des éléments réels non-négatifs, c.à.d. $\mathbf{\Sigma} = \mathrm{diag}(\phi_1, ..., \phi_b)$. Lors le canal virtuel varie de $\mathbf{H}_v = \mathrm{diag}(\sigma_1, ..., \sigma_b)$ à $\hat{\mathbf{H}}_v = \mathrm{diag}(\hat{\sigma}_1, ..., \hat{\sigma}_b)$, l'égalité des deux distances euclidiennes est assuré en changeant seulement les valeurs de ϕ_i, $i = 1, .., b$. En effet, nous définissons la matrice diagonale $\hat{\mathbf{\Sigma}}$ telle que

$$\hat{\phi}_i \hat{\sigma}_i = \kappa \phi_i \sigma_i, \tag{5.54}$$

où κ est constant. En substituant ϕ_i à la contrainte de puissance dans (5.13), on obtient

$$\sum_{i=1}^n \hat{\phi}_i^2 = \kappa^2 \sum_{i=1}^n \phi_i^2 \left(\frac{\sigma_i}{\hat{\sigma}_i}\right)^2 = E_s \tag{5.55}$$

où

$$\kappa = \sqrt{\frac{E_s}{\sum_{i=1}^{n} \phi_i^2 \sigma_i^2 / \hat{\sigma}_i^2}}. \tag{5.56}$$

La distance euclidienne du vecteur différence $\breve{a}_1$ est alors

$$\begin{aligned} d_{\breve{a}_1 | \hat{\mathbf{H}}_v}^2 &= \| \hat{\mathbf{H}}_v \hat{\boldsymbol{\Sigma}} \mathbf{B} \breve{a}_1 \|^2 \\ &= \| \kappa \, \mathbf{H}_v \boldsymbol{\Sigma} \mathbf{B} \breve{a}_1 \|^2 \\ &= \kappa^2 \, d_{\breve{a}_1 | \mathbf{H}_v}^2. \end{aligned}$$

De la même façon, on a

$$d_{\breve{a}_2 | \hat{\mathbf{H}}_v}^2 = \kappa^2 \, d_{\breve{a}_2 | \mathbf{H}_v}^2.$$

Puisque $d_{\breve{a}_1 | \mathbf{H}_v}^2 = d_{\breve{a}_2 | \mathbf{H}_v}^2$, on a $d_{\breve{a}_1 | \hat{\mathbf{H}}_v}^2 = d_{\breve{a}_2 | \hat{\mathbf{H}}_v}^2$. Par conséquent, l'égalité des deux distances euclidiennes est assuré en changeant seulement les paramètres de la matrice $\boldsymbol{\Sigma}$.

6

Forme généralisée du précodeur max-$d_{\min}$ utilisant la matrice TFD

Dans les chapitres précédents, nous avons proposé les précodeurs max-$d_{\min}$ optimaux pour deux ou trois flux de donnés indépendants. En décomposant le canal de transmission en des sous-systèmes de taille 2×2 ou 3×3 et optimisant la distance minimale sur chaque sous-système, nous avons présenté aussi les extensions de ce précodeur pour les grands systèmes MIMO. Malheureusement, les solutions optimales du précodeur max-$d_{\min}$ utilisant les modulations QAM d'ordre supérieur sont très complexes. La raison c'est que ces solutions optimales dépendent de divers paramètres tels que l'alphabet des symboles, les caractéristiques du canal virtuel, ou la détection utilisé au récepteur. Une autre solution sous-optimale du précodeur max-$d_{\min}$ qui permet de transmettre les symboles d'ordre supérieur sur plus de deux flux de données est présentée dans [57]. Mais elle considère seulement la matrice de canal sous la forme bloc-Toeplitz, et donc n'est que valable pour les canaux MIMO quasi-stationnaires.

Le problème des modulations QAM d'ordre supérieur et du nombre de flux de données sera réglé dans ce chapitre. Nous présentons ici une forme simple du précodeur basé la distance euclidienne minimale. La matrice de précodage est alors décomposée par le produit d'une matrice d'allocation de puissance et d'une matrice du changement de constellation. Pour optimiser la borne inférieur de la distance $d_{\min}$, la matrice du changement de constellation est choisie être une matrice de transformée de Fourier discrète (DFT). Le but revient de trouver la matrice d'allocation de puissance selon les caractéristiques du canal. Les expressions du nouveau précodeur sont alors plus simples avec seulement b variables correspondant aux b éléments diagonaux de la matrice d'allocation de puissance. Pour certain nombre de flux de données, nous allons présenter une forme générale du précodeur maximisant la distance minimale.

Ce chapitre est organisé comme suit. Une nouvelle forme paramétrée de la matrice de précodage est proposée dans la section 6.1. Section 6.2 présent le principe ainsi que le modèle du nouveau précodeur. Ensuite, nous proposons des formes générales du précodeur utilisant une modulation MAQ rectangulaire pour les grands systèmes MIMO. Enfin, les résultats de simulation sont présentés dans la section 6.4 en comparaison avec autres précodeurs traditionnels. La conclusion est donnée dans la section finale.

6.1   Forme paramétrée de la matrice de précodage

Notre objet en général est de construire un précodeur optimisant la probabilité d'erreur sous une contrainte de puissance. Rappelons que la probabilité d'erreur moyenne peut être approximée par [73]

$$P_e \simeq \frac{1}{M_s} \sum_{i=1}^{M_s} \sum_{\substack{j=1 \\ j \neq i}}^{M_s} Q\left(\frac{\bar{d}_{ij}}{2\sqrt{N_0}} \times \sqrt{E_s} \right), \tag{6.1}$$

où N_0 est la variance du bruit additif gaussien η_v, et $\bar{d}_{ij}$ est la distance euclidienne normalisée entre deux vecteurs $\mathbf{s}_i$ et $\mathbf{s}_j$. Nous notons N_i le nombre de voisins du symbole $\mathbf{s}_i$ tel que $\bar{d}_{ij} = d_{\min}$, où $d_{\min}$ représente la distance euclidien minimale dans la constellation reçue et est définie par

$$d_{\min}^2 = \min_{\mathbf{s}_k, \mathbf{s}_l \in S, \mathbf{s}_k \neq \mathbf{s}_l} \|\mathbf{H}_v \mathbf{F}_d (\mathbf{s}_k - \mathbf{s}_l)\|^2.$$

La probabilité d'erreur dans (6.1) est alors simplifiée comme

$$\begin{aligned} P_e &\approx \frac{1}{M_s} \sum_{i=1}^{M_s} N_i\, Q\left(\frac{\bar{d}_{\min}}{2\sqrt{N_0}} \times \sqrt{E_s} \right) \\ &\approx N_{d_{\min}} Q\left(\frac{\bar{d}_{\min}}{2\sqrt{N_0}} \times \sqrt{E_s} \right), \end{aligned} \tag{6.2}$$

où M_s est le nombre total des symboles $\mathbf{s}$ transmis, et $N_{d_{\min}} = \frac{1}{M_s} \sum_{i=1}^{M_s} N_i$. Dans le chapitre 5, nous avons démontré que le clé pour réduire la probabilité d'erreur est de maximiser la distance euclidienne minimale dans la constellation reçue. Autrement dit, le critère d'optimisation est donné par

$$\begin{aligned} &\arg\max_{\mathbf{F}_d} d_{\min}^2 \\ &\text{subject to}: \quad \text{trace}\{\mathbf{F}_d \mathbf{F}_d^*\} = E_s. \end{aligned} \tag{6.3}$$

En général, nous pouvons décomposer une matrice de précodage par une décomposition en valeurs singulières (SVD) [12]

$$\mathbf{F}_d = \mathbf{A}\mathbf{\Sigma}\mathbf{B}^*, \tag{6.4}$$

où $\mathbf{A}$ et $\mathbf{B}^*$ sont des matrices $b \times b$ unitaires, et $\boldsymbol{\Sigma}$ est une matrice diagonale. Il faut noter que la matrice $\mathbf{A}$ contient tous les vecteurs propres de la matrice $\mathbf{F}_d\mathbf{F}_d^*$, et chaque colonne de $\mathbf{A}$ représente une direction de voie. Donc il est souvent référencé comme un eigen-beamforming. La matrice $\boldsymbol{\Sigma}$ contrôle la répartition de puissance sur chaque voie. Ces puissances correspondent aux valeurs singulières carrés de $\boldsymbol{\Sigma}^2$. La matrice $\mathbf{B}^*$ correspond au changement et à la rotation des symboles dans la constellation sur chaque voie.

Définissons un vecteur différence comme $\breve{\mathbf{x}} = \mathbf{s}_k - \mathbf{s}_l$, avec $\mathbf{s}_k \neq \mathbf{s}_l$. Le critère d'optimisation devient

$$
\begin{aligned}
d_{\min}^2 &= \min_{\breve{\mathbf{x}} \in \breve{X}} \|\mathbf{H}_v\mathbf{F}_d\breve{\mathbf{x}}\|^2 \\
&= \min_{\breve{\mathbf{x}} \in \breve{X}} \breve{\mathbf{x}}^*\mathbf{F}_d^*\mathbf{H}_v^*\mathbf{H}_v\mathbf{F}_d\breve{\mathbf{x}} \\
&= \min_{\breve{\mathbf{x}} \in \breve{X}} \breve{\mathbf{x}}^*\mathbf{B}\boldsymbol{\Sigma}^*\mathbf{A}^*\mathbf{R}_H\mathbf{A}\boldsymbol{\Sigma}\mathbf{B}^*\breve{\mathbf{x}},
\end{aligned}
\tag{6.5}
$$

où $\breve{X}$ est l'ensemble de tous vecteurs différence possibles, et $\mathbf{R}_H$ est la matrice de covariance du canal, c.à.d. $\mathbf{R}_H = \mathbf{H}_v^*\mathbf{H}_v = \operatorname{diag}(\rho_1, ..., \rho_b)$. Il faut noter que $\mathbf{R}_H$ est une matrice diagonale comme la matrice du canal virtuel $\mathbf{H}_v$ est diagonale.

Lemma 6.1.1 *Sans perte de généralité, la matrice $\mathbf{A}$ du précodeur $\mathbf{F}_d$ optimal est toujours supposée être une matrice identité.*

Proof : Nous considérons d'abord la décomposition propre de la matrice

$$
\boldsymbol{\Sigma}^*\mathbf{A}^*\mathbf{R}_H\mathbf{A}\boldsymbol{\Sigma} = \mathbf{Q}\boldsymbol{\Lambda}\mathbf{Q}^*,
\tag{6.6}
$$

où $\mathbf{Q}$ est une matrice orthogonale et $\boldsymbol{\Lambda}$ est une matrice diagonale. La distance minimale dans (6.5) peut alors s'écrire

$$
d_{\min}^2 = \min_{\breve{\mathbf{x}} \in \breve{X}} \breve{\mathbf{x}}^*\mathbf{B}\mathbf{Q}\boldsymbol{\Lambda}\mathbf{Q}^*\mathbf{B}^*\breve{\mathbf{x}}.
\tag{6.7}
$$

Nous notons λ_k les éléments diagonaux de la matrice $\boldsymbol{\Lambda}$. C'est évident que le nombre des éléments non-nulles de $\boldsymbol{\Lambda}$ est inférieur au nombre de flux de donnés b. Pour cette raison, c'est possible de trouver une autre matrice diagonale $\tilde{\boldsymbol{\Sigma}} = \operatorname{diag}(\sqrt{\tilde{\sigma}_1}, ..., \sqrt{\tilde{\sigma}_k})$ telle que

$$
\tilde{\boldsymbol{\Sigma}}^*\mathbf{R}_H\tilde{\boldsymbol{\Sigma}} = \boldsymbol{\Lambda},
\tag{6.8}
$$

avec les éléments diagonaux de $\tilde{\boldsymbol{\Sigma}}$ sont définis par $\tilde{\sigma}_k = \lambda_k/\rho_k$. La distance $d_{\min}$ dans (6.7) peut alors s'écrire

$$
\begin{aligned}
d_{\min}^2 &= \min_{\breve{\mathbf{x}} \in \breve{X}} \breve{\mathbf{x}}^*\mathbf{B}\mathbf{Q}\tilde{\boldsymbol{\Sigma}}^*\mathbf{R}_H\tilde{\boldsymbol{\Sigma}}\mathbf{Q}^*\mathbf{B}^*\breve{\mathbf{x}} \\
&= \min_{\breve{\mathbf{x}} \in \breve{X}} \breve{\mathbf{x}}^*\tilde{\mathbf{B}}\tilde{\boldsymbol{\Sigma}}^*\mathbf{R}_H\tilde{\boldsymbol{\Sigma}}\tilde{\mathbf{B}}^*\breve{\mathbf{x}},
\end{aligned}
\tag{6.9}
$$

avec la matrice $\tilde{\mathbf{B}}$ est définie par $\tilde{\mathbf{B}} = \mathbf{B}\mathbf{Q}$. En comparant (6.5) et (6.9), on peut conclure qu'il existe une matrice de précodage $\tilde{\mathbf{F}}_{\mathbf{d}} = \tilde{\mathbf{\Sigma}}\tilde{\mathbf{B}}^*$ telle que sa distance euclidienne minimale est égale à celle obtenue par $\mathbf{F}_d$.

∎

Grâce à lemme au dessus, la forme générale du précodeur max-$d_{\min}$ peut être paramétrée comme

$$\mathbf{F}_d = \mathbf{\Sigma}\mathbf{B}^*, \tag{6.10}$$

où $\mathbf{B}^*$ est une matrice $b \times b$ unitaire, et $\mathbf{\Sigma} = \mathrm{diag}(\sqrt{\sigma_1}, ..., \sqrt{\sigma_b})$ est une matrice $b \times b$ diagonale avec les éléments réels et non-négatifs. La contrainte de puissance est alors

$$\mathrm{trace}\{\mathbf{F}_d\mathbf{F}_d^*\} = \mathrm{trace}\{\mathbf{\Sigma}\mathbf{\Sigma}^*\} = E_s. \tag{6.11}$$

6.2   Conception de la matrice de précodage

6.2.1   Principe du précodeur

La solution optimale de l'optimisation de la distance $d_{\min}$ est vraiment difficile à cause de deux raisons. D'abord, l'espace de la solution proportionne à l'une fonction exponentielle du nombre de flux de données b. La deuxième raison c'est que les expressions exactes du précodeur max-$d_{\min}$ dépendent de plusieurs paramètres tels que l'alphabet des symboles ou des caractéristiques du canal virtuel. Nous proposons un modèle sous-optimal du précodeur basé la distance euclidienne minimale. Le critère d'optimisation dans (6.3) peut s'écrire comme

$$\max_{\mathbf{F}_d} \min_{\check{\mathbf{x}} \in \check{X}} d_{\check{\mathbf{x}}}^2 = \check{\mathbf{x}}^* \mathbf{F}_d^* \mathbf{H}_v^* \mathbf{H}_v \mathbf{F}_d \check{\mathbf{x}}. \tag{6.12}$$

Nous considérons la matrice SNR-like de $\mathbf{F}_d$ avec $\mathrm{SNR}(\mathbf{F}_d) = \mathbf{F}_d^* \mathbf{H}_v^* \mathbf{H}_v \mathbf{F}_d$. Au lieu d'optimiser le critère dans (6.12), on peut obtenir une solution sous-optimale mais plus général en considérant divers propriétés de la matrice $\mathrm{SNR}(\mathbf{F}_d)$. Les auteurs dans [35] ont proposé un précodeur basé la maximisation de la valeur propre minimale de $\mathrm{SNR}(\mathbf{F}_d)$. Nous présentons, dans ce chapitre, une autre solution sous-optimale qui tient compte de l'élément diagonal minimum de cette matrice SNR-like. Notons les éléments diagonaux de la matrice $\mathrm{SNR}(\mathbf{F}_d)$ comme δ_k, on obtient

$$d_{\check{\mathbf{x}}}^2 = \check{\mathbf{x}}^* \mathrm{SNR}(\mathbf{F}_d)\check{\mathbf{x}} = \sum_{i=1}^{b} \delta_i x_i^2 + \mathcal{O}(x_i x_j)_{x_i \neq x_j}, \tag{6.13}$$

avec $\check{\mathbf{x}} = [x_1, .., x_b]^T$ est un vecteur différence. Pour chaque vecteur $\check{\mathbf{x}}$, nous avons vu que la fonction $\mathcal{O}(x_i x_j)$ à droit a moins d'influence que la somme des éléments diagonaux $\delta_i x_i^2$.

Le problème critère d'optimisation peut être alors simplifiée par

$$\max_{\mathbf{F}_d} \min_{\check{\mathbf{x}} \in \check{X}} \sum_{i=1}^{b} \delta_i x_i^2. \tag{6.14}$$

Le critère au dessus a une borne inférieure suivante

$$\min_{\check{\mathbf{x}} \in \check{X}} \sum_{i=1}^{b} \delta_i x_i^2 \geq \delta_{\min} \min_{\check{\mathbf{x}} \in \check{X}} \sum_{i=1}^{b} x_i^2 = \delta_{\min} \min_{\check{\mathbf{x}} \in \check{X}} \|\check{\mathbf{x}}\|^2, \tag{6.15}$$

où $\delta_{\min}$ représente l'élément diagonal minimum de SNR($\mathbf{F}_d$). On peut voir que la maximisation de l'élément $\delta_{\min}$(SNR($\mathbf{F}_d$)) peut augmenter la somme des éléments diagonaux, et alors améliorer la distance minimale du précodeur. Pour cette raison, on peut résoudre le problème dans (6.12) en maximisant l'élément diagonal minimum $\delta_{\min}$(SNR($\mathbf{F}_d$)). Substituons (6.10) en la forme de la matrice SNR($\mathbf{F}_d$), on obtient

$$\text{SNR}(\mathbf{F}_d) = \mathbf{B}\boldsymbol{\Sigma}^*\mathbf{H}_v^*\mathbf{H}_v\boldsymbol{\Sigma}\mathbf{B}^* = \mathbf{B}\boldsymbol{\Upsilon}\mathbf{B}^*, \tag{6.16}$$

où $\boldsymbol{\Upsilon} = \text{diag}(\rho_1\sigma_1, ..., \rho_b\sigma_b) = \text{diag}(\lambda_1, ..., \lambda_b)$ est une matrice diagonale avec des éléments réels et non-négatifs. Pour tout $\boldsymbol{\Upsilon}$, un choix optimal de la matrice $\mathbf{B}$ est donné par le lemme suivant

Lemma 6.2.1 *Pour la matrice diagonale $\boldsymbol{\Upsilon}$ avec des éléments réels non-négatifs et la matrice unitaire $\mathbf{B}$ de taille $b \times b$, nous avons les propriétés suivantes*

i)

$$\max_{\mathbf{B}\mathbf{B}^*=\mathbf{I}_b} \min_i [\mathbf{B}\boldsymbol{\Upsilon}\mathbf{B}^*]_{i,i} = \frac{\text{trace}(\boldsymbol{\Upsilon})}{b}. \tag{6.17}$$

ii) La valeur optimale dans (6.17) est obtenue avec une matrice de transformée de Fourier discrète (matrice-DFT)

$$\mathbf{B}^* = \mathbf{D}_b = \frac{1}{\sqrt{b}} \begin{pmatrix} 1 & 1 & 1 & \dots & 1 \\ 1 & \omega & \omega^2 & \dots & \omega^{b-1} \\ 1 & \omega^2 & \omega^4 & \dots & \omega^{2(b-1)} \\ \vdots & \vdots & \vdots & & \vdots \\ 1 & \omega^{b-1} & \omega^{2(b-1)} & \dots & \omega^{(b-1)(b-1)} \end{pmatrix}, \tag{6.18}$$

où ω est une racine b-ième primitive de l'unité, c.à.d. $\omega = e^{-\frac{2\pi i}{b}}$.

Proof : D'abord, on va montrer que le côté droit de l'équation (6.17) est la borne supérieure du côté gauche. Ensuite, on montre que la matrice de transformée de Fourier discrète de taille b produit cette borne supérieure.

i) Puisque $\mathbf{B}$ est une matrice unitaire et $\boldsymbol{\Upsilon}$ est une matrice diagonal, on a

$$\sum_{i=1}^{b} \delta_i = \text{trace}(\mathbf{B}\boldsymbol{\Upsilon}\mathbf{B}^*) = \text{trace}(\boldsymbol{\Upsilon}). \qquad (6.19)$$

De l'autre côté, les éléments diagonaux du $\boldsymbol{\Upsilon}$ sont non-négatifs, donc les éléments diagonaux de $\mathbf{B}\boldsymbol{\Upsilon}\mathbf{B}^*$ sont aussi non-négatifs. Nous supposons que la somme des b nombres non-négatifs $\{\alpha_i\}_{i=1}^{b}$ est égale à $\mathcal{M}$, c'est évident que le nombre minimum est inférieur à $\mathcal{M}/b$. Donc, le côté gaude de (6.17) est limité à

$$\min_i [\mathbf{B}\boldsymbol{\Upsilon}\mathbf{B}^*]_{i,i} \leq \frac{\sum_{i=1}^{b} \delta_i}{b} = \frac{\text{trace}(\boldsymbol{\Upsilon})}{b}. \qquad (6.20)$$

ii) Nous définissons $\beta_{i,j}$ l'élément (i,j) de la matrice $\mathbf{B}^*$, on a

$$[\mathbf{B}\boldsymbol{\Upsilon}\mathbf{B}^*]_{i,i} = \sum_{j=1}^{b} \lambda_j \|\beta_{i,j}\|^2. \qquad (6.21)$$

Si $\mathbf{B}^*$ est choisie être une matrice-DFT, c.à.d. l'amplitude de chaque élément de la matrice $\mathbf{D}_b$ est égal à $|\beta_{i,j}|^2 = 1/b$, donc on obtient

$$[\mathbf{B}\boldsymbol{\Upsilon}\mathbf{B}^*]_{i,i} = \sum_{j=1}^{b} \lambda_j \frac{1}{b} = \frac{\text{trace}(\boldsymbol{\Upsilon})}{b}, \qquad (6.22)$$

pour tout $1 \leq i \leq b$.   ∎

Grâce à ce lemme, le but revient de trouver la matrice diagonale $\boldsymbol{\Sigma}$ afin d'optimiser la distance minimale. Une approche numérique monte que la distance euclidienne minimale sur la constellation reçue est toujours obtenue par certains vecteurs différence.

Proposition 6.2.2 *Pour la forme du précodeur proposée dans (6.10), l'égalité des deux distances euclidiennes des vecteurs différence est assuré en changeant seulement les paramètres de $\boldsymbol{\Sigma}$ et retenant les angles de $\mathbf{B}^*$.*

Proof : Pour $\hat{\mathbf{H}}_v = \text{diag}(\sqrt{\hat{\rho}_1}, ..., \sqrt{\hat{\rho}_b})$ et $\hat{\boldsymbol{\Sigma}} = \text{diag}(\sqrt{\hat{\sigma}_1}, ..., \sqrt{\hat{\sigma}_b})$, nous supposons que deux vecteurs différence $\check{\mathbf{x}}_1$, $\check{\mathbf{x}}_2$ offre les mêmes distance euclidiennes

$$\begin{cases} d_{\check{\mathbf{x}}_1|\hat{\mathbf{H}}_v}^2 = \|\hat{\mathbf{H}}_v \hat{\boldsymbol{\Sigma}} \mathbf{B}\check{\mathbf{x}}_1\|^2 \\ d_{\check{\mathbf{x}}_2|\hat{\mathbf{H}}_v}^2 = \|\hat{\mathbf{H}}_v \hat{\boldsymbol{\Sigma}} \mathbf{B}\check{\mathbf{x}}_2\|^2 \end{cases} \qquad (6.23)$$

Lorsque le canal virtuel varie de $\hat{\mathbf{H}}_v$ à $\mathbf{H}_v = \text{diag}(\sqrt{\rho_1}, ..., \sqrt{\rho_b})$, nous définissons une matrice diagonale $\boldsymbol{\Sigma}$ avec des éléments réels et non-négatifs tels que

$$\sigma_i \rho_i = \kappa \, \hat{\sigma}_i \hat{\rho}_i, \qquad (6.24)$$

où κ est constant. En substituant $\hat{\sigma}_i$ à la contrainte de puissance dans (6.11), on obtient

$$\text{trace}\{\boldsymbol{\Sigma}\boldsymbol{\Sigma}^*\} = \sum_{i=1}^{b} \sigma_i = \kappa \sum_{i=1}^{b} \hat{\sigma}_i \left(\frac{\hat{\rho}_i}{\rho_i} \right) = E_s \qquad (6.25)$$

où

$$\kappa = \frac{E_s}{\sum_{i=1}^{b} \hat{\sigma}_i \hat{\rho}_i / \rho_i}. \qquad (6.26)$$

La distance euclidienne fournissant par $\breve{\mathbf{x}}_1$ est alors

$$\begin{aligned} d^2_{\breve{\mathbf{x}}_1 | \mathbf{H}_v} &= \| \mathbf{H}_v \boldsymbol{\Sigma} \mathbf{B} \breve{\mathbf{x}}_1 \|^2 \\ &= \| \sqrt{\kappa} \, \hat{\mathbf{H}}_v \hat{\boldsymbol{\Sigma}} \mathbf{B} \breve{\mathbf{x}}_1 \|^2 \\ &= \kappa \, d^2_{\breve{\mathbf{x}}_1 | \hat{\mathbf{H}}_v}. \end{aligned}$$

De la même façon, on a

$$d^2_{\breve{\mathbf{x}}_2 | \mathbf{H}_v} = \kappa \, d^2_{\breve{\mathbf{x}}_2 | \hat{\mathbf{H}}_v}.$$

Comme $d^2_{\breve{\mathbf{x}}_1 | \hat{\mathbf{H}}_v} = d^2_{\breve{\mathbf{x}}_2 | \hat{\mathbf{H}}_v}$, on obtient $d^2_{\breve{\mathbf{x}}_1 | \mathbf{H}_v} = d^2_{\breve{\mathbf{x}}_2 | \mathbf{H}_v}$. Par conséquent, l'égalité des deux distances euclidiennes est assuré en changeant seulement les paramètres de la matrice $\boldsymbol{\Sigma}$. ∎

6.2.2 Modèle du précodeur

Dans la partie précédente, nous avons présenté le principe du nouveau précodeur. D'abord, la matrice de précodage $\mathbf{F}_d$ est décomposée par un produit d'une matrice d'allocation de puissance $\boldsymbol{\Sigma}$ et d'une matrice du changement de constellation reçue $\mathbf{B}^*$. La matrice $\mathbf{B}^*$ est ensuite choisie être une matrice de transformée de Fourier discrète de taille b. La matrice $\boldsymbol{\Sigma}$ détermine le nombre de voies utilisés à l'émission et contrôle la répartition de puissance sur chaque sous-canal. Il faut noter que la valeur maximale du nombre de voies est inférieur au rang de la matrice de canal $\mathbf{H}$. Nous supposons que les symboles sont transmis sur k sous-canal, avec $k \leq b = \text{rank}(\mathbf{H})$. Pour chaque valeur de k, il s'agit de trouver la matrice $\boldsymbol{\Sigma}$ avec k éléments réels positifs afin d'optimiser la distance minimale. Pour cette raison, nous avons besoins b différentes expressions de $\mathbf{F}_d$ correspondant à b précodeurs qui allouent respectivement la puissance sur 1, 2,.., et b sous-canaux virtuels.

Le modèle du précodeur qui se consiste une matrice du changement de constellation et une matrice d'allocation de puissance, est indiqué sur la figure 6.1. Grâce à la connaissance de l'état du canal à l'émission, le précodeur décide d'abord le nombre de flux de données utilisés pour la transmission. Les données sont ensuite modulées en les vecteurs de symboles pour chaque voie indépendante. Pour maintenir le débit de données, il s'agit de changer la modulations des symboles pour chaque précodeur (détaillé dans la section 6.3.2). À la sortie du bloc de modulation, les symboles sont prétraitées par une matrice de transformée de Fourier discrète (DFT) de taille k. Finalement, ces symboles sont multiplié à la matrice d'allocation de puissance Σ. À la réception du système, une détection du maximum de vraisemblance (MV) est considérée pour récupérer les symboles originaux.

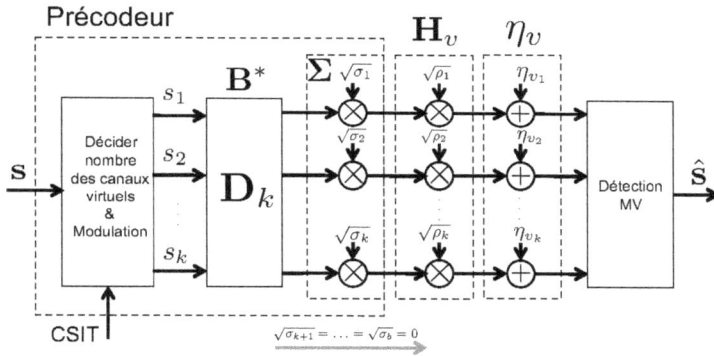

FIGURE 6.1 – Modèle du précodeur utilisant la matrice DFT.

Le but est de déterminer la matrice Σ maximisant la distance minimale dans les constellations reçues au récepteur. Rappelons que les coefficients de Σ dépendent de nombre de flux de données et l'alphabet de symboles. Dans les paragraphes suivants nous allons développer une expression générale du précodeur pour des systèmes utilisant les modulations MAQ rectangulaires.

6.3   Précodeur optimal pour les modulations MAQ rectangulaires

Pour une modulation MAQ-4^m rectangulaire, les symboles transmis appartiennent à l'ensemble suivant

$$S = \frac{1}{\sqrt{M}} \left\{ a + b\,i \; ; \; a - b\,i \; ; \; -a + b\,i \; ; \; -a - b\,i \right\}, \tag{6.27}$$

où $M = \frac{2}{3}(4^m - 1)$ et $a, b \in \{1, 3, \ldots, 2^m - 1\}$.

Notre objectif principal est d'obtenir une matrice Σ sous la contrainte de puissance (6.11) afin d'optimiser la distance minimale. Le nombre d'éléments diagonaux non nuls de

Σ représente le nombre de voies utilisés pour la transmission. Nous notons les précodeurs qui allouent la puissance sur k sous-canaux comme $\mathbf{F}_k$ avec $k = 1, \ldots, b$. Ces précodeurs sont présentés dans la suite.

6.3.1 Expressions du précodeur

En considérant (6.24) et (6.26), on obtient les éléments diagonaux de la matrice Σ optimal

$$\sigma_i = \frac{E_s}{\sum_{j=1}^{k} \phi_j \rho_j^{-1}} \, \phi_i \rho_i^{-1}, \tag{6.28}$$

où ϕ_i représente le coefficient de puissance sur le $i^{\text{ème}}$ sous canal virtuel. On peut voir que les éléments diagonaux σ_i sont linéairement proportionnels à ϕ_i. Maintenant une approche numérique est mise en œuvre afin de trouver quels vecteurs différence offrent la distance minimale. En égalisant les distances euclidiennes obtenues par ces vecteurs différence, on peut obtenir le coefficient de puissance optimal pour le précodeur $\mathbf{F}_d$. Ces coefficients sont rassemblés dans le Tab. 6.1.

Expression	ϕ_1	ϕ_2	ϕ_3	ϕ_4	ϕ_k
Σ_1	1				
Σ_2	3	1			
Σ_3	$6 + 2\sqrt{3}$	$2 + \sqrt{3}$	1		
Σ_4	9	5	1	1	
Σ_k	$\ldots$	$\ldots$	$\ldots$	$\ldots$	$\ldots$

TABLE 6.1 – Coefficients optimaux pour la matrice d'allocation de puissance Σ.

Précodeur $\mathbf{F}_1$

Ce précodeur ressemble vraiment à beamforming qui n'alloue la puissance qu'au sous-canal le plus fort, c.à.d. $\Sigma = \text{diag}\{\sqrt{E_s}, 0, \ldots, 0\}$. Afin de maintenir le débit de données, le précodeur $\mathbf{F}_1$ utilise une modulation MAQ d'ordre supérieur. En effet, il transforme un signal MAQ-4^m dans b sous-canaux virtuels en un symbole de MAQ-$4^{b.m}$ sur le premier sous-canal (détaillé dans la section 6.3.2). La distance minimale fournie par $\mathbf{F}_1$ est alors

$$d_{\mathbf{F}_1}^2 = \frac{4}{M} E_s \rho_1. \tag{6.29}$$

Précodeur $\mathbf{F}_2$

Ce précodeur est similaire à la deuxième expression du précodeurs Neighbor-$d_{\min}$ présenté dans le chapitre 5. Une recherche numérique montre que la distance minimale est obtenue par deux vecteurs différence $\check{\mathbf{x}}_1 = \frac{1}{\sqrt{M}}[0\,2]^T$, et $\check{\mathbf{x}}_2 = \frac{1}{\sqrt{M}}[2\,\text{-}2]^T$. En égalisant les deux distances normalisées $\bar{d}_{\tilde{x}_1}^2 = \bar{d}_{\tilde{x}_2}^2$, on obtient

$$\mathbf{F}_2 = \sqrt{\frac{E_s}{2}} \begin{pmatrix} \cos\psi & 0 \\ 0 & \sin\psi \end{pmatrix} \begin{pmatrix} 1 & 1 \\ \text{-}1 & 1 \end{pmatrix}, \tag{6.30}$$

où $\psi = \operatorname{atan}(\sqrt{\rho_1/3\rho_2})$. La distance $d_{\min}$ du précodeur $\mathbf{F}_2$ est définie par

$$d_{\mathbf{F}_2}^2 = \frac{4}{M} E_s \frac{2\rho_1\rho_2}{\rho_1 + 3\rho_2}. \tag{6.31}$$

Le constellation obtenue à la réception pour le précodeur $\mathbf{F}_2$ est illustrée dans la figure 6.2. Il faut noter qu'il y a deux constellations sur chaque récepteur, et les impacts coïncidant sur une constellation sont éloignés sur la seconde (par exemples les points A et B). Comme présenté dans le chapitre 5, le nombre moyen de voisins qui fournissent la distance $d_{\min}$ du précodeur $\mathbf{F}_2$ est inférieur à celui obtenu par le précodeur max-$d_{\min}$ optimal [39]. Cette propriété confirme une amélioration du BER pour le nouveau précodeur.

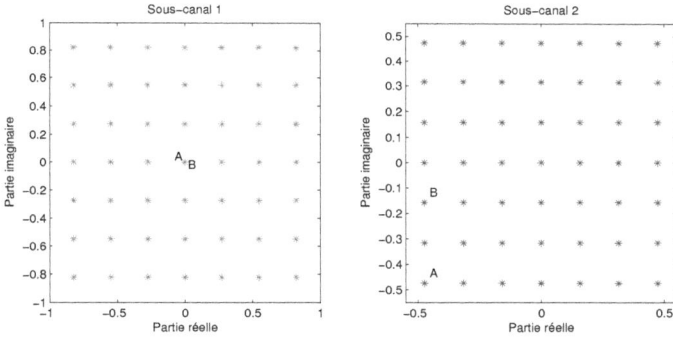

FIGURE 6.2 – Constellation reçue au récepteur pour le précodeur $\mathbf{F}_2$.

Précodeur $\mathbf{F}_3$

Dans le cas de trois flux de données indépendants, la matrice unitaire $\mathbf{B}^*$ du précodeur $\mathbf{F}_3$ est définie par

$$\mathbf{B}^* = \frac{1}{\sqrt{3}} \begin{pmatrix} 1 & 1 & 1 \\ 1 & \frac{\text{-}1\text{-}\sqrt{3}i}{2} & \frac{\text{-}1+\sqrt{3}i}{2} \\ 1 & \frac{\text{-}1+\sqrt{3}i}{2} & \frac{\text{-}1\text{-}\sqrt{3}i}{2} \end{pmatrix}. \tag{6.32}$$

Une recherche numérique montre que la distance minimale est obtenue par trois vecteurs différence suivants

$$\begin{cases} \check{\mathbf{x}}_1 = \frac{1}{\sqrt{M}}[0,0,2]^T \\ \check{\mathbf{x}}_2 = \frac{1}{\sqrt{M}}[0,2,\text{-}2]^T \\ \check{\mathbf{x}}_3 = \frac{1}{\sqrt{M}}[2,\text{-}2\text{-}2i,2i]^T \end{cases}$$

En égalisant trois distances au dessus, on obtient

$$\begin{cases} \sigma_2/\sigma_3 = \frac{2+\sqrt{3}}{\rho_2/\rho_3} \\ \sigma_1/\sigma_3 = \frac{6+2\sqrt{3}}{\rho_1/\rho_3} \end{cases} \tag{6.33}$$

La distance minimale obtenue par le précodeur $\mathbf{F}_3$ est alors

$$d_{\mathbf{F}_3}^2 = \frac{4}{M}E_s\frac{(3+\sqrt{3})\rho_1\rho_2\rho_3}{\rho_1\rho_2+(2+\sqrt{3})\rho_1\rho_3+(6+2\sqrt{3})\rho_2\rho_3}. \tag{6.34}$$

La figure 6.3 illustre la constellation reçue du précodeur $\mathbf{F}_3$ utilisant la modulation MAQ-4. Comme le cas de $\mathbf{F}_2$, deux vecteurs de symboles traités par $\mathbf{F}_3$ étant proche sur une constellation sont éloignés sur les autres constellations (par exemple les points B et C).

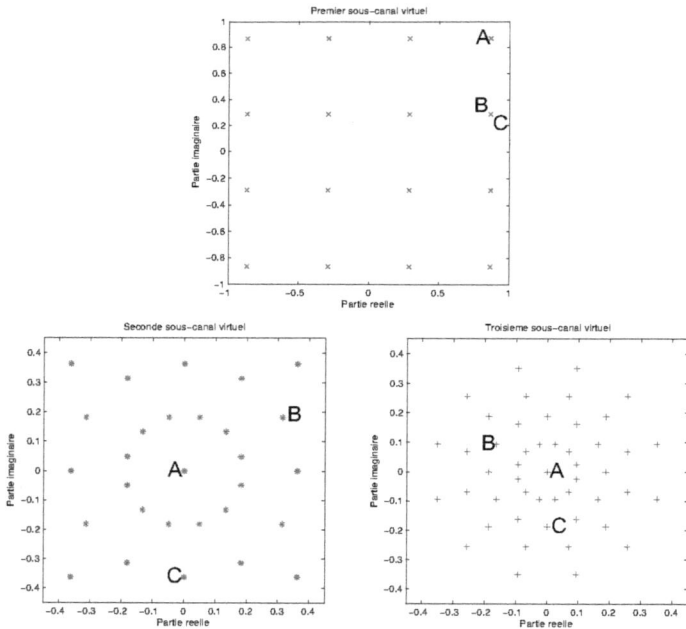

FIGURE 6.3 – Constellations reçue pour le précodeur $\mathbf{F}_3$.

Précodeur $\mathbf{F}_4$

Pour quarte flux de données indépendants, la matrice unitaire $\mathbf{B}^*$ du précodeur $\mathbf{F}_4$ est définie par

$$\mathbf{B}^* = \frac{1}{2} \begin{pmatrix} 1 & 1 & 1 & 1 \\ 1 & -i & -1 & i \\ 1 & -1 & 1 & -1 \\ 1 & i & -1 & -i \end{pmatrix}. \tag{6.35}$$

La distance minimale du précodeur $\mathbf{F}_4$ est obtenue par les quarte vecteurs différence suivants

$$\begin{cases} \breve{\mathbf{x}}_1 = \frac{1}{\sqrt{M}} [0, 0, 0, 2]^T \\ \breve{\mathbf{x}}_2 = \frac{1}{\sqrt{M}} [0, 0, 2, \text{-}2]^T \\ \breve{\mathbf{x}}_3 = \frac{1}{\sqrt{M}} [0, 2, \text{-}2\text{-}2i, 2i]^T \\ \breve{\mathbf{x}}_4 = \frac{1}{\sqrt{M}} [2, \text{-}2, 2, \text{-}2]^T \end{cases}$$

En égalisant quarte distances au dessus, on a

$$\begin{cases} \sigma_3/\sigma_4 = \frac{1}{\rho_3/\rho_4} \\ \sigma_2/\sigma_4 = \frac{5}{\rho_2/\rho_4} \\ \sigma_1/\sigma_4 = \frac{9}{\rho_1/\rho_4} \end{cases} \tag{6.36}$$

La distance $d_{\min}$ obtenue par $\mathbf{F}_4$ est donnée par

$$d_{\mathbf{F}_4}^2 = \frac{4}{M} E_s \frac{4}{9/\rho_1 + 5/\rho_2 + 1/\rho_3 + 1/\rho_4}. \tag{6.37}$$

Le cas général $\mathbf{F}_k$

Définissons $\breve{\mathbf{x}}_1$, $\breve{\mathbf{x}}_2$, ..., $\breve{\mathbf{x}}_k$ comme k vecteurs différence qui fournissent la distance minimale. La distance euclidienne $d_{\breve{\mathbf{x}}_i}$ correspondante est définie par

$$d_{\breve{\mathbf{x}}_i}^2 = \breve{\mathbf{x}}_i^* \mathbf{B} \mathbf{\Upsilon} \mathbf{B}^* \breve{\mathbf{x}}_i$$
$$= \sum_{j=1}^{k} \lambda_j |u_{i(j)}|^2 \tag{6.38}$$

où $\mathbf{\Upsilon} = \mathbf{\Sigma}^* \mathbf{H}_v^* \mathbf{H}_v \mathbf{\Sigma} = \text{diag}(\lambda_1, ..., \lambda_k)$, et le vecteur $\mathbf{u}_i$ est donné par

$$\mathbf{u}_i = \mathbf{B}^* \breve{\mathbf{x}}_i = [u_{i(1)}, u_{i(2)}, \dots, u_{i(k)}]^T. \tag{6.39}$$

En égalisant k distances euclidiennes, on obtient $(k-1)$ équations suivants

$$\sum_{j=1}^{k} \lambda_j \left(|u_{1(j)}|^2 - |u_{i(j)}|^2 \right) = \sum_{j=1}^{k} \lambda_j v_{i,j} = 0, \tag{6.40}$$

où $v_{i,j} = |u_{1(j)}|^2 - |u_{i(j)}|^2$ avec $i = 2, \ldots, k$. Dans le cas de la modulation MAQ-4^m, il est intéressant de noter que le vecteur différence $\breve{x}_1 = [0, \ldots, 0, 2]^T$ offre toujours la distance minimale, c.à.d. $|u_{1(j)}|^2 = 4$ avec $j = 1 \ldots k$. La contrainte de puissance dans (6.11) peut maintenant s'écrire

$$\sum_{j=1}^{k} \lambda_j / \rho_j = \sum_{j=1}^{k} \sigma_j = E_s. \tag{6.41}$$

Nous définissons $\lambda = [\lambda_1, \ldots, \lambda_k]^T$, et $v_{1,j} = 1/\rho_j$ avec $j = 1, \ldots, k$, on a

$$\begin{pmatrix} v_{1,1} & v_{1,2} & \ldots & v_{1,k} \\ v_{2,1} & v_{2,2} & \ldots & v_{2,k} \\ \vdots & \vdots & & \vdots \\ v_{k,1} & v_{k,2} & \ldots & v_{k,k} \end{pmatrix} \begin{pmatrix} \lambda_1 \\ \lambda_2 \\ \vdots \\ \lambda_k \end{pmatrix} = \begin{pmatrix} E_s \\ 0 \\ \vdots \\ 0 \end{pmatrix} \tag{6.42}$$

ou

$$\mathbf{V}\lambda = \epsilon. \tag{6.43}$$

En conclusion, les coefficients de puissance ϕ_i sont proportionnels aux éléments du vecteur λ qui peut être définie par $\lambda = \mathbf{V}^{-1}\epsilon$. La condition de l'existence d'un vecteur λ est que la matrice $\mathbf{V}$ doit être inversible. Puisque le vecteur $\breve{x}_1 = [0, \ldots, 0, 2]^T$ offre la distance minimale, cette distance $d_{\min}$ est alors définie par

$$d_{\mathbf{F}_k}^2 = 4 \sum_{j=1}^{k} \lambda_j. \tag{6.44}$$

6.3.2 Domaine de définition

Le principe principal est de choisir le précodeur maximisant la distance minimale pour chaque nombre de flux de données. Il faut noter que le débit du précodeur $\mathbf{F}_i$ est différent de l'autre précodeur. Par exemple, si nous prenons la même modulation pour les deux précodeurs $\mathbf{F}_1$ et $\mathbf{F}_2$, le débit de données pour $\mathbf{F}_2$ est deux fois plus grand que celui pour $\mathbf{F}_1$. Par conséquent, nous devons considérer le débit de données obtenu par divers précodeurs lorsque nous comparons leurs distances $d_{\min}$. La probabilité d'erreur dans (6.2) peut être définie par

$$P_e \approx \mathrm{N}_{d_{\min}} Q\left(\frac{\bar{d}_{\min}}{2} \times \sqrt{\mathrm{SNR}\frac{B}{f_s}\frac{1}{\log_2 M}}\right), \tag{6.45}$$

où M est la taille de la modulation MAQ, B est la bande passante, et f_s est le débit de symboles. Pour chaque modulation, en comparant le côté droit de (6.45) pour tous b précodeurs, nous pouvons obtenir le domaine de définition du chaque précodeur.

Afin de maintenir le débit de donnés, une autre simple méthode est d'utiliser diverses modulations MAQ pour chaque précodeur. Revenons à l'exemple des deux précodeurs $\mathbf{F}_1$ et $\mathbf{F}_2$. Lorsque la modulation MAQ-4 est utilisé pour le précodeur $\mathbf{F}_2$, cela signifie que deux symboles 2-bits sont transmis sur deux flux de données indépendants. Au lieu de le transmettre sur deux voies, nous pouvons envoyer un symbole 4-bits (MAQ-16) sur le premier sous-canal virtuel. Maintenant, deux distances minimales correspondant à $\mathbf{F}_1$ avec la modulation MAQ-16 et $\mathbf{F}_2$ avec la modulation MAQ-4 sont comparés pour déterminer le domaine de définition du chaque précodeur. On a

$$\begin{cases} d_{\mathbf{F}_1}^2 = \frac{2}{5} E_s \rho_1 \\ d_{\mathbf{F}_2}^2 = 2\, E_s \frac{2\rho_1\rho_2}{\rho_1+3\rho_2} \end{cases} \tag{6.46}$$

Lorsque $d_{\mathbf{F}_1}^2 > d_{\mathbf{F}_2}^2$ ou $\rho_1/\rho_2 > 7$: le précodeur $\mathbf{F}_1$ est choisi, et au contraire, lorsque $\rho_1/\rho_2 < 7$: le précodeur $\mathbf{F}_2$ est utilisé. D'autres domaines de définition peuvent être trouvés avec la même façon.

Le programme Matlab en dessous présente les formes du nouveau précodeur pour quarte flux de données indépendants :

```
function [Fd,vt] = pre_neighbor_rate(Hv,SNR,m,k)
ord = 2*m*k;
Po=10^(SNR/10);
Ms = 2/3*(4^k-1);
diagHv = diag(Hv);
M = 4^k;
% ----------------- Precodeur F1 -----------------
br = 1;
R = ord/br; % bits rate
fs = R / log2(M^br); % symbols rate
ro = Hv(1,1)^2;
F{1} = [1];
% M1 = 2/3*(4^(4*k/br)-1); % Modulation rate
% d(1) = 4/M1 * ro;
d(1) = 4/Ms * ro /fs;
% ----------------- Precodeur F2 -----------------
br = 2;
R = ord/br; % bits rate
fs = R / log2(M^br); % symbols rate
tile = [3;1]; % for br = 2
S = calculate_matrixS(diagHv(1:br).^2,tile);
B = DFT_matrix(2);
F{2} = S*B;
dtemp = diag(diagHv(1:br))*S*B*[0;2];
% M2 = 2/3*(4^(4*k/br)-1); % Modulation rate
% d(2) = 1/M2 * dtemp'*dtemp;
d(2) = 1/Ms * dtemp'*dtemp /fs;
```

```
% ─────────────── Precodeur F3 ───────────────
br = 3;
R = ord/br; % bits rate
fs = R / log2(M^br); % symbols rate
tile = [6+2*sqrt(3);2+sqrt(3);1]; % for br = 3
S = calculate_matrixS(diagHv(1:br).^2,tile);
B = DFT_matrix(3);
F{3} = S*B;
dtemp = diag(diagHv(1:br))*S*B*[0;0;2];
% M3 = 2/3*(4^(4*k/br)-1); % Modulation rate
% d(3) = 1/M3 * dtemp'*dtemp;
d(3) = 1/Ms * dtemp'*dtemp /fs;
% ─────────────── Precodeur F4 ───────────────
br = 4;
R = ord/br; % bits rate
fs = R / log2(M^br); % symbols rate
tile = [9;3;3;1]; % for br = 4
S = calculate_matrixS(diagHv(1:br).^2,tile);
B = DFT_matrix(4);
F{4} = S*B;
dtemp = diag(diagHv(1:br))*S*B*[0;0;0;2];
% M4 = 2/3*(4^(4*k/br)-1); % Modulation rate
% d(4) = 1/M4 * dtemp'*dtemp;
d(4) = 1/Ms * dtemp'*dtemp /fs;
% ─────── Form of precoder and distance ───────
[max_d,vt] = max(d);
Fd = sqrt(Po) * F{vt};
```

6.4 Résultats de simulation

6.4.1 Comparaison de la distance euclidienne minimale

Tout d'abord, on indique l'amélioration du nouveau précodeur en termes de distance euclidienne minimale. Pour un précodeur diagonal, la distance euclidienne minimale entre deux vecteurs transmis $\mathbf{s}$ et $\mathbf{r}$ peut être simplifiée par

$$
\begin{aligned}
d_{\min}^2 &= \min_{\mathbf{s},\mathbf{r}\in S,\mathbf{s}\neq\mathbf{r}} \|\mathbf{H}_v\mathbf{F}_d(\mathbf{s}-\mathbf{r})\|^2 \\
&= \min_{\mathbf{s},\mathbf{r}\in S,\mathbf{s}\neq\mathbf{r}} E_s \sum_i^b \rho_i f_i^2 |s_i - r_i|^2
\end{aligned}
\tag{6.47}
$$

où $\mathbf{s} = [s_1, s_2, .., s_b]^T$, $\mathbf{r} = [r_1, r_2, .., r_b]^T$, $\mathbf{F}_d = \mathrm{diag}(f_1, .., f_b)$, et $\rho_1 \geq \rho_2 \geq ... \geq \rho_b$ sont les valeurs propres de $\mathbf{H}\mathbf{H}^*$. Il est évident que la distance euclidienne minimale est obtenue lorsque les vecteurs $\mathbf{s}$ et $\mathbf{r}$ sont différentes d'un seul symbole. La distance euclidienne minimale du précodeur diagonal est alors définie par

$$
\begin{aligned}
d_{\min}^2 &= \min_{\mathbf{s},\mathbf{r}\in S,\mathbf{s}\neq\mathbf{r}} \ \min_{i=1..b} \rho_i f_i^2 |s_i - r_i|^2 \\
&= \min_{i=1..b} \rho_i f_i^2 \min_{\mathbf{s},\mathbf{r}\in S,\mathbf{s}\neq\mathbf{r}} |s_i - r_i|^2 \\
&= 4\beta_M E_s \min_{i=1..b} \rho_i f_i^2.
\end{aligned}
\tag{6.48}
$$

où $4\beta_M = 4/M = 6/(4^k - 1)$ est la distance euclidienne minimale au carré dans la constellation d'une modulation MAQ-4^k rectangulaire.

En comparant le côté droit de l'équation (6.48), les distances minimales correspondant à certains précodeurs traditionnels, par exemple : beamforming, max-$\lambda_{\min}$ [35], WaterFiling [14], et EQMM [34] sont déterminés. Le tableau 6.2 rassemble les distances $d_{\min}$ obtenues par chaque précodeur, avec $(x)^+ \stackrel{\text{def}}{=} \max(x, 0)$.

La figure 6.4 représente la distance minimale normalisée $(d_{\min}^2/E_s/\rho^2)$ pour chaque précodeur utilisant une modulation MAQ-4 dans le cas de deux flux de données. Pour éviter que la distance minimale nulle ne se produit pas dans ces figures, la puissance moyenne d'émission E_s du précodeur diagonal est choisie suffisamment grande telle qu'elle est répartie sur tous les canaux virtuels. On observe que la performance du notre précodeur est meilleure que ceux de WaterFiling, max-$\lambda_{\min}$, et EQMM en terme de $d_{\min}$. Les distances minimales obtenues par le précodeur proposé et le précodeur max-$d_{\min}$[73] sont très proches. L'écart de deux distances reste constant avec les valeurs faibles de l'angle du canal ($\gamma < 17.28^o$). Pour deux flux de données, il faut noter que le précodeur proposé ici ressemble au précodeur Neighbor-$d_{\min}$ présenté dans le chapitre 5. Donc il produit moins de voisins qui fournissent la distance minimale.

Précodeur	La distance minimale $d_{\min}^2$
Beamforming	$\dfrac{4}{M} E_s \rho_1$
Water-filling	$\dfrac{4}{M}\left(\rho_b \dfrac{E_s + \sum_{j=1}^{b} 1/\rho_j}{b} - 1\right)^{+}$
EQMM	$\dfrac{4}{M}\left(\sqrt{\rho_b}\dfrac{E_s + \sum_{j=1}^{b} 1/\rho_j}{\sum_{j=1}^{b} 1/\sqrt{\rho_j}} - 1\right)^{+}$
max-$\lambda_{\min}$	$\dfrac{4}{M}\dfrac{E_s}{\sum_{j=1}^{b} 1/\rho_j}$
Our proposed scheme	$\begin{cases} \dfrac{4}{M} E_s \rho_1 & \text{for } \mathbf{F}_1 \\ \dfrac{4}{M} E_s \dfrac{2\rho_1 \rho_2}{\rho_1 + 3\rho_2} & \text{for } \mathbf{F}_2 \\ \dots\dots \end{cases}$

TABLE 6.2 – Comparaison des distances euclidiennes minimales.

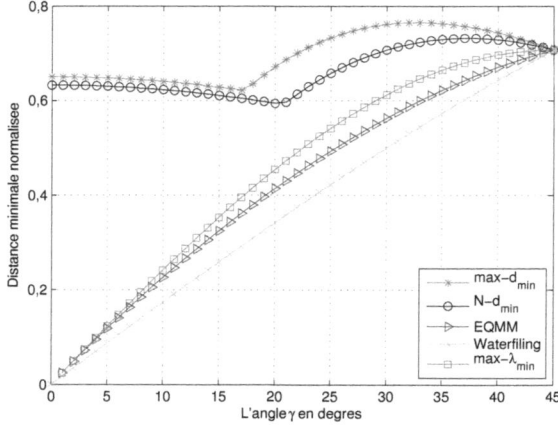

FIGURE 6.4 – La distance minimale normalisée par rapport à l'angle du canal $\gamma = \mathrm{atan}\sqrt{\rho_2/\rho_1}$, pour deux flux de données et une modulation MAQ-4.

6.4.2 Performance du TEB

D'abord, on va comparer les performances du TEB obtenues par chaque précodeur. La figure 6.5 illustre les TEB en fonction de RSB pour deux flux de données et une modulation MAQ-4. On peut voir que le nouveau précodeur obtient une amélioration significative du TEB en comparaison avec les précodeurs diagonaux : WaterFiling, EQMM, et max-λ_{min}. Un gain d'environ 6 dB est obtenu à forte RSB. Par ailleurs, comme indiqué au dessus, le nouveau précodeur produit moins de voisins qui fournissent la distance minimale par rapport à la solution max-d_{min} [73], bien que ils ont une petite différence en termes de d_{min}. Pour cette raison, le précodeur proposé offre une légère amélioration de TEB en comparaison avec le max-d_{min}.

Pour simuler les grands systèmes MIMO, nous considérons un canal avec $n_T = 5$ récepteurs et $n_R = 4$ récepteurs, dans lequel on peut transmettre $b = 4$ flux de symboles indépendants. La matrice de canal **H** est gaussien complexe iid de moyenne nulle. Pour chaque RSB, les précodeurs sont optimisés pour 30,000 matrices aléatoires **H**. Divers précodeurs tels que la conception de Schur-convexe ARITH-BER [74], l'égaliseur à retour de décision (DFE) [52], et la solution d'allocation de bits (MBitRate) [75] sont également mentionnés dans cette comparaison du TEB. On peut voir que le nouveau précodeur offre une amélioration significative de TEB par rapport aux précodeurs DFE, Schur-convex ARITH-BER, et MBitRate, en particulier à forte RSB. Un gain d'environ 3dB est obtenu à TEB = 10^{-4} en comparaison avec le précodeur DFE. Par ailleurs, on observe aussi une

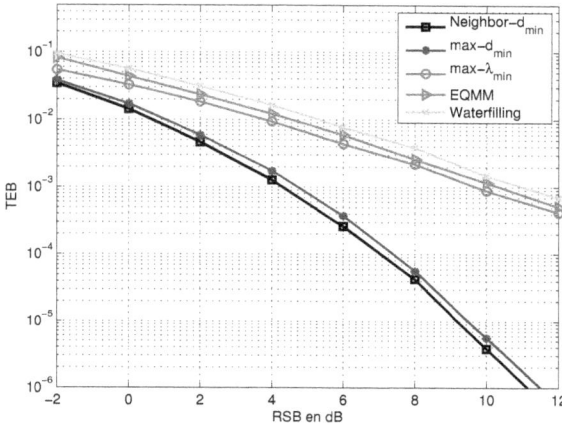

FIGURE 6.5 – Performances du TEB pour deux flux de données.

légère amélioration de TEB obtenue par notre précodeur en comparaison avec E-d_{min}, celle qui démontre clairement l'intérêt de réduire nombre de voisins obtenant la distance minimale.

Nous considérons aussi, dans cette section, l'impact de l'estimation de CSI à la performance du TEB. La figure 6.7 présente la performance du TEB par rapport au RSB dans les cas des connaissances parfaite et imparfaite du canal. La matrice de canal estimée pour le cas d'imparfaite de CSI peut être définie par $\mathbf{H}_{est} = \mathbf{H} + \mathbf{H}_{err}$, où $\mathbf{H}_{err}$ représente l'erreur de l'estimation du canal. Les signaux d'entraînement optimal pour l'estimation d'un canal MIMO-OFDM sont proposés dans [66]. Ici, nous supposons seulement que les éléments de $\mathbf{H}_{err}$ sont aléatoires gaussiennes complexes iid avec les moyennes nulles et la variances égalant $\sigma_{err} = 0.3\sigma$, où σ^2 est la variance gaussien complexe des éléments de $\mathbf{H}$. Nous avons vu que le gain du TEB obtenu par le précodeur proposé diminue à forte RSB, mais cette amélioration reste importante par rapport aux autres précodeurs linéaire, a gain d'environ 2dB est obtenu à RSB = 10^{-5} en comparaison avec la solution E-d_{min}.

6.5   Conclusion

La conception du nouveau précodeur linéaire est obtenue en considérant la matrice SNR-like de précodage. Nous avons présenté une approximation de la distance minimale, et donc le critère d'optimisation revient de maximiser l'élément diagonal minimum de la matrice de SNR-like. Puisque la matrice de précodage est décomposée par le produit d'une matrice d'allocation de puissance et d'une matrice du changement de constellation. La

Systeme MIMO(5,4) utilisant QPSK, canal de Rayleigh, CSI parfaite

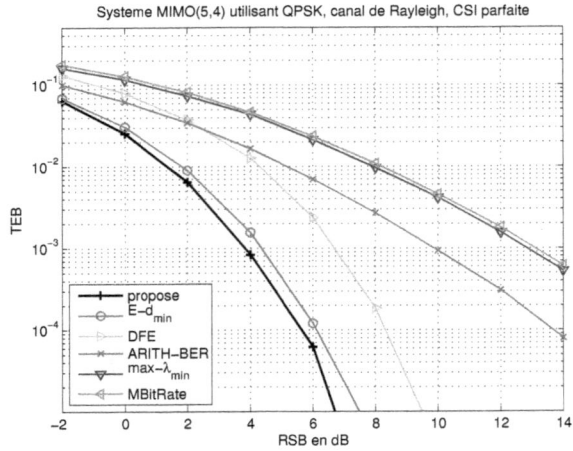

FIGURE 6.6 – Performances du TEB pour les grands systèmes MIMO(5,4).

Systeme MIMO(5,4) utilisant QPSK, canal de Rayleigh, CSI imparfaite

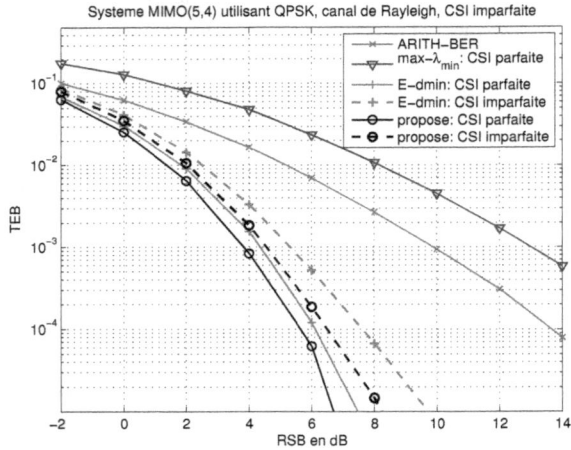

FIGURE 6.7 – Performance du TEB avec les connaissances parfaite et imparfaite du canal à l'émission.

matrice d'allocation de puissance contrôle bien sur la répartition de puissance sur chaque sous-canal. Pendant que la matrice du changement de constellation correspond à la rotation et au changement de symboles sur la constellation reçue. Afin d'augmenter l'élément diagonal minimum de la matrice SNR-like, la matrice du changement de constellation est choisie être une matrice DFT. Le but revient de trouver la matrice d'allocation de puissance Σ. Pour chaque nombre de flux disponibles, nous avons proposé une expression générale de Σ.

Les résultats de simulations montrent une amélioration significative de TEB obtenue par le nouveau précodeur. En comparaison avec la solution max-$d_{\min}$, notre précodeur produit aussi une légère amélioration de TEB. Mais l'avantage principal du nouveau précodeur est la forme plus simple et la disponibilité pour tout le nombre de flux de données utilisant n'importe quelle modulation MAQ rectangulaire.

Bibliographie

[1] J.C. Guey, M.P. Fitz, M.R. Bell, and W.Y. Kuo. Signal design for transmitter diversity wireless communication systems over rayleigh fading channels. *IEEE Transactions on Communications*, 47(4) :527–537, 1999.

[2] Richard W Hamming. Error detecting and error correcting codes. *Bell System technical journal*, 29(2) :147–160, 1950.

[3] Claude Berrou, Alain Glavieux, and Punya Thitimajshima. Near shannon limit error-correcting coding and decoding : Turbo-codes. 1. *ICC 93, Geneva. Technical Program, Conference Record, IEEE International Conference on Communications*, 2 : 1064–1070, 1993.

[4] J.P. Linnartz. *Narrowband land-mobile radio networks*. Artech House, Inc., 1993.

[5] M.K. Simon and M.S. Alouini. *Digital communication over fading channels*, volume 86. Wiley-IEEE Press, 2005.

[6] M. Nakagami. The m-distribution-a general formula of intensity distribution of rapid fading. *Statistical Method of Radio Propagation*, 1960.

[7] Bernard Le Floch, Michel Alard, and Claude Berrou. Coded orthogonal frequency division multiplex [tv broadcasting]. *Proceedings of the IEEE*, 83(6) :982–996, 1995.

[8] BA Bjerke and JG Proakis. Multiple-antenna diversity techniques for transmission over fading channels. In *Wireless Communications and Networking Conference, 1999. WCNC. 1999 IEEE*, pages 1038–1042. IEEE, 1999.

[9] G.J. Foschini. Layered space-time architecture for wireless communication in a fading environment when using multi-element antennas. *Bell labs technical journal*, 1(2) : 41–59, 1996.

[10] AJ Paulraj, DA Gore, RU Nabar, and H. Bolcskei. An overview of MIMO communications-a key to gigabit wireless. *Proceedings of the IEEE*, 92(2) :198–218, february 2004.

[11] G.J. Foschini and M.J. Gans. On limits of wireless communications in a fading environment when using multiple antennas. *Wireless personal communications*, 6(3) : 311–335, 1998.

[12] M. Vu and A. Paulraj. MIMO wireless linear precoding. *IEEE Signal Processing Magazine*, 24(5) :86–105, 2007.

[13] C.E. Shannon. A mathematical theory of communication. *Bell Syst. Tech. J.*, 27 : 379–423, 1948.

[14] E. Telatar. Capacity of multi-antenna Gaussian channels. *European transactions on telecommunications*, 10(6) :585–595, 1999.

[15] S.M. Alamouti. A simple transmitter diversity scheme for wireless communications. *IEEE Journal on Selected Areas in Communications*, 16(8) :1451–1458, 1998.

[16] V. Tarokh, N. Seshadri, and AR Calderbank. Space-time codes for high data rate wireless communication : Performance criterion and code construction. *IEEE transactions on information theory*, 44(2) :744–765, 1998.

[17] G. Ganesan and P. Stoica. Space-time diversity using orthogonal and amicable orthogonal designs. *Wireless Personal Communications*, 18(2) :165–178, 2001.

[18] H. Jafarkhani. A quasi-orthogonal space-time block code. *IEEE Transactions on Communications*, 49(1) :1–4, 2001.

[19] V. Tarokh, H. Jafarkhani, and A.R. Calderbank. Space-time block codes from orthogonal designs. *IEEE Transactions on Information Theory*, 45(5) :1456–1467, 1999.

[20] G. Ungerboeck. Channel coding with multilevel/phase signals. *IEEE Transactions on Information Theory*, 28(1) :55–67, 1982.

[21] GG Raleigh, JM Cioffi, C.W. Inc, and CA Belmont. Spatio-temporal coding for wireless communication. *IEEE Transactions on Communications*, 46(3) :357–366, 1998.

[22] R.A. Horn and C.R. Johnson. *Matrix analysis*. Cambridge university press, 2005.

[23] Jin-Sung Kim, Sung-Hyun Moon, and Inkyu Lee. A new reduced complexity ml detection scheme for mimo systems. *IEEE Transactions on Communications*, 58(4) : 1302 –1310, april 2010.

[24] O. Damen, K. Abed-Meraim, and J.C. Belfiore. Generalised sphere decoder for asymmetrical space-time communication architecture. *Electronics Letters*, 36(2) :166–167, 2000.

[25] O. Damen, A. Chkeif, and J.C. Belfiore. Lattice code decoder for space-time codes. *IEEE Communications Letters*, 4(5) :161–163, 2000.

[26] E. Viterbo and J. Boutros. A universal lattice code decoder for fading channels. *IEEE Transactions on Information Theory*, 45(5) :1639–1642, 1999.

[27] B. Hassibi and H. Vikalo. On the sphere-decoding algorithm i. expected complexity. *IEEE Transactions on Signal Processing*, 53(8) :2806 – 2818, aug. 2005.

[28] J. Jaldén and B. Ottersten. On the complexity of sphere decoding in digital communications. *IEEE Transactions on Signal Processing*, 53(4) :1474–1484, 2005.

[29] Chengwei Zheng, Xuezheng Chu, J. McAllister, and R. Woods. Real-valued fixed-complexity sphere decoder for high dimensional qam-mimo systems. *IEEE Transactions on Signal Processing*, 59(9) :4493 –4499, sept. 2011.

[30] E. Agrell, T. Eriksson, A. Vardy, and K. Zeger. Closest point search in lattices. *IEEE Transactions on Information Theory*, 48(8) :2201–2214, 2002.

[31] H. Meyr, M. Moeneclaey, and S. Fechtel. *Digital communication receivers : synchronization, channel estimation, and signal processing*. John Wiley & Sons, Inc. New York, NY, USA, 1997.

[32] V. Lottici, A. D'Andrea, and U. Mengali. Channel estimation for ultra-wideband communications. *IEEE Journal on Selected Areas in Communications*, 20(9) :1638–1645, 2002.

[33] P. Stoica and G. Ganesan. Maximum-SNR spatial-temporal formatting designs for MIMO channels. *IEEE Transactions on Signal Processing*, 50(12) :3036–3042, 2002.

[34] H. Sampath, P. Stoica, and A. Paulraj. Generalized linear precoder and decoder design for MIMO channels using the weighted MMSE criterion. *IEEE Transactions on Communications*, 49(12) :2198–2206, 2001.

[35] A. Scaglione, P. Stoica, S. Barbarossa, GB Giannakis, and H. Sampath. Optimal designs for space-time linear precoders and decoders. *IEEE Transactions on Signal Processing*, 50(5) :1051–1064, 2002.

[36] M. Tomlinson. New automatic equaliser employing modulo arithmetic. *Electronics Letters*, 7(5) :138–139, 1971.

[37] H. Harashima and H. Miyakawa. Matched-transmission technique for channels with intersymbol interference. *IEEE Transactions on Communications*, 20(4) :774–780, 1972.

[38] D.P. Palomar and Y. Jiang. *MIMO transceiver design via majorization theory*, volume 3. Now Publishers Inc., 2006.

[39] L. Collin, O. Berder, P. Rostaing, and G. Burel. Optimal minimum distance-based precoder for MIMO spatial multiplexing systems. *IEEE Transactions on Signal Processing*, 52(3) :617–627, 2004.

[40] M. Kang and M.S. Alouini. Largest eigenvalue of complex wishart matrices and performance analysis of mimo mrc systems. *IEEE Journal on Selected Areas in Communications*, 21(3) :418–426, 2003.

[41] P.A. Dighe, R.K. Mallik, and S.S. Jamuar. Analysis of transmit-receive diversity in rayleigh fading. *IEEE Transactions on Communications*, 51(4) :694–703, 2003.

[42] P. Rostaing, O. Berder, G. Burel, and L. Collin. Minimum BER diagonal precoder for MIMO digital transmissions. *Signal Processing*, 82(10) :1477–1480, 2002.

[43] J.G. Proakis. *Digital communications, 4th edition*. McGraw-Hill, 2000.

[44] R.M. Corless, G.H. Gonnet, D.E.G. Hare, D.J. Jeffrey, and D.E. Knuth. On the lambertw function. *Advances in Computational mathematics*, 5(1) :329–359, 1996.

[45] S.K. Mohammed, E. Viterbo, Y. Hong, and A. Chockalingam. X-and Y-Codes for MIMO precoding. *IEEE International Symposium on Information Theory Proceedings (ISIT)*, pages 2143–2147, 2010.

[46] S.K. Mohammed, E. Viterbo, Yi Hong, and A. Chockalingam. Mimo precoding with x- and y-codes. *IEEE Transactions on Information Theory*, 57(6) :3542 –3566, june 2011.

[47] Y. Jiang, J. Li, and W.W. Hager. Joint transceiver design for mimo communications using geometric mean decomposition. *IEEE Transactions on Signal Processing*, 53 (10) :3791–3803, 2005.

[48] J.K. Zhang, A. Kavcic, and K.M. Wong. Equal-diagonal qr decomposition and its application to precoder design for successive-cancellation detection. *IEEE Transactions on Information Theory*, 51(1) :154–172, 2005.

[49] C.C. Weng, C.Y. Chen, and PP Vaidyanathan. Mimo transceivers with decision feedback and bit loading : Theory and optimization. *IEEE Transactions on Signal Processing*, 58(3) :1334–1346, 2010.

[50] O. Simeone, Y. Bar-Ness, and U. Spagnolini. Linear and nonlinear preequalization/equalization for mimo systems with long-term channel state information at the transmitter. *IEEE Transactions on Wireless Communications*, 3(2) :373–378, 2004.

[51] F. Xu, T.N. Davidson, J.K. Zhang, and K.M. Wong. Design of block transceivers with decision feedback detection. *IEEE Transactions on Signal Processing*, 54(3) : 965–978, 2006.

[52] M.B. Shenouda and T.N. Davidson. A framework for designing mimo systems with decision feedback equalization or tomlinson-harashima precoding. *IEEE Journal on Selected Areas in Communications*, 26(2) :401–411, 2008.

[53] X. Zhu and RD Murch. Performance analysis of maximum likelihood detection in a MIMO antenna system. *IEEE Transactions on Communications*, 50(2) :187–191, 2002.

[54] C. Lamy and J. Boutros. On random rotations diversity and minimum mse decoding of lattices. *IEEE Transactions on Information Theory*, 46(4) :1584 –1589, jul 2000.

[55] R. van Nee, A. van Zelst, and G. Awater. Maximum likelihood decoding in a space division multiplexing system. In *IEEE 51st Vehicular Technology Conference Proceedings (VTC 2000-Spring), Tokyo*, volume 1, pages 6 –10 vol.1, 2000.

[56] M.R. Bhatnagar and A. Hjorungnes. Linear precoding of stbc over correlated ricean mimo channels. *IEEE Transactions on Wireless Communications*, 9(6) :1832 –1836, june 2010.

[57] D. Kapetanović and and F. Rusek. On precoder design under maximum-likelihood detection for quasi-stationary mimo channels. *IEEE International Conference on Communications (ICC), Cape Town, South Africa*, May 2010.

[58] A. Goldsmith. *Wireless communications*. Cambridge Univ Press, 2005.

[59] A. Paulraj, R. Nabar, and D. Gore. *Introduction to space-time wireless communications*. Cambridge University Press, 2003.

[60] A. Edelman. *Eigenvalues and condition numbers of random matrices*. PhD thesis, Massachusetts Institute of Technology, 1989.

[61] B. Vrigneau, J. Letessier, P. Rostaing, L. Collin, and G. Burel. Extension of the MIMO precoder based on the minimum Euclidean distance : a cross-form matrix. *IEEE Journal on Selected Topics in Signal Processing*, 2(2) :135–146, 2008.

[62] M.B. Shenouda and T.N. Davidson. A framework for designing mimo systems with decision feedback equalization or tomlinson-harashima precoding. *IEEE Journal on Selected Areas in Communications*, 26(2) :401 –411, february 2008.

[63] Chien-Chang Li, Yuan-Pei Lin, Shang-Ho Tsai, and P.P. Vaidyanathan. Optimization of transceivers with bit allocation to maximize bit rate for mimo transmission. *IEEE Transactions on Communications*, 57(12) :3556 –3560, december 2009.

[64] C.B. Peel, B.M. Hochwald, and A.L. Swindlehurst. A vector-perturbation technique for near-capacity multiantenna multiuser communication-part i : channel inversion and regularization. *IEEE Transactions on Communications*, 53(1) :195 – 202, jan. 2005.

[65] Y. Ding, T.N. Davidson, Z.Q. Luo, and K.M. Wong. Minimum ber block precoders for zero-forcing equalization. *IEEE Transactions on Signal Processing*, 51(9) :2410–2423, sept. 2003.

[66] H. Minn and N. Al-Dhahir. Optimal training signals for MIMO OFDM channel estimation. *IEEE transactions on wireless communications*, 5(5) :1158–1168, 2006.

[67] B Vrigneau, J Letessier, P Rostaing, Ludovic Collin, Gilles Burel, et al. max-dmin precoder performances in a polarity diversity mimo channel. In *40th IEEE-Asilomar Conference on Signals, Systems and Computers*, 2006.

[68] Quoc-Tuong Ngo, O. Berder, and P. Scalart. 3-d minimum euclidean distance based sub-optimal precoder for mimo spatial multiplexing systems. *IEEE International Conference on Communications (ICC), Cape Town, South Africa*, May 2010.

[69] P. Dita. Separation of unistochastic matrices from the double stochastic ones : Recovery of a 3× 3 unitary matrix from experimental data. *Journal of mathematical physics*, 47(8) :3510–3537, 2006.

[70] M. Payaro and D.P. Palomar. On optimal precoding in linear vector gaussian channels with arbitrary input distribution. In *IEEE International Symposium on Information Theory (ISIT)*, pages 1085 –1089, June 28 2009-July 3 2009.

[71] P. Dita. Factorization of unitary matrices. *Journal of Physics A : Mathematical and General*, 36 :2781, 2003.

[72] Quoc-Tuong Ngo, O. Berder, B. Vrigneau, and O. Sentieys. Minimum distance based precoder for mimo-ofdm systems using 16-qam modulation. *IEEE International Conference on Communications (ICC), Dresden, Germany*, June 2009.

[73] Quoc-Tuong Ngo, O. Berder, and P. Scalart. Reducing the number of neighbors in the received constellation of dmin precoded mimo systems. *IEEE Wireless Communications and Networking Conference (WCNC), Cancun, Mexico*, March 2011.

[74] D.P. Palomar, J.M. Cioffi, and M.A. Lagunas. Joint tx-rx beamforming design for multicarrier mimo channels : A unified framework for convex optimization. *IEEE Transactions on Signal Processing*, 51(9) :2381–2401, 2003.

[75] C.C. Li, Y.P. Lin, S.H. Tsai, and PP Vaidyanathan. Optimization of transceivers with bit allocation to maximize bit rate for mimo transmission. *IEEE Transactions on Communications*, 57(12) :3556–3560, 2009.

www.ingramcontent.com/pod-product-compliance
Lightning Source LLC
Chambersburg PA
CBHW021051210326
41598CB00016B/1174